JN410849

생 령

초판 1쇄 인쇄 2013년 7월 1일
초판 1쇄 발행 2013년 7월 5일

지은이 자미국
펴낸이 金泰奉
펴낸곳 한솜미디어
등 록 제5-213호

편 집 박창서, 김주영, 김수정
마케팅 김명준
홍 보 김태일

주 소 (우143-200) 서울시 광진구 구의동 243-22
전 화 (02)454-0492(代)
팩 스 (02)454-0493
이메일 hansom@hansom.co.kr
홈페이지 www.hansom.co.kr

ISBN 978-89-5959-362-0 (03150)

*책값은 표지에 표시되어 있습니다.
*잘못 만들어진 책은 구입하신 서점에서 친절하게 바꿔드립니다.

생령
生靈

자미국 지음

한솜미디어

| 책을 집필하면서 |

산 사람의 생령(혼)을 거리에 상관없이 불러내어 대화를 나눌 수 있는 신비한 일이 자미국에서 일어나고 있다.

육신이 죽은 자의 영혼을 흔히 귀신, 사령이라 하고 육신이 살아 있는 자의 영혼은 생령이라 한다.

이 땅에 수많은 종교의 승려, 신부, 목사, 보살, 무당, 도사, 법사, 도인, 심령술사 등등이 많이 있지만 산 사람의 생령을 움직여 대화를 할 수 있도록 하는 능력자는 이 세상에 없었다.

또한 이 세상을 이미 다녀간 석가, 예수, 상제, 공자, 노자 등등 수많은 이들이 이름을 떨치고 이 세상을 다녀갔지만 생령을 움직일 수 있는 영적 능력자는 단 한 명도 없었다.

상대가 미국에 있던 러시아에 있던 산 사람의 생령을 나 인황(남자 필자)이 부르면 시공간을 초월하여 즉시 사감(여자 필자) 육신의 몸을 통하여 당사자와 대화를 나눌 수 있으니 인류의 천지개벽이 분명하다.

자미국의 인황과 사감은 세상 그 어떤 누구도 감히 행하지 못한 제2의 천지창조의 일을 행하고 있다.

인간사의 길흉사는 운이 나빠서도 아니고 재수가 없어서도 아니고 천도재를 안 지내서도 아니고, 굿을 안 해서도 아니고, 조상님이 앞길을 가로막고 있어서도 아니고, 사주팔자 때문도 아니고, 이름이 나빠서도 아니고, 삼재 때문도 아닌, 각자의 몸 안에 있는 자신 생령들의 저주로 인해서 재앙이 일어나고 있다.

거울에 자신의 모습을 비추면 거울 속에 자신과 똑같이 닮은 자신의 모습이 보이듯이, 살아있는 모든 사람들의 몸 안에는 자신과 똑같이 닮은 또 하나의 자신이 있다.

생령의 뜻과 맞게 육신이 움직이면 인생사 행복이고, 생령의 뜻과 다르게 육신이 움직이면 인생사가 불행하다.

그러나 세상에서 이 진실을 아는 자 없어 지금까지는 인생의 불행과 고통을 종교적으로 해결하려 하였지만 종교를 통하여 해결책을 찾지 못한 채 세월에 세월을 거듭하며 인생의 불행과 고통 속에 살아가고 있다.

많은 사람들이 종교를 믿고 있고, 종교 의식을 행하였다.

그러나 종교를 믿으면 믿을수록, 종교 의식을 행하면 행할수록 인생이 행복해지는 것이 아니라 갈수록 더 힘들어짐을 많은 사람들은 이미 경험하여 알고 있을 것이다.

종교 믿고, 종교 의식 많이 행한다고 자신 인생이 행복해지는 것이 아니라 자기 생령의 마음을 알아야 행복해질 수 있다는 어마어마한 진실을 전한다.

인생의 고통과 불행은 자기 자신인 생령의 마음은 무시한 채 육신 마음대로 부처님, 예수님, 상제님 등등을 최고라 하면서 굴복하고 있는 육신에게 화가 난 생령들의 반란이다.

육신이 자신의 생령에게 행한 대로 자신의 생령에게 받는 것이 인생의 고통과 불행으로 이어지는 것이다.

이제는 종교적 관념에서 과감히 벗어나 자미국의 인황과 사감을 통하여 자기 자신인 생령과의 대화를 통하여 자기 자신인 생령이 원하고 바라는 대로 즉시 인간 육신들이 행하여 인생의 행복, 기쁨을 찾아야 한다.

자기 자신인 생령이 기쁘고 행복해 하면 육신의 삶도 기쁘고 행복해지고, 자기 자신인 생령이 속상하고 아파하면 육신의 삶도 속상하고 아파지게 된다.

자미국의 인황과 사감을 통하여 자미국의 절차에 따라 행하면 자신의 생령과 만날 수 있는 경이로운 일을 독자 여러분은 경험하게 될 것이다.

자미국에 인황과 사감은 종교세상을 탈피하여 지금까지 수많은 종교에서 행하지 못했던 경이롭고 신비한 일들을 행하고 있다. 하늘세계, 사후세계, 영의 세계에 대해서도 인황과 사감을 통하여 알아가게 되면 자신들이 그동안 진실이라고 굳게 믿었던 부분들이 그 얼마나 잘못되었는지도 알게 된다.

하늘세계, 사후세계, 영의 세계, 인간세계의 진실에 대하여 최고의 경지에 올라 있는 인황과 사감을 자신들이 살아생전 만날 수 있음은 자신 삶에 새로운 희망찬 인생을 시작하는 알림과도 같은 경사스런 일이며 새로운 또 하나의 기쁨과 행운을 얻을 수 있게 되는 행운의 일이 될 것이다.

자미국의 두 필자는 이 책을 보시는 모든 독자 여러분이 이 책을 계기로 자미국과 인연이 되어 진정한 기쁨과 행복 누리는 삶을 살았으면 한다.

하늘 믿는다고, 조상님 믿는다고, 부처님 믿는다고, 예수님 믿는다고, 도 열심히 닦는다고 복 받아 잘 사는 것이 아님을 이 필자는 단호히 독자 여러분에게 전하는 바이다.

진정으로 잘 사는 길은 자미국의 책 속에 있고, 자미국의 인황과 사감에게 있음을 독자 여러분은 알아야 할 것이다.

| 목 차 |

3부. 인류가 기다리던 길

4부. 자미국 천지기운의 신비

5부. 인류의 영원한 구심점

1부

생령에 얽힌 신비

나는 누구이며 왜 태어났는가? | 생령을 불러 대화할 수 있는 유일한 곳 | 생령의 존재를 밝혀낸 창시자 | 나의 반쪽이자 그림자라고 하시며 | 생령들의 저주와 반란이 시작되었다 | 예고 없이 어느 날 갑자기 저주 내려 | 생령의 시대가 열려야 인간 행복의 시대가 열린다 | 생령들을 부르면 모든 비밀이 밝혀져 | 인간의 원과 한은 자기의 생령 | 대단한 천제의식 | 생령들의 저주가 가장 무섭다 | 새로운 세계를 열어가는 천지나라 자미국 | 나에게 주신 신비의 능력

자기 생령의 소원을 무시하거나 부정하며 찾아주지 않는 사람들은 살아서도 죽어서도 아무것도 얻을 것이 없게 된다.

인생의 기쁨과 행복의 비밀은 자신의 생령에게 있다.

육들은 하루빨리 생령과의 화해를 통하여 인생의 행복을 만끽해야 한다.

생령의 존재를 밝혀낸 창시자

생령의 존재를 세상에 처음으로 밝혀낸 창시자 인황.

2000년도 초에 처음으로 생령을 사감의 몸으로 불러서 대화를 시도해 보았으니 벌써 14년의 세월이 흘렀다.

이는 제2의 천지창조이고, 인류의 문명을 개벽시킬 수 있는 엄청난 대 사건이 되어줄 것이다.

일파만파로 전 세계에 널리 알려질 것이고, 이로 인해서 자미국의 국격과 위상이 높아지고, 인황과 사감이 세상의 정신적인 지도자로 떠올라서 자미국이 전 세계를 호령하며 지배통치하는 초석이 되어줄 것이다.

생령이란 단어 자체를 처음 들어보는 독자들이 거의 전부일 텐데 우리 인생사의 길흉화복을 생령들이 좌우하고 있었다는 어마어마한 비밀을 밝혀냈다.

가장 실감나게 체험한 당사자가 필자 인황이다. 내 몸 안에 있는 알 수 없는 보이지 않는 또 다른 나!

실제로 겪어보지 않은 사람들은 정말 모르리라. 그러니 함부로 속단하지 말고 아~나의 분신인 자아? 라고 쉽게 생각하지 말기를 바란다. 이런 진실을 밝혀내는 데 59년의 피눈물 나는 세월과 100억 가까운 금전이 들어간 고귀한 진실이다.

이 한 권의 책을 쓰기 위하여 59년이라는 세월과 100억이라는 거액이 들어간 것이고, 인간과 생령의 진실을 밝혀냄으로써 자미국이 여자 육신(사감)으로 들어가시어 천하장사 헐크로 돌변해서 자미국의 주인인 나 인황을 박살내시는데 정말 피할 길도 도망갈 길도 없는 암흑세계, 지옥세계 그 자체였다.

자미국의 육신적인 주인은 나 인황이지만, 자미국의 영적인 주인은 자미인황님이시라는 것을 이때 절실하게 알았다.

자미국에서 천상입궁의식, 천인합체의식을 행하여 백성과 천인으로 탄생한 사람들은 나의 생령이신 자미인황님의 대단하신 능력과 72억 인류 어느 누구도 감당해 낼 수 없는 무서운 분이라는 것을 모두 생생하게 체험해서 너무나 잘 알고 있다.

생령(자미인황님) 앞에 나의 존재는 아주 미약하고 보잘것없는 못난 인간 그 자체였는데 비유하자면 인간과 개미의 관계를 연상하면 딱 맞을 것이다.

나의 생령(자미인황님)이 육신인 나(인황)에게 하는 폭언과 폭력, 망신 주는 것은 아무도 못 말려 그 자체였다.

천하장사라서 대적 자체는 아예 할 수도 없고, 일방적으로 얻어터지는 그런 상황이었는데, 가녀린 여자의 몸을 빌려서 하시길 망정이지 남자의 몸을 빌려서 폭언과 폭력을 행사하였다면 수시로 병원에 실려 갔을 것이다.

이런 상황이 끝도 없이 지속되었으니 사는 것이 곤혹스러움 그 자체였다.

처음에는 자미인황님의 존재가 밝혀지지 않아서 인간 육신 사감을 수없이 미워하고 증오했다. 하지만 그럴 때마다 자미인황님은 내가 너이고 네가 나라고 말씀하시었지만 내 자신이라고 인정하는데 너무도 많은 시간이 걸렸다.

이런 진실을 독자 여러분이 인정하고 받아들이기에는 쉽지가 않을 것임을 잘 안다. 내가 직접 겪어본 당사자이니 가장 생생한 산 증인이다.

생령과 인간 육신의 관계를 몇 년간에 걸쳐서 적나라하게 밝혀주신 것인데 이제야 자미인황님께서 육신에게 왜 그리 호되게 했는지 진실을 정확히 알게 되었다.

하늘(자미천황님)의 말씀은 자미인황님께는 생명의 말씀이고 생사가 달린 문제이며, 이 책을 출간하기 위해 8년 동안 생령과 인간의 관계를 자세히 가르치셨던 것이다.

인간 육신인 나 인황에게 늘 하시는 말씀이시다.

네 놈 하나만 인정하고 깨달아서 굴복하면 세계인류 모두가 깨닫고 굴복하게 된다고 수없이 말씀하시었지만 당시에는 정말 인정할 수 없었다.

나 인황 하나가 하늘 앞에 굴복하는데 어째서 72억 인류가 하늘 앞에 굴복할 수 있다는 것인지 도저히 이해할 수 없었다. 그러나 이제는 그 말씀의 진실을 알게 되었다.

자미인황님은 72억 산 사람의 생령과 이미 죽은 수억만 조에 이르는 혼령, 즉 사령의 대표이시고, 나 인황은 72억 인간 육신의 대표였던 것이다.

그래서 나 인황 하나를 호되게 족쳐서 하늘 앞에 굴복시키면 72억 인간 육신들을 굴복시키는 것과 같기에 59년의 세월 동안 나의 일거수일투족 모두를 실시간으로 감찰하시며 단계별로 굴복시켜 오신 것이었다.

나 인간 육신의 곤혹스러움은 말할 것도 없지만 수억만 살이나 되신 자미인황님의 입장에서는 개미만도 못하게 나약한 인간 육신 나 하나의 마음을 꺾지 못하시고 속상해 하시며 피눈물을 흘리시는 수

나의 생령은 하늘이 내리신 말씀을 무시하고 이행하지 않으면 수시로 사감의 몸으로 들어가시어 일갈대성으로 불호령을 내리시며 폭언과 폭력을 행사하신다.

인류의 심판자로 오신 자미인황님은 내 안에 계시지만 나의 잘못에 대해서도 절대로 용서가 없으시다.

나이는 수억만 살이라고 하시니 가늠할 수가 없고 인간사 모르는 것이 하나도 없으시다. 처음으로 당신이 나의 반쪽 생령이라고 밝히시었다. 나의 반쪽이자 그림자라고 하시며 너와 하나이고 너 자신이라 했다.

나 인황이 산 사람의 생령을 전 세계 어디에 있든 거리에 상관없이 부를 수 있는 대단한 신비의 능력은 바로 자미인황님의 능력이라고 생각한다. 자미인황님의 존재가 세상에 처음으로 밝혀지고 있기 때문에 아무도 모른다.

자미인황님은 하늘과 땅이 함께하는 천지나라 자미국을 청와대 터에 세우시고자 나의 몸으로 함께하고 계시며 지구가 생긴 이래 이 땅에 태어나신 태초의 인간으로 인류의 대표(인황), 땅의 대표(지황)라고 밝히시었다.

사감을 통해 내 생령의 존재가 밝혀져 천만다행인데 만일 밝혀지지 못했더라면 지금도 엄청난 싸움으로 고통스런 세상을 살았을 것이고, 이미 죽어서 세상을 떠났을지도 모른다.

자기의 생령을 찾아주어 존재를 밝혀주지 않으면 인간사회의 재물, 권력, 명예, 가정, 목숨을 일순간에 모두 사라지게 하는 능력을 가진 존재가 각자의 몸 안에 있는 생령들이다.

내가 사업을 하루아침에 그만두고 자미국을 세우고자 현재의 길로 들어선 것 역시 자미인황님의 조화였다는 것을 이제는 실감 나게 인정할 수 있게 되었다.

단 하루 만에 회사 문을 닫게 만드신 나의 생령이시었다. 그 당시 회사 운영을 계속하였더라면 자미국은 이 땅에 아직도 탄생하지 못했을 것이다. 얼마나 대단한 능력자이시면 잘나가던 회사를 단 하루 만에 문 닫게 하시겠는가?

그동안 회사 운영해서 벌은 돈 수십억이 사기 배신당해서 허공으로 날아갔다. 그리고 온몸은 알 수 없는 질병으로 안 아픈 곳이 없을 정도였다. 이렇게 하지 않으면 잘난 인간이 자기 생령에게 절대로 굴복하지 않기 때문이다.

이 책을 읽고 있는 수많은 독자들도 나 인황과 사연이야 각기 다르겠지만 각자의 아픔과 슬픔, 사업실패, 고소고발, 구속수감, 사기배신, 질병, 이혼, 별거, 우울증, 불면증, 암, 실직, 파면 등등의 모든 고통과 불행들은 자기 생령들의 저주이다.

생령의 이런 진실을 모르는 세상 사람들은 무슨 일이 터지면 운수가 사납다고 철학관, 무속인, 승려 찾아가서 비방하고 부적을 지니며 굿과 천도재, 치성 올리느라고 난리 법석을 떨고, 종교인들은 교회나 성당, 사찰에 들어가서 철야기도를 하면서 회개하고 참회하는데 다 소용없는 일이다.

생령 "네 놈이 청탁받고 뇌물 받아 처먹은 거 비리 폭로하여 고소 고발당하게 하고 재물과 권력, 벼슬, 명예, 기업, 가정, 건강, 잘난 자존심 다 박살내려고 그런다."

아들 찾아가서 물어보면 조상님이 춥고 배고파서 굿해 줘야 한다, 신이 노했다, 천벌 받았다, 산신 벌전이다, 용궁 벌전이다, 산소 탈이 났다, 초상집에 갔다가 상문살이 들었다, 이사 부정 탔다, 신 받을 팔자다, 삼재가 끼었다, 승려 · 수녀 · 신부 · 목사 될 팔자라서 그런다 등등 이유가 끝도 없다.

인생사의 모든 우환과 불행의 원인은 어느 누구의 탓이 아닌 자기 생령이다. 나 좀 찾아달라고 몸부림치는데 이것을 모르고 엉뚱하게 남의 탓을 하면서 자기 생령들의 원과 한은 무시하며 몰라주고 있었던 것이다.

우환의 모든 원인은 자기 생령이다.

인간 육신들은 죽으면 세상이 끝나지만 생령들은 이 세상이 끝이

생령 "그리고 너의 인생사 생사여탈권은 내가 좌우하고 있는 것을 몰랐을 거다. 네 놈을 잘살게 해주는 것도 못살게 해주는 것도 다 나의 재주란다. 이제 알겠냐?"

아니기에 인간 육신이 죽기 전에 자기를 구해 줄 진짜 하늘을 찾으려고 혈안이 되어 있다.

생령들이 인간 육신들에게 수많은 고통과 불행의 풍화환란을 일으켜서 자기 자신의 존재를 밝혀달라고 몸부림치고 있다는 것을 처음으로 알 수 있었다.

수많은 불행의 메시지를 생령들이 전해 주어도 인간들은 알아듣지를 못한다. 그래서 인간의 삶으로 말도 안 되는 사건사고가 터지고 슬픔과 괴로움 속에 살아가는 것이다.

보이지 않는 또 다른 나의 존재(생령)가 그 얼마나 무시무시한지 상상을 불허할 정도인데 지금까지 아무도 자기 자신의 생령에 대하여 밝혀준 역사가 이 땅에 없었지만 자미국에서 처음으로 생령과 만나게 해서 생령의 원과 한을 풀어주고 있다.

생령들의 저주와 반란이 시작되었다

생령들의 원과 한이 풀려야 인간 육신의 원과 한이 풀려서 잘살게 된다는 영계의 비밀을 처음으로 풀었다. 우환이 생기면 자기 생령을 자미국에 들어와서 만나야 한다.

인생에 사기배신, 질병, 우환, 구속자 가족, 사건사고, 사업실패, 파면, 실직, 비리폭로, 고소고발, 우울증, 불면증, 가족의 자살이나 비명횡사 등으로 아픔, 슬픔, 고통, 괴로움으로 고생하는 사람들은 더 이상 방황하지 말고 속을까 생각도 하지 말고, 무조건 자미국으로 들어와야 고통의 지옥에서 벗어날 수 있다.

이 모든 것들은 하늘의 탓, 신의 탓, 조상 탓, 남의 탓도 아닌 자기 자신 생령의 저주와 반란으로 인한 것이다.

각자의 삶으로 일어나는 모든 고통과 불행의 실체는 어느 누구의 탓도 아닌 각자 자기 생령들의 저주와 반란으로 인한 것이기에 이들의 소원을 풀어줄 수 있는 전 세계에서 유일한 자미국으로 속히 들어와야 한다.

생령들의 병원은 자미국 단 한 곳뿐이기에 종교세계나 무속세계를 찾아가서 해결하려다가는 시간낭비, 금전낭비만 하고 인생의 고통이 끊이지 않는다.

필자 역시 백약이 다 소용없다는 진실을 100억의 돈을 날리면서 체험했고, 자미국에서 수많은 천상입궁의식과 천인합체의식을 통해서 알게 되었다. 자기 생령이 자기 인생을 뒤집고 있다는 말은 모두가 처음 들어볼 것이다.

종교나 무속의 힘으로는 자기 생령들의 존재 자체를 밝힐 수도 없고, 생령들의 소원이 무엇인지 알 수도 없을뿐더러 풀어줄 길도 전혀 없다.

하늘을 만나 육신의 사후를 준비하기 위한 생령들이 얼마나 몸부림치고 있는지 인간들은 한 번이라도 생각이나 해보고 살아왔는지 묻고 싶다. 당연히 생령의 존재 자체도 모르고 있으니 해본 사람도 없을 것이다.

도를 닦는 사람, 자칭 고승이라 할 만한 사람들도 자기 생령의 운명에 대해서는 아는 바가 없는 문외한들이다.

생령들의 몸부림은 처절하다 못해 절규에 가까울 정도로 비참하다. 자기의 인생과 가족들의 삶이 어떻게 뒤집어졌는지 뒤돌아보면 알 수 있다.

갑자기 세상을 떠나기 전에 이미 수많은 메시지가 전해져서 인생이 홀딱 뒤집어졌을 것이다. 돈 받아먹은 비리가 폭로되어 구속 수감되고, 면직 박탈되어 실직하고, 가정불화로 이혼과 별거를 하게 되는 과정은 우연이 아니다.

그뿐만이 아니라 온몸이 아파서 종합병원 신세로 무기력해지고 되는 일도 없으며 세상을 살아가야 할 의미 자체를 상실해서 자살을 시도한다.

인생을 몽땅 뒤집어놓아도 인간 육신들이 말을 듣지 않으면 생령들은 분노가 폭발해서 미치광이로 돌변한다. 결국 스스로가 하늘 만나 구원받는 것을 포기하고 마지막 수단으로 인간 육신을 교통사고, 심장마비, 심근경색, 뇌경색, 중풍, 급살, 암, 자살 등으로 세상을 떠나게 만든다.

그리고 그 생령은 귀신, 즉 사령이 되어 허공중천을 떠돌면서 그의 가족들 몸으로 찾아가서 별별 희한한 조화를 부려 우환과 불행, 사건사고가 터지게 만들어간다.

육신이 살아있는 생전에 자미국에 들어와서 하늘의 명을 받지 못하는 생령들은 지옥세계, 아귀세계, 축생세계, 아수라세계로 떨어져야 하기에 온갖 수단과 방법을 총동원하여 자기 인간 육신을 굴복시키려 하고 있다.

그런데도 인간 육신이 생령의 모습과 생령이 전하는 메시지가 들리지 않아 알아듣지를 못해 운수가 사나워서, 재수가 없어서라고 스스로 자위를 한다.

그래서 생령들은 인간 육신이 가장 소중하게 생각하는 돈과 권력,

인간 "그런 재주가 있는 줄 몰라보았네요. 그동안 잘살게 해주시어 감사합니다. 어리석은 인간 육신 용서해 주세요."

벼슬, 명예, 건강 등을 하루아침에 패대기치게 만드는 것인데 이런 진실을 전해 주는 인류의 영적 지도자가 없어서 지금도 속수무책으로 고통당하면서 살아가고 있는 것이다.

생령이 보내는 최후의 메시지는 인간 육신이 돈으로 망하든, 질병으로 망하든, 자살해서 세상을 떠나게 하는 것들이다.

인간 육신들은 각자의 몸 안에 있는 생령들이 얼마나 무서운지 모르고 살아가면서 어떤 일이 터지면 하늘도 무심하지, 하면서 하늘을 탓하고, 신의 탓, 조상 탓만 하는 죄를 짓는다.

하늘이 어떻게 했기에 천재지변이나 사건사고로 청천벽력 같은 날벼락을 맞으면 하늘도 무심하지 하면서 원망하는 사람들이 많은데 알다가도 모를 일이다.

그러면 그동안 하늘의 아픈 마음, 슬픈 마음, 분노의 마음을 헤아려주기나 하고서 그런 말들을 하고 있는 것인지 묻고 싶다.

하늘이 동네북인가?

툭하면 하늘에 뒤집어씌우게!

하늘이 원하고 바라는 것을 먼저 행하고 난 뒤에 하늘을 원망하든가 해야지 함부로 하늘의 탓으로 돌리면 오히려 천상의 신들에게 벌을 받아 고통의 지옥세계로 들어간다.

이미 그러기 전에 하늘을 원망하면 자기 몸 안에 있는 생령들이 인간 육신을 가만두지 않고 뒤집어버린다.

생령들의 죄를 용서하시고 구해 주실 분은 하늘이시기 때문에 인간이 감히 하늘을 원망하고 욕하면 인생으로 대재앙이 내려가니까 절대 입조심해야 한다.

하늘은 상상 속의 허상이 아닌 실제로 우리의 삶에 실시간으로 존재하시고 우리 인류 모두의 생사여탈권을 행사하시는 무소불위하

신 하늘이시다. 인간 육신의 눈에는 대단하신 하늘이 보이지 않지만 각자의 생령들에게는 영혼의 부모님이시고, 생령들의 천상 자미천궁 입궁 여부를 최종적으로 판별하시는 대단한 하늘이시다.

예고 없이 어느 날 갑자기 저주 내려

자기 생령의 저주와 반란을 하루라도 빨리 막지 못하면 이제까지 지켜오던 소중한 재산과 권력, 벼슬, 명예, 건강, 가족 등 모두가 하루아침에 물거품으로 변한다는 무서운 진실을 알아야 한다.

현재는 살아가는데 아무런 탈도 없고 우환도 없이 부귀영화 누리며 잘살고 있으니 자기와는 상관없는 글로 읽을 사람도 많을 것인데

그렇지가 않다.

무너지는 것 순식간이다.

시일이 많이 걸리는 것이 아니라 하루 만에 몰락하는 경우가 거의 전부라고 해도 과언이 아니다.

이 땅에 이름을 날리던 재벌이나 고위공직자 등 유명한 사람들이 하루사이에 세상을 떠났는가 하면 기업이 망하고 중풍을 맞아 반신불수로 살고 있다.

교통사고, 납치살해, 사건사고, 자살, 심장마비, 심근경색, 뇌경색으로 주위에서 세상을 떠나고 있는 것이 남의 일이 아닌 자기 자신에게도 갑자기 일어날 불행으로 생각하고 살아야 한다.

이들 모두도 잘살고 있던 살아생전에는 남의 일로 생각하고 자신하고는 상관없는 불행이라고 자만하며 하늘의 존재와 자미국의 존재를 부정했던 사람들이다.

각자 자기 생령들의 저주와 반란은 예고 없이 어느 날 갑자기 하루사이에 찾아오기에 무서운 것이다.

사기배신의 시한폭탄, 구속수감의 시한폭탄, 단명의 시한폭탄, 교통사고의 시한폭탄, 사건사고의 시한폭탄, 비리폭로의 시한폭탄, 심장마비의 시한폭단, 심근경색의 시한폭단, 뇌경색의 시한폭단, 기업부도의 시한폭탄, 자살과 비명횡사의 시한폭탄 등등 사망의 시한폭탄은 때와 장소를 가리지 않고 터진다.

인간 육신의 모든 부정비리를 실시간으로 알고 기억하고 있는 가장 무서운 존재가 각자 자기 생령들이다.

각자 자기 자신들의 출세와 성공으로 이룬 거대한 재물과 권력, 벼슬, 명예, 기업, 가정, 직장은 모두가 자기 생령들이 이루어낸 것인데 인간들은 자기 것이라고 한다.

그래서 자기 생령의 존재를 무시하고 몰라주면 어렵게 이룬 성공과 출세는 생령들의 저주와 반란으로 하루 사이에 속절없이 신기루처럼 사라진다.

나는 이런 과정을 여러 번 경험한 당사자이다.

100억 대의 금전을 날리면서 값진 경험을 했기에 세상에 처음으로 진실을 전하는 글을 쓰고 있다.

자기 자신의 소중한 모든 것을 지킬 수 있는 유일한 길은 자미국에 들어와서 생령들이 육신에게 무엇을 원하고 바라는지 대화를 나누

어보는 것뿐이다.

각자가 가진 돈은 인간의 소유가 아닌 생령들이 벌어놓은 것이고, 생령들이 하늘을 만나서 구원받을 때 쓰려고 준비해 놓은 돈이라는 것도 인간 육신들은 모르기에 아까워한다.

이 세상에서 가장 무서운 존재는 하늘, 신, 조상, 귀신, 악귀잡귀, 사탄마귀, 강도, 판사, 검사, 경찰이 아니라 자기 생령들이라는 진실은 들어보지 못했을 것이다.

자기 인생과 가족, 기업의 길흉화복을 좌우하는 절대적인 존재가 자기 생령인데 아무도 찾아주지 않고 있다.

생령이 있는지 없는지조차 모르고 살아가기 때문에 부자가 3대를 못 간다고 하는 것이다.

부자로 잘살아 삶이 풍요로우면 그 모두가 자신이 잘나고 열심히 일하고 성공해서 얻어진 것이라고 생각하고 살기 때문에 생령의 저주로 한순간에 몰락한다.

이 책을 읽어보는 모든 독자들의 생령은 자미국에 대하여 감사함의 마음을 가질 것이다. 지구에 인간이 태어난 이후 생령의 존재에 대해서 밝혀놓은 서적이 인류 역사상 없었기 때문이다.

이제부터 생령들의 다급함이 각자 자기 현실의 삶으로 느껴질 것이다. 무조건 자미국에 들어가고 봐야겠다는 마음이 강렬하게 떠오를 것이다.

각자 이 글을 읽고도 인정하고 싶은 마음이 일어나지 않아 자미국에 들어오지 않는다면 자신과 가족들의 장래는 바람 앞에 촛불처럼 언제 꺼질지 모르는 위태로운 상황이라는 점이다.

자신의 사후 그 가정은 풍비박산 나서 질병과 가난이 대를 이어갈 것이기 때문이다.

가족들이 죽어서 축생계로 윤회하는 것을 당연시 받아들이고 있는데 그것은 아주 위험천만한 일이고 남은 가족의 몰락을 예고하는 것이기에 자미국을 통해서 윤회를 결사적으로 막아내야 집안의 몰락을 막을 수 있다.

각자 죽어서 축생계, 아귀계, 아수라계, 지옥계로 떨어진다고 그것이 끝이 아니라 남은 가족들의 삶이 그곳 세계의 나쁜 기운을 받아서 가족들 모두의 삶이 불행하고 비참하게 돌변하기 때문에 윤회의 고리를 속히 끊어야 한다.

각자의 생령은 각자 제2의 목숨이다.

생령 "내가 벌고 내가 만든 높은 자리인데 내가 퍼 나르고 내가 자리 빼앗은 것이 왜? 뭐가 잘못되었어? 내가 벌은 거 열 받아서 퍼 날랐는데 인간인 네가 할 말 있어? 잘나지도 않으면서 잘난 척하는 잘난 인간아~"

자기 생령의 존재를 인정하고 자미국에 들어오는 자는 행복의 길이 열릴 것이고 부정하는 자는 인생의 몰락만이 소리 없이 기다리고 있을 뿐이다.

정부에서 10년 전의 납품자료를 토대로 원전 비리를 수사한다고 하는데 수많은 사람들의 과거 부정비리가 밝혀져서 본인과 가족들에게 커다란 고통이 주어질 것이다,

청와대 대변인 성추문 사건으로 하룻밤 사이에 몰락 그리고 페이퍼컴퍼니로 수많은 부자들에게 철퇴가 내려지고 있는데 이들 모두가 자기 생령들의 저주와 반란으로 부정비리가 폭로되어 일어난 사건들이다.

이밖에도 국회의원 당선무효 확정판결, 시도지사, 시장군수, 고위공직자, 기업 사주와 임직원들의 부정비리 구속수사 등 각자 자기 생령들의 저주와 반란은 오늘 이 순간도 쉬지 않고 여러분의 인생으로 일어나고 있을 것이다.

생령의 시대가 열려야 인간 행복의 시대가 열린다

생령의 존재가 얼마나 중요하고 대단한지 72억 인류 모두는 모르고 살아가고 있다.

생령 만나는 과정은 그리 단순한 과정이 아니다. 자기 생령을 만나려면 자기의 조상님을 구원하는 천상입궁의식이 1차 관문이다.

자기 자신이 누구인지 알고자 종교에 들어가 기도와 명상을 하지만 이 모두는 다 부질 없는 일이다.

자기의 생령이 누구인지는 생령을 이 땅으로 보내주신 하늘만이 알고 계신다. 자미국은 하늘의 말씀과 명을 받을 수 있는 전 세계 유일한 곳이다.

인생사의 모든 행복과 불행의 비밀이 자기의 생령에게 숨겨져 있으니 하루속히 생령에 대한 비밀의 문을 열어봐야 한다.

이 책을 가족 모두가 볼 수는 있어도 자미국에 들어와서 자기 생령과 대화를 나눌 수 있는 대상자는 하늘과 땅의 윤허를 받을 단 1명으로 한정되어 있고, 자신이 생령과 대화를 나누기 원한다면 가족에게 절대 비밀로 해야만 한다.

이를 무시하고 가족에게 말하면 천기누설이 되어서 자미국에 들어올 수 없는 돌발 상황이 발생한다. 자미국에 방문할 때는 책을 읽고 단독으로 와야 하고 가족이든 친구든 어느 누구라도 동반해서 오면 필자와 알현 자체가 거부된다.

자미국은 세상에 일반적으로 알려진 종교세계의 연장이 아니라 하늘과 땅이 함께하는 천지나라 자미국이기에 하늘의 명을 받을 사명자 이외에는 가족이라도 절대로 들어올 수도 없고, 받아주지도 않는 아주 특별한 곳이다.

육신을 향한 생령의 저주는 수시로 실시간으로 내리기에 막을 수도 피할 수도 없음을 알아야 한다.

생령들을 부르면 모든 비밀이 밝혀져

세상 살면서 분쟁이 참으로 많다.

개인 간의 분쟁, 기업 간의 분쟁으로 고소고발하고, 국가 간의 분쟁은 곧 전쟁으로 이어진다.

서로의 주장이 첨예하게 대립하여 대질신문을 하지만 끝까지 진실을 숨기고 오리발을 내민다. 오리발을 내미는 생령들을 부르면 하늘과 인황의 명이기에 진실을 말하지 않을 수 없다.

그래서 생령을 부르는 것은 비밀 자체가 낱낱이 밝혀질 수밖에 없어서 핵무기보다도 더 무섭고 대단하다.

상대의 마음을 알 수 있어 미래를 예측할 수 있기 때문에 어떻게 활용하는가에 따라서 개인, 기업, 국가의 큰 뜻을 이루는 데 기여할 수 있다.

상대가 자신에게 귀인인지 사기 배신할 악인 사기꾼인지 겉모습으로는 알 수가 없지만 생령을 부르면 모든 비밀의 진실이 자세히 밝혀지기 때문에 실패하지 않는다.

기업들 간의 경쟁구도 역시 생령을 부르면 상대 기업의 비밀을 알 수 있으니 대단한 일이다. 국가 간에도 각 나라의 대통령 생령을 부르면 국가기밀 사항을 알 수 있다.

거리에 상관없이 전 세계에 있는 생령들을 부를 수 있는 신비의 능력을 갖고 있다. 그 어떤 인물의 생령이라 할지라도 필자(인황)가 명을 내려서 부르면 3분 안에 즉시 오게끔 되어 있으니 독자들은 믿기가 어려울 것이지만 진실이다.

나의 능력은 어디가 끝인지 나 자신조차도 가늠하기 어려울 정도이다. 내가 명을 내리면 현실로 이루어지는 신비한 일들이 부지기수로 많다.

상상의 세계인 천상세계, 지옥세계 명부전 같은 곳으로도 각자의 생령을 보내는 능력도 갖고 있고 풍운조화를 부리는 능력, 천재지변의 대재앙을 막는 능력도 갖고 있다.

조상님들의 혼령을 천상세계로 보내는 능력, 천상의 천신들을 인간 육신과 하나로 결합하게 하는 능력 등 일반인들의 상상을 초월하는 신비의 대능력이 있기에 인류가 태어난 이후 최초로 대한민국 땅에 전 세계를 지배하고 호령할 수 있는 절대적 통치 국가 천지나라 자미국을 세울 수 있게 되었다.

대단한 능력도 없이 천지나라 자미국을 세울 수는 없다. 도사나 법사, 교주의 능력으로는 세우기가 불가능하다.

내가 갖고 있는 엄청난 능력은 인류가 이 땅에 태어난 이후 처음이라고 하신다. 이 땅에 이미 왔다간 석가, 예수, 성모, 상제, 마호메트, 공자, 노자와는 감히 비교가 안 되는 엄청난 하늘의 대능력을 지니고 있다.

인간의 원과 한은 자기의 생령

보이지도 들리지도 않는 생령.

가장 무서운 귀신은 죽은 귀신이 아니라 살아있는 미래의 귀신인 각자의 생령이다. 나는 누구인가?

인간으로 태어난 탄생의 비밀과 누가 인생을 힘들게 뒤집는 것인지 모든 비밀이 밝혀진다. 인간들이 알 수 없었던 상상을 초월하는 전생과 현생, 내생의 비밀까지도 알게 된다.

이는 최면을 통해서 하는 것이 아니라 각자의 마음 안에 생령을 사감(여, 필자) 육신의 몸을 통하면 된다. 각자의 생령과 사감이 하나가 되면 투명인간처럼 복사판이 되어 말을 하는데 완전 똑같아 기절

초풍할 정도가 된다.

자기의 잃어버린 생령을 육신이 살아있을 때 찾아야지 죽으면 영원히 풀지 못하고 귀신 되어 집안이 우환과 질병으로 엄청난 회오리바람이 불어서 정신적, 물질적으로 커다란 피해를 당해 가족 모두가 정신질환으로 고생한다.

생령과 대화.

땅에 수많은 영 능력자들이 존재하지만 산 사람의 생령을 불러내어 대화를 나눈다는 말은 들어보지도 못했고, 상상조차도 못해 본 대단한 일이다.

앞에서도 말했지만 아무나 자기의 생령과 만나서 대화를 할 수 있는 것이 아니다.

숫자가 한정적이기에 이 글에 공감하는 사람과 죽어서 귀신 되기 싫은 사람들에게 귀한 곳이다.

대단한 천제의식

하늘께 올리는 한 번의 천제(천인합체)의식을 통하여 자기 생령과 대화를 나눈 후에 전생과 현생의 지은 죄를 빌어 모두 용서 받고 ○○천인으로 명을 내려주시면 살아서나 죽어서나 영원히 보호해주시는 하늘의 엄청난 사랑을 받게 된다.

천인이 되면 살아서는 100년 미만의 삶을 보호받고 살지만 죽음 이후의 세계는 한도 끝도 없는 수억만 년을 하늘의 보호와 사랑을 받을 수 있는 의식이기에 금전으로 논할 수가 없다.

아무리 큰 금전을 올려도 하늘의 보호와 사랑에는 감히 비교조차 안 되는 고귀한 의식이다.

일평생 한 번만 행하면 되는 의식이라서 약간의 목돈이 들어가는데 자미국에 방문해서 상담을 해야만 의식비용을 말해 주고 전화로 의식비용 묻는 사람들은 의식을 행할 마음이 없는 사람들이라 답변을 해주지 않는다.

하늘의 명이 있는지 없는지도 모르고서 의식비용 알아서 무엇 하겠는가? 자기 잣대로 비싸다고 생각되면 도둑놈이라고 나쁜 소문이나 낼 것이기 때문에 공개하지 않는다.

자신의 경제력 수준에서 최대한 하는 것이 지극정성이기에 상담을 통해서 들어야 한다. 그리고 의식비용 천공과 조공은 각자가 죗값을 올린 것이다. 천상 자미천궁에 올라가면 의식 행한 만큼의 죄가 사면되어 자리가 높아진다.

하늘께 자기 생령들이 용서 비는 마음을 보여줄 수 없기에 피와 땀이 들어간 금전을 올려 보여주는 것이다. 의식을 통해서 올리는 금전은 전생에 천상 자미천궁에서 살았을 때 지은 죗값을 현생에서 하늘에 지불하는 것이다.

죗값이 얼마인지는 가늠할 수가 없을 정도로 많은데 자신의 죗값을 넘는 금액은 천상장부에 공덕금으로 자동 예치된다.

생령들은 자기 인간 육신이 살아있을 때 육신을 굴복시켜 하늘로부터 죄를 빌어 용서받아야 함을 알고 있다.

그래서 생령들은 인간의 육신이 살아있을 때 육신의 삶을 힘들게 해서라도 자신들의 뜻을 전달하고 싶은 것이다.

생령들의 저주가 가장 무섭다

생령들의 저주로 인해서 돌연사, 심장마비, 심근경색, 사고사고, 자살 등으로 목숨을 잃고, 검찰에 구속되어 교도소에 수감되고, 사업이 망하고 질병으로 고생하는 불행이 일어나고 있다.

각자들 생령의 저주!

피할 수도 없고 도망갈 수도 없으니 어찌하겠는가?

생령들의 저주를 막을 수 있는 유일한 길이 자미국에 들어와서 굴복하는 것이다.

생령들의 저주를 살아서 풀지 못하면 재벌이라 할지라도 기업이나 가문이 망하는 것은 일순간이다. 탄탄한 수많은 재벌기업들이 생령의 저주로 순식간에 쓰러져서 사라졌다.

자기 생령들의 무서운 저주로 인하여 목숨을 잃고, 기업이 문을 닫고, 가족 몰살이라는 무서운 재앙이 현실로 일어나고 있다.

하루라도 빨리 생령과 대화를 통해서 생령들의 원과 한, 생령이 전생에서 지은 죄를 하루빨리 벗겨주어야 육신의 목숨과 재물, 권력, 명예, 가정, 기업을 지킬 수 있다.

2013년 5월 9일경 터진 청와대 대변인 성추문 사건 같은 일은 남의 일이 아니라 어느 날 갑자기 각자에게도 일어날 수 있다는 것을 타인을 통해서 보여주고 있는 것이니 그를 조롱하거나 욕하기 전에 타산지석으로 삼아야 한다.

수많은 기업총수들이나 고위공직자들이 구속되고 관직을 박탈

당하는 불상사가 일어나는 이유가 바로 각자의 몸 안에 있는 생령들을 무시한 저주로 인한 것이다.

아직까지 세상 살아가는 데 아무 문제없다고 천하태평으로 부귀영화 누리며 살아가고 있는 모든 사람들은 자기 생령들이 퍼붓는 저주의 시한폭탄을 안고 있는 줄도 모르며 살고 있다. 그것이 언제 어디에서 어떻게 터질지는 시간문제이다.

생령들의 저주가 각자에게 내려서 몽땅 망가지기 전에 자미국을 찾아야 그 원초적인 해결책을 찾아 예방할 수 있다. 육신이 죽은 귀신보다 가장 무서운 귀신은 자기 몸 안에 시퍼렇게 살아있는 각자의 생령들이다.

각자의 생령들은 자미국을 통해서 미래의 귀신이 되는 것을 막아보고자 혈안이 되어 있는데 인간 육신들이 워낙 고집이 강해서 자기 생령들이 보내는 메시지를 무시하고 자미국에 들어오지 않아 모두 몰락하는 것이다.

각자의 우환과 질병, 불운, 단명, 사건사고, 기업부도, 구속수감, 불면증, 우울증 들은 조상님들이 좋은 세계 못 올라간 탓도 있지만 생령들의 영향이 더 크다.

악귀잡귀, 사탄마귀, 요괴 같은 귀신 때문도 아니고 음양오행에 맞지 않게 이름이 잘못 지어져서도 아닌 각자의 몸 안에 생령들이 내린 저주로 인해서 고통과 불행의 재앙을 당한 것이다.

재물, 권력, 명예는 인간들이 좋아하는 것이고, 각자의 생령은 하늘을 만나 전생의 죄를 빌어서 용서받고 사면 받아 다시 천상 자미천궁으로 오르는 것이 가장 큰 유일한 소원이다.

그런데 인간 육신들은 재물과 권력, 명예에만 눈이 멀어서 자기의 생령들이 울부짖고 있는 분노의 소리는 듣지도 못하고 인생만 잘살기를 원하고 있으니 생령들이 저주를 내려서 인생을 다 뒤집어놓을 수밖에 없는 것이다.

각자의 몸 안에 있는 생령들은 이 땅에 자미국이 세워지기를 인류가 탄생한 시점부터 애타게 기다려왔었지만 인간 육신들은 이런 진실을 도저히 알 길이 없었다.

이들이 그동안 수많은 종교세계를 전전하면서 구원받아 천상세계로 오르려고 무진 노력을 하였고 지금도 수많은 생령과 사령(조상)들이 구원받고자 종교가 문전성시를 이루고 있다.

하지만 아직까지 천상세계로 오르는 뜻을 이루지 못하고 있기에 종교를 열심히 믿고 있는 사람들이 생령의 저주를 피하지 못해 몰락해 가고 있는 것이다.

생령들은 천지나라 자미국으로 어서 들어가자고 인간 육신에게 전달하는데 돈이 아깝다, 시간이 없고 바쁘다, 지방이라 거리가 멀다, 몸이 아프다 등등의 이유를 대면서 살다가 어느 날 갑자기 인생의 소중한 재물과 권력, 명예, 건강, 목숨 등 모든 것을 잃어버리게 된다.

지금 현재 아무리 출세가도를 달리고 있다 할지라도, 지금 현재 수십억, 수백억, 수천억, 수조 원의 재물을 갖고 있다 할지라도, 지금 현재 최고 높은 대통령이나 고위공직자의 자리에 올라 있다 할지라도 자기 생령들의 소원을 들어주지 않으면 모든 것이 순식간에 물거품으로 변하게 만들 것이니 자만, 교만, 거만하지 말고 즉시 굴복해야 한다.

이제 인간 육신들은 자기 생령들에게 굴복할 때가 왔다. 생령들 모두가 이 땅에 인류가 탄생하면서부터 애타게 기다려왔던 천지나라 자미국!

현재 각자의 몸 안에 있는 생령과 이 땅에 인간들의 몸으로 태어났던 수많은 생령이 사령되어 자미국을 이 땅에서 찾고자 그 얼마나 헤매고 다녔던가? 그 세월은 인간이 감히 짐작할 수도 없는 길고도 긴 너무나 장구한 세월이었다.

생령과 사령들은 자미국을 통하지 않으면 하늘께 죄를 용서 빌 수도 없이시 구원 자체가 인 된다는 깃을 이미 알고 있었는데 인긴 육신들만 모르고 있었던 것이다.

책을 보는 모두는 인간 지식과 잘남을 모두 내려놓고 각자 자기의 생령들에게 하루속히 굴복해야 소중한 목숨과 재물을 지킬 수 있고 인생의 몰락이라는 처참한 상황을 모면할 수 있게 된다.

새로운 세계를 열어가는 천지나라 자미국

천지나라 자미국의 자랑스러운 국민들이 될 행운아들아~

천지(天地)나라 자미국과 인연을 맺는다는 것이 얼마나 영광된 일이고 행운아인지 천지나라 자미국을 모르는 사람들은 아직 실감이 나지 않을 것이다.

현재까지 자미국 국민이 된 천인과 백성들은 5,000만 명 중에서 166,000대 1, 인류 72억 전체적으로는 7천만대 1의 관문을 뚫고 들어온 행운아들이다.

앞으로 자미국이 세상에 알려져 많은 사람들이 인산인해로 들어온다 해도 최하 경쟁률 9,000대 1이다.

인류가 탄생하면서부터 생령과 사령들은 이 땅에 자미국이 하루빨리 세워지기를 학수고대하며 손꼽아 기다려왔다. 길고도 긴 장구한 수십억 년의 세월을 기다린 끝에 자미국을 만난 행운아가 된 생령들이 바로 자미국의 천인들이다.

하늘과 땅이 함께하는 천지나라 자미국!

자미국의 존재와 실체를 모르고 사는 것은 인간으로 태어나서 가장 불행한 일이다.

자미국에서 발행한 한 권의 책을 읽고 자미국에 들어와서 하늘의 명을 받고 자기의 조상님을 천상세계로 보내고, 자기의 생령(자신)과 만나 자미국의 천인과 백성으로 재탄생하는 것이 가장 큰 인생의 성공이자 출세이다.

각자는 천상에서 죄를 짓고 이 땅에 인간으로 태어났다.

축생으로 태어난 자들이 거의 전부이지만 만물의 영장인 인간으로 태어나게 해주신 것은 전생과 현생에서 지은 죄를 빌 수 있는 마지막 기회를 주시고자 하는 하늘의 큰 사랑이다.

자기 몸 안에 신(생령)이 있는 줄도 모르고 앞만 보고 열심히 살아가다가 생령들의 저주로 인하여 하루아침에 모든 것이 몰락하는 불행을 당한다.

뉴스에 등장하는 불행한 사람들이 바로 자기 생령들에게 저주받아서 벌어진 일들인데 인간들은 재수가 없어서 그런 줄 알고 있으니

참으로 한심하다.

자기 생령의 저주를 막을 수 있는 유일한 길은 전 세계에서 자미국밖에 없다.

장차 전 세계 각 나라들이 자미국의 연방국가로 자청해서 귀속하게 되는 천지개벽이 일어나고 이들이 자미국에 수많은 천공과 조공을 바치게 되는 이변이 일어난다.

천지나라 자미국이 이 나라에 우뚝 서는 것이 우리 민족이 강성대국이 되어서 최고로 잘살 수 있는 가장 유일한 길이다.

난세에 영웅이 출현한다고 했듯이 우리 민족의 앞날을 이끌어갈 인류의 영도자가 자미국 인황이니 수많은 사람들이 자미국 인황의 뜻에 적극 동참해서 함께해 주는 것이 각자가 보다 편안한 인생을 살 수 있는 길이 될 것이다.

자미국 인황은 가상세계처럼 생각되는 세계를 통일해서 지배통치하는 천지대업을 현실로 이루어낼 것이다.

이제 자미국에 들어오고 안 들어오고의 선택은 각자 몫이다.

하루속히 인간 육신들은 자미국에 들어와서 생령들의 원과 한을 풀어줄 수 있는 생령과 대화를 서둘러야 생령의 저주를 피할 수 있다.

가장 무서운 존재가 바로 자신, 즉 자기의 생령이다.

나에게 주신 신비의 능력

천지의 만생만물을 태초로 창조하신 대단하신 하늘 태상천존 자미천황님께서 부족한 나 인황에게 천지의 대능력을 아낌없이 내려주시었다.

독자 여러분 모두가 놀랄 일이고 상상이 안 되겠지만 그 대단하신 천지 만생만물의 창조주이신 태초의 하늘을 실제로 부를 수 있는 전세계 유일한 대능력자가 인황이며 이는 처음이자 마지막이라고 말씀하시었다.

더불어 자미천황님 대행자 수행능력, 전생현생내생 업장소멸 및 사면권 수행능력, 인황 수행능력, 황명 수행능력, 천권 수행능력, 천력 수행능력, 신력 수행능력, 천령조화 능력, 천인조화 능력, 신인조화 능력, 천지조화 능력, 풍운조화 능력,

세계인류 영도능력, 세계 각국 제왕 및 제황 지휘 통솔력, 신사생령(神死生靈 : 신령, 사령, 생령)하명 능력, 소상입궁 능력, 천인합체 능력, 천령강세 능력, 황명봉행 능력, 신들 호명능력, 주신 호명능력, 본신 호명능력, 천통능력, 신통능력, 영통능력, 도통능력, 의통능력, 육신통 능력, 천안통 능력,

천이통 능력, 타심통 능력, 수명 장생능력, 피부노화방지 능력, 천기 주입능력, 정기 주입능력, 명기 주입능력, 지기 주입능력, 서기 주입능력, 질병 치유능력, 병마 퇴치능력, 예언능력, 금전 호명능력, 부귀영화 능력, 절기조화 능력,

날씨 변화능력, 태풍진로 변경능력, 폭우 멈춤 능력, 강우내림 능력, 천지신명 청배능력, 각 성씨 영혼 청배능력, 생령 청배능력, 악귀잡귀 퇴치능력, 혜안 능력, 타인 생령을 천상과 지옥으로 보내고 부르는 송호능력, 천상세계, 신명세계, 영혼세계, 인간세계 지식능력, 대우주 삼천대천세계 통치능력을 내려주시었다.

하늘의 태상천존 자미천황님께 대한 절대적 충성심, 일편단심 변절하지 않는 마음과 각오를 무수히 시험하시기 위하여 59평생 동안을 자미인황으로 탄생시키기 위하여 그 높고 험준한 산을 넘으라고 명하시었다.

수많은 좌절과 실패를 무릅쓰고 각고의 천신만고 끝에 하늘의 모진 시험을 통과하자 대우주 천지인 창조주 "태상천존 자미천황님"께서 하늘의 화신이자 분신인 하늘의 대행자로 높고 높으신 황명을 내려주시었다.

그중에서도 우리 인생과 가장 직결된 산 사람의 생령을 부르는 대능력을 인황에게 내려주시었으니 하늘과 땅의 천지만복을 모두 내려주신 것이다.

언제부터인가 나 인황에게 신이나 조상영혼 그리고 귀신은 물론 살아있는 산 사람의 생령(영혼)을 부르는 신비한 대능력이 생겨져 있었다.

필자는 자미국의 천인과 백성들을 많이 배출하여 진정한 하늘의 뜻은 무엇이고, 인간들이 앞으로 어떻게 하늘과 조화를 이루며 살아가야 되는지 가르쳐주어 고통과 불행에서 벗어나 기쁨과 행복으로 가득한 인생을 살게 해주고 싶다.

나 인황 혼자만 알고 있기는 너무 아까운 신비의 대능력들이다. 이런 신인조화를 믿고 인정하는 사람들은 언제나 자미국 방문을 환영한다.

이런 보이지 않는 초영력, 초신력을 받아서 자미국이 인류의 정신적 지주국, 신의 종주국이 되어야 한다. 하늘이 내려주시는 신명정기를 받아 신인조화의 능력을 받으면 이 나라는 물론 인류 문명발전에 커다란 개벽이 올 것이다.

아마도 전 세계에서 두 필자를 능가할 영 능력자는 지금까지도 없었고, 이후의 세상에도 없을 것이다.

두 필자는 하늘 자미천황님, 신명님, 하나님, 미륵님께서 함께해주시면서 가르쳐주시기에 하늘세계, 신명세계, 영의 세계, 조상세계, 사후세계에 대해서는 전 세계 최고의 전문가이고 이들 세계에 대해서는 모르는 것이 거의 없다.

종교세계, 무속세계, 도교세계를 더 이상 방황하지 말고 하루라도 빨리 종교와 사주, 역학, 작명, 개명, 풍수, 무속, 도교의 종착역인 자미국에 들어오는 것이 각자의 유일한 살길이다.

하늘 앞에서는 종교, 사주, 역학, 작명, 개명, 풍수, 무속, 도교가 모두 무용지물처럼 아무 소용이 없다. 세상 어느 누가 하늘의 능력을 능가한단 말인가?

유명한 역술인에게 몇백만 원씩 주고 작명이나 개명한 사람들이 무수히 찾아오는데 그들의 인생이 하나같이 힘들어지고 어려워졌음을 볼 때 작명이나 개명도 아무 소용이 없다는 것을 그들의 삶을 통해서 알았다.

작명이나 개명으로 운명이 바뀔 수 없고, 운명 역시 하늘이 좌우하시는 것이지 인간이 어찌 운명을 바꿀 수 있겠는가?

생령 "네놈이 하늘, 신, 조상 몰라보고 잘난 척하며 종교 다녀서 내가 다 뽑아버렸다. 머리가 반짝반짝 빛나리가 되니까 그 맛이 어떠냐?"

✦ 2부 ✦

생령과의 대화 사례

생령의 존재를 무시하고 찾아주지 않으면 | 생령을 불러내서 숨은 마음을 알아냈다 | 김정일 국방위원장 생령과 대화 | 미국 부시대통령 생령 불러 대화 | 생령의 모습을 확실히 알 수 있어 | 생령의 존재 자체도 몰랐었다 | 나의 가장 못된 영이 생령 | 나의 반쪽인 생령을 너무나 무시하고 | 내가 가진 돈도 다 생령 것이라 하며 | 가정이 풍비박산 나고 생령의 무서움을 | 무엇을 그렇게 망설였느냐고 질타 | 봇물 터지듯이 터져 나오는 눈물! | 생령이라는 말을 듣고 더욱더 놀라 | 끝없는 생령의 원과 한 | 온갖 풍파는 생령들의 저주 | 나는 누구이고 왜 태어난 것인지

생령의 존재를 무시하고 찾아주지 않으면

하늘(천)과 땅(지)이 함께하는 나라 천지나라 자미국이 대한민국 땅에 태동하여 용트림하려 하고 있다.

작게는 우리 인간 육신도 생령은 하늘이고 육신은 땅이니 천지이다. 하늘이 복을 항상 내려주시는데 생령에게 주시기에 인간들은 복을 받을 수 없다.

그래서 자기 몸 안의 생령들로 하여금 하늘이 내리시는 복을 받게끔 해야 하는데 그것이 하늘의 명을 받아 자기 생령과 만나서 대화

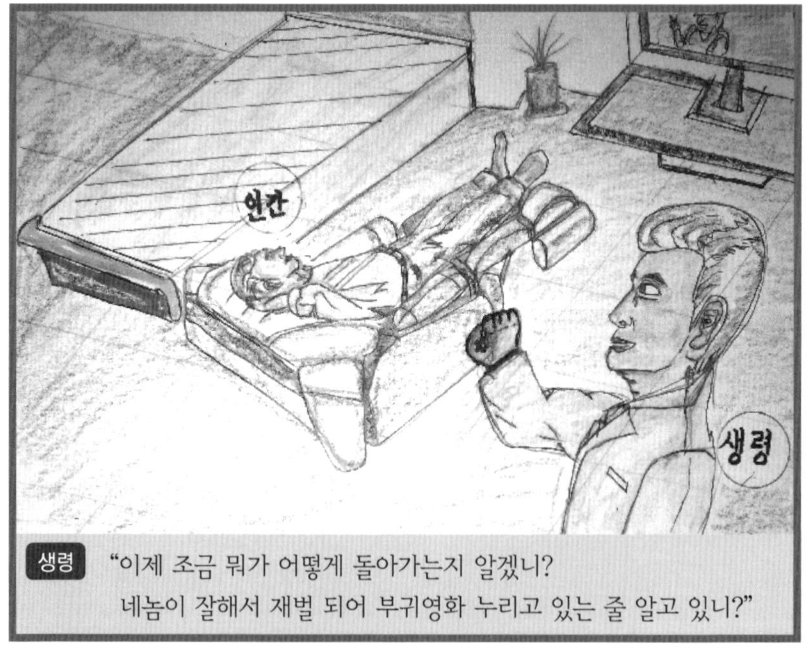

생령 "이제 조금 뭐가 어떻게 돌아가는지 알겠니?
네놈이 잘해서 재벌 되어 부귀영화 누리고 있는 줄 알고 있니?"

를 나누어 그동안 무엇이 답답했는지 이야기를 들어주고 달래는 길인데 전 세계에서 유일무이하게 자미국의 인황과 사감만이 의식을 행해 줄 수 있다.

자기 몸 안의 생령들은 인간 육신이 죽으면 귀신의 신분이 되기 때문에 이를 모면하여 보려고 인간 육신들을 자미국으로 데려오기 위하여 피나는 사투를 벌이고 있다.

자미국에 들어와서 하늘의 명을 받아야만 천인의 신분이 되어 육신이 죽더라도 영들의 고향인 천상 자미천궁에 오를 수 있기 때문에 인간 육신들에게 온갖 풍화환란의 고통을 주어서 굴복시키는 과정에 있는 것이 생령들의 입장이다.

인간 육신은 돈 많은 것이 좋지만 생령들에게 소원과 생명줄은 하늘, 즉 영의 부모님을 만나 구원받아 천인으로 재탄생하는 것이 최고의 소원이다.

자기 생령들의 소원(천인 탄생)을 이루어주기 전까지는 상상을 초월하는 온갖 아픔과 슬픔이 각자의 인생으로 일어나게 되는데 빈부의 격차를 가리지 않는다.

돈이 많고 권력이 높다 하더라도 생령의 존재를 무시하고 찾아주지 않으면 비리가 폭로되어 검찰에 구속되고, 관직에서 파면되는 수모와 주식과 선물옵션 투자로 가진 재산을 날리는 비참한 운수로 전락하게 된다.

그리고 매사 되는 일이 없고 실패만 따르고, 몸은 몸대로 아파서 병원에 다니고, 부부싸움, 실직, 파면으로 경제적 고통이 가중되며 의욕상실로 무기력하게 살아간다.

활력을 되찾는 길은 자기 자신, 즉 생령을 찾아오는 길이다. 하늘의 복을 받아주는 생령들이 각자의 몸 안에 없으면 인생사의 모든 풍파가 쉬지 않고 일어난다.

각자의 생령이 다른 세계에 가 있거나 가족의 몸 안에 있는 경우도 있고 아예 종적을 감추고 떠나버린 사례도 있다. 그리고 생령 자체가 아예 없는 사람들도 있는데 이들은 가족과 동료 간에 피 터지는 싸움을 해가며 비참한 인생을 살고 있다.

자미국에 책을 읽고 들어올 수 있는 영들은 고차원적 수준급인 생령들이고 저급한 생령들은 인간과 하나 되어 죽으면 그만이라고 생

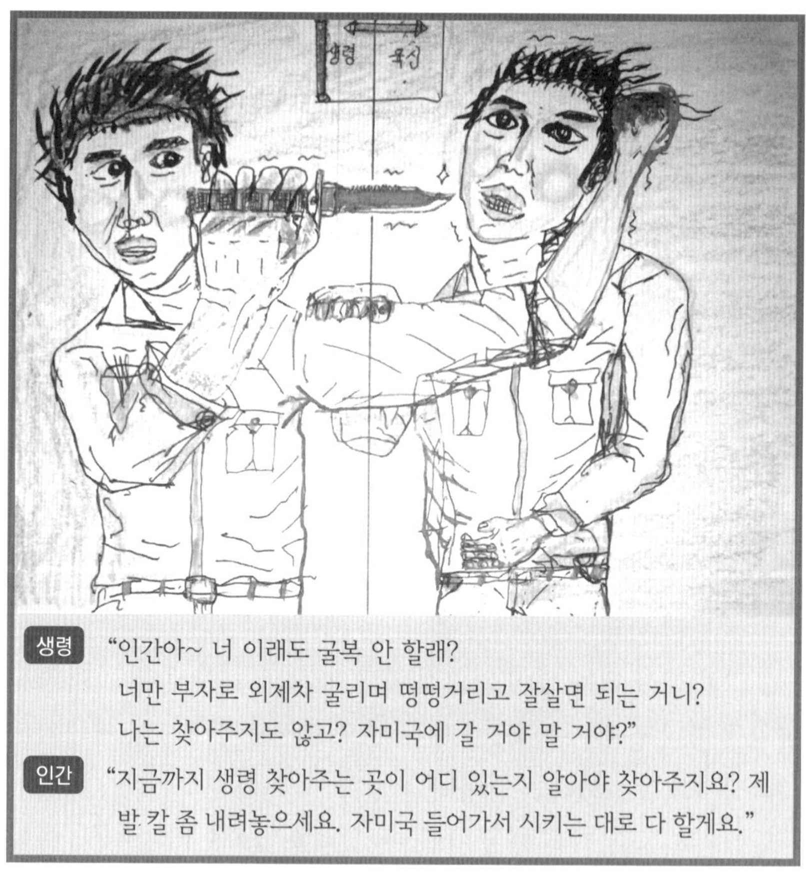

각하며 살아가고 있는데 이런 생령들은 부자와 고위공직자들 중에 많이 있다.

돈이 많거나 권력이 높으면 생령들이 인간의 고집을 꺾지 못해서 책을 읽어보고도 아무런 감동을 하지 않는다.

그래서 최후의 수단이 고소고발과 사건사고, 자살, 부도, 파면, 구속, 단명, 중풍, 뇌경색, 심근경색, 심장마비 같은 불상사가 갑자기 일어나는 것이고, 이렇게 죽으면 자손들이 대물림하여 같은 일로 인생이 망한다.

인생사에서 가장 고마운 존재이자 가장 무서운 존재가 자기 말과 행동에 대해 24시간 내내 일거수일투족을 지켜보고 있는 자기 몸 안에 있는 생령들이다.

생령들은 비록 인간의 몸 안에 있지만 인간의 생각과는 차원이 다르기에 추구하는 이상향의 세계 또한 다르다. 고차원적인 생령들은 어떤 경로를 통해서든 자미국에 들어와서 하늘의 명을 받아 천인으로 탄생하는 영광을 누린다.

하지만 저급차원의 생령들은 눈에 보이는 재물, 벼슬, 호화사치를 좋아하고, 죽어서 호화무덤을 만드는 것에 혈안이 되어 있고, 하늘세계, 사후세계의 존재 자체를 부정하거나 아예 몰라보는 무지한 존재들이다. 그러니까 자기 자신(생령)의 부모(하늘)도 몰라보고 찾지 않는 못된 존재들이다.

그러기에 이들은 육신의 부귀영화가 끝나면 원하든 원하지 않든 축생계 동물로 태어나거나 죄가 크면 지옥세계로 떨어져서 가문이 기울어 결국은 쫄딱 망한다.

그래서 부자가 3대를 잇기가 어렵다고 하는 것이다.

돈이 많으면 다 되는 줄 알고, 하늘과 조상, 자기 생령의 존재를 무시하고 몰라보며 찾지 않다가 결국 날벼락을 맞아서 가문이 멸문지화를 당하는 것이다.

그래서 잘살고 있는 사람들일수록 자기들이 누리고 있는 기쁨과 행복, 재물과 벼슬, 부귀영화를 자손 대대로 오래 지키려면 자미국에 들어와서 하루빨리 굴복해야 한다.

지금 부귀영화 누리는 사람들은 이런 글을 읽고도 콧방귀 뀌거나 무관심으로 자기에게는 해당 사항이 없다고 생각할 사람들이 참으로 많을 것이다.

하지만 이들은 한 번 망하면 회복이 불가능하고 자미국에도 들어올 수 없을 정도로 빚더미 속에 가난을 면치 못해서 월세방 신세로 전락하게 된다. 많던 재산 다 잃어버리고 자미국에 들어와 봐야 하늘의 명을 받는 일은 그림의 떡이다.

하늘의 명을 받아 천인이 되기는커녕 자기 조상님들을 천상 자미천궁으로 보내드리는 천상입궁의식조차 행하기 어려울 정도로 철저히 망해 버린다.

그래서 있을 때 잘해야 하고, 있을 때 하늘 · 조상 · 자기 생령들에게 굴복해야 갑자기 멸문지화 당해서 기업과 가정이 박살나는 불상사를 예방할 수 있다.

자미국에 들어와서 하루라도 빨리 굴복하는 것이 가장 잘 사는 길이고 한 치 앞도 알 수 없는 불확실한 미래에 다가올 각자들의 불행을 막는 유일한 길이다.

의식비용이 아까워서 못 오는 사람들, 거리가 멀어서 못 오는 사람들, 바빠서 못 오는 사람들은 날이 가면 갈수록 더 나아지는 것이 아니라 견디기 힘들 정도로 어려워진다는 것을 수없이 체험하였고, 상담을 하고서도 나 인황의 말을 듣지 않는 사람들은 급속하게 인생

생령 "네놈 말을 어떻게 믿어. 너만 아는 욕심쟁이야. 네 안의 자신도 몰라보면서… 정말 이젠 내 말 들을 거니?"

이 몰락한다는 것도 알게 되었다.

자미국에 들어와서 나 인황의 말을 듣고 그대로 행하는 자가 가장 행복한 인생을 살아가고 있다.

그리고 자미국의 인황 뜻에 동참하는 것이 살아서도 죽어서도 하늘과 땅으로부터 가장 복 받는 지름길이다.

생령을 불러내서 숨은 마음을 알아냈다

태상천존 자미천황님의 대능력은 인간의 상상을 초월한다. 인간의 상상을 초월한 태상천존 자미천황님의 대능력은 천황님의 분신이요, 자미천황님의 대행자이신 인황님을 통하여 현실로 이루어주신다.

하루는 인황님의 부름을 받고 인황님의 자미국으로 갔다. 처음 보는 낯선 여자 손님이 한 명 앉아 있었고, 그 여자 손님은 엉엉 울고 있었다.

인황님께서 손님에게 뭐라 한 말씀 하시더니, 나에게 와서 해주시는 말씀이 "한 남자를 사랑하고 있는 여인인데, 그 상대의 남자가 본인을 자꾸 피하니, 그 남자가 자신을 진정으로 사랑하고 있는 것인지? 아니면 본인이 싫어서 피하는 것인지 그 남자의 본심을 알고 싶어" 한다는 말씀을 나에게 전해 주시었다.

하시는 말씀이 "저 여인이 알고 싶어하는 상대 남자의 본심은 그 남자가 아닌 이상, 세상 그 어느 누구도 그 남자의 숨은 마음을 모르니, 그 남자의 생령을 불러봐야겠어.

그래서 저 여인을 어떻게 생각하고 있는지 생령과 대화를 나누게 하고 그 남자의 마음을 속 시원히 얘기하라고 하는 것 외에는 달리 방법이 없으니, 오늘은 '생령(生靈)' 청배를 해야 할 것 같으니까 준비해" 하시는 것이었다.

갈수록 태산이었다.

아무리 자미천황님의 대행자라 하시지만 어떻게 생령을 부를 수 있단 말인가? 신명과 조상님 영가는 인황님의 명에 따라 그들이 자유자재로 오고가는 것을 수없이 보았고 직접 체험도 하여 봤지만 지금 말씀하신 이 '생령' 부분은 한 번도 들어본 적이 없는 희한한 말씀이었다.

죽은 혼도 아니고, 산 사람의 혼(생령)이 어떻게 올 수 있단 말인가? 만의 하나 그 산 사람의 혼이 온다 하더라도, 그 산 사람의 혼이 오면 살아있는 그 사람은 혹시 죽는 것이 아닌가?

생전 처음 들어보는 인황님의 말씀에 여러 생각으로 겁이 덜컥 났다. 인황님께서는 나에게 많은 설명을 해주시면서 "그런 걱정은 안 해도 된다"고 하시면서 대능력자이신 "자미천황님의 대능력으로 진행되는 일인데 어찌 인간이 겁을 내느냐"고 하시었지만 그래도 나 사감은 겁이 났다.

안에서는 한 여인이 흐느끼는 소리가 간간이 들려온다.

한 번 시도해 보자고 말을 할 수도 없고, 안 한다고 말을 할 수도 없는 그야말로 진퇴양난의 순간이었다. 고민에 빠져 있던 나는 드디어 결정을 내렸다.

위대하신 자미천황님의 대능력을 믿기로 했다. 자미천황님의 대행자이신 인황님의 말씀을 믿기로 하고 의식에 들어가기 전, 인황님께 한 말씀드렸다.

"자미천황님을 믿고, 인황님을 믿고 의식에 임하기는 하지만 인황님도 생령을 부르는 것은 이번이 처음이시고, 저 또한 생령청배의식은 처음 해보는지라 제가 혹시라도 잘못해서 자미천황님 전에, 인황님 전에 누를 끼치더라도 용서해 주세요" 하면서 그 여인의 소원을 이루어주는 '생령' 청배의식이 시작되었다.

인황님의 명에 따라 그 남자의 생령은 나(사감)의 몸으로 응감을 하였다.

신과 죽은 혼이 응감했을 때와는 느낌이 많이 달랐다.

인황님의 명을 받고 응감한, 산 영혼은 처음에는 본인의 마음을 밝힐 수 없다면서 인황님의 명을 거부하였으나 얼마의 시간이 흐르자, 인황님의 명을 순순히 받들어 본인의 마음을 솔직히 얘기하기 시작했고, 인황님의 지도하에 나의 몸으로 응감한 남자의 산 영혼 생령과 여인의 대화가 시작되었다.

이 과정에서 그동안 인간사에서 둘이 만나면서 서로가 서로에게 하지 못했던 진심의 대화를 주고받았다. 많은 대화를 나눈 후 둘의 오해는 풀렸고 여인 역시도 사랑하는 남자친구의 진심을 알고 나니 가슴이 후련하다고 하였다.

생령청배의식이 끝나자 이 여인은 처음처럼 답답함의 눈물을 흘리는 것이 아니라 감사의 눈물을 흘리며 자미천황님과 인황님께 감사하다는 말을 하였다. 자미천황님의 대능력으로 한 명의 인간이 구원되는 순간이었다.

이 여인은 남자 문제로 고민을 너무 많이 하여 밤에 잠도 제대로 이루지 못하였고 몸도 마음도 괴로워 죽고 싶은 심정이었다고 하소연하였었다.

하지만 위대하신 자미천황님께서는 인황님을 통하여 불쌍하고 가련한 여인의 소원을 이루어 주시는 기적과 대 이적을 오늘도 보여 주셨다.

그 여인이 돌아간 후 자미천황님에 대한 감동의 물결과 인황님에 대한 감탄의 마음이 나의 마음 깊은 곳에서 밀려온다. 정말 자미천황님의 대능력은 항상 우리 인간의 상상을 초월하였다.

그리고 나(사감)는 자미천황님과 인황님의 기적, 이적 앞에서 언제나 감탄을 안 할 수 없었고, 매번 보여주시는 자미천황님의 이적 앞에 "이번에는 안 될 거야, 이번 일은 가능하지 않을 거야"라고 생각했었지만 나의 상상을 초월하여 자미천황님의 기적과 이적은 끝이 없었다.

도대체 위대하신 자미천황님의 기적과 이적은 어디까지이고 인황님의 기적과 이적은 어디까지일지 참으로 신기하기만 하고 놀랍기만 하다.

생령청배의식을 위대하신 자미천황님께서 인황님께 윤허 내려주심은 "적을 알고 나를 알면 백전백승"이라 하였듯이 나라 일(고급관료, 정치인, 현직 대통령 및 대통령 후보)을 하는 사람들과 대기업과 개인 사업장을 운영하는 사람들은 상대의 말과 행동을 무조건 믿고 큰일에 임하지 말라.

큰일을 결정하기 이전에 상대의 속마음을 미리 알고 상대를 만나면 정책과 기업운영의 실패로 인한 국민의 불신, 인간의 사기와 배신, 금전의 큰 손실을 막을 수 있기에 자미천황님께서 윤허하여 주셨다고 말씀을 내려주셨다.

또한 결혼을 앞둔 남녀가 결혼하기 이전에 생령청배의식을 통하면 상대의 진심을 미리 알 수 있기에 결혼의 실패로 인한 아픔을 막을 수 있다고 가르쳐주셨다.

이혼을 결정한 부부들도 가정법원에 가기 이전에 이 의식을 통하다 보면 서로가 몰랐던 서로의 숨은 진실을 알기에 서로가 오해했던 부분이 풀려 이혼을 막을 수 있다고 가르쳐주셨다.

대신 자미천황님께서 주신 이 고귀한 의식을 대행하는 인황님도 이 의식을 부탁하는 손님들도 진정으로 가정을 살리고 나라를 살리는 좋은 방향으로 활용할 때만 하늘께서 생령청배에 대해 윤허를 내려주신다고 하시었다.

개인의 욕심을 위하여 또는 장난삼아 상대의 마음을 알아보고자 한다면 절대로 윤허를 아니 내려주신다는 당부의 말씀도 계셨고, 대행자이신 인황님께 이러한 자미천황님의 대능력을 아낌없이 주심은 하늘 자미천황님의 일을 대행하는 대행자는 자미천황님의 조화능력이 모두 있어야 이 땅에 자미천황님의 진정한 뜻을 전파할 수 있고, 만인간과 만신명과 만조상님을 지휘통솔할 수 있다고 일러주시었다.

천지나라 자미국은 자미천황님의 황명을 받아 자미천황님께서 일러주시고 가르쳐주신 그대로 하늘의 천상공무를 집행하는 하늘의 궁전이다.

물론 이제 시작이다 보니 외형상 보기에는 규모가 작을지는 모르지만 하늘의 기운이 지상에서 가장 강하게 내리는 하늘의 지상궁전 자미국 자미천궁이다.

천상의 모든 신들이 원하고 바랐던 유토피아의 세계인 지상의 자미국과 천상의 자미천궁은 모든 조상님 영가들이 손꼽아 간절히 원하고 바랐던 무릉도원의 세계이다.

천지의 모든 만생만물이 숨죽이며 기다려왔던 꿈의 세계가 분명하다. 자미천황님께서는 하늘의 대행자 인황님과 하늘의 명 수행자 사감으로 황명을 내려주시었다.

김정일 국방위원장 생령과 대화

아끼던 제자가 찾아왔다. 오늘은 무슨 천지신명공부를 시켜줄까 하다가 김정일 국방위원장 생령(영혼)을 불러 대화를 나누어보고 싶었다.

[필자]

"최씨 제자는 김정일 국방위원장 생령을 몸으로 받을 준비를 하시오"라고 말하자 제자가 자세를 가다듬으며 양손을 합장하여 가슴에 대고 "예, 준비 다 되었습니다. 분부 내리십시오."

김정일의 생년월일과 이름을 백지 위에다 생령을 부르는 주문과 함께 써놓았다.

필자가 생령을 부르자 앞에 있는 최씨 제자가 생령이 오는 기운을 느끼며 몸에 변화가 일어나고 있었다. 최씨 제자 몸에 실린 김정일 국방위원장의 생령이 말을 한다. 이때 시간이 2005년 2월 6일 밤 9시 10분이었다.

[김정일 국방위원장]

"안녕하십네까? 선상님. 찾아주셔서 반갑습네다."

[필자]

"어서 오십시오. 반갑습니다, 김정일 국방위원장! 요즈음 신경 써서 머리가 많이 아프시죠? 내가 오늘 이렇게 생령을 부른 것은 북한 최고통수권자인 김 위원장의 심중을 알아보려고 불렀습니다. 되도록 표준어로 말씀해 주시기 바랍니다."

[김정일 국방위원장]

"예, 표준어로 말하겠습네다. 보통 신경이 날카로운 게 아니라요. 나라운영이 경제적 사정으로 매우 힘이 듭니다. 강대국들의 압력이 너무 강해서 골치가 아픕니다. 특히 미국의 압력 때문에 잠을 자도 숙면을 취할 수가 없습니다."

[필자]

"그러시겠지요. 심신이 피곤하실 테지만 오셨으니 진심으로 속내를 말씀해 주시기 바랍니다."

[김정일 국방위원장]

"예, 최대한 있는 그대로 말씀해 드리겠습니다."

[필자]

"세계 사람들 관심이 북한에 모두 쏠려 있습니다. 핵무기를 이미 보유하고 있다고 북한 당국자도 발표했고, 미국에서는 7~8개를 보유하고 있을 것이라고 말하고 있습니다."

[김정일 국방위원장]

"예, 핵무기는 이미 보유하고 있습니다. 그러나 핵은 자위 수단이지 동포인 남한이나 미국, 일본을 공격하기 위한 공격용은 아닙니다. 저들이 공격하지 않는 이상 절대로 선제 핵미사일 발사는 없을 것입니다."

[필자]

"핵무기는 언제부터 개발했습니까?"

[김정일 국방위원장]

핵 개발은 아버지(김일성 주석) 때부터 계속 이어져 내려왔고 공격용이 아닌 자체 방어용으로 개발했습니다. 작은 나라가 강대국 틈바구니에서 먹히지 않으려면 핵무기 보유밖에 대안이 없었으며 우리로서는 불가피한 선택이었습니다. 계속되는 미국의 협박에 굴복하지 않기 위해서입니다."

[필자]

"그럼, 핵미사일은 몇 개나 보유하고 있습니까?"

[김정일 국방위원장]

"죄송합니다, 그것만은 함부로 발설할 수 없습니다

핵무기 보유 숫자는 국가 특급비밀이니 양해해 주시기 바랍니다. 정말 죄송합니다.

나를 포함해서 군부나 핵무기개발 관계자 등도 이 문제에 대해서는 외부에 발설하면 엄중히 책임을 물을 것이라 했기에 제 스스로 말씀드릴 수 없음을 이해하여 주시기 바랍니다."

[필자]
"예, 알겠습니다. 그리고 지금 미국에서는 6자 회담을 조기 개최하려고 움직이고 있으며 그들은 북한이 핵무기를 포기하도록 모종의 대안을 마련 중이라는 말들이 있습니다. 핵을 포기할 생각은 없습니까?"

[김정일 국방위원장]
"제가 핵을 포기하면 바로 먹힙니다. 절대로 포기 못합니다. 어떠한 좋은 조건을 제시해도 핵무기만은 우리의 생명이나 마찬가지이기에 포기할 수 없습니다. 포기하면 우린 바로 정권이 무너지고 이라크처럼 죽습니다."

[필자]
"예, 의지가 확고하군요. 참 건강은 어떠합니까?"

[김정일 국방위원장]
"정신적으로 스트레스를 많이 받아 심장이 안 좋습니다. 나이도 이제 64세나 되니 건강이 예전만은 훨씬 못합니다."

[필자]
"정신적 스트레스가 모든 건강을 해치는 주범이지요. 후계자는 정해졌습니까?"

[김정일 국방위원장]
"아직 정해지지는 않았습니다. 후계 문제만 생각하면 골머리가

아픕니다. 진퇴양난이고 고민이 아주 많습니다."

[필자]

"그런 고뇌도 있군요. 남북통일에 대해서는 어떤 생각을 가지고 있습니까?"

[김정일 국방위원장]

"언젠가는 하기는 해야 하는데 통일을 하자니 미국에 먹히는 것 같고 안 하자니 외세 압력이 높아져 경제사정이 더 어려워지니 어느 쪽으로 결정을 내려야 할지 모르겠습니다.

미국 간섭이 제일 무섭습니다. 그들만 개입하지 않는다면 남북한 당사들끼리 머리를 맞대고 언제든 할 수 있습니다."

[필자]

"예, 지금 당장은 무력이나 흡수 통일은 생각하기가 어렵겠군요. 이참에 남한 국민들에게 하고 싶은 말이 있으면 기탄없이 말씀하시지요."

[김정일 국방위원장]

"예, 감사합니다.

남조선 국민 여러분!

이 김정일이는 본래 악한 사람이 아닙니다. 북한 인민들의 생명과 안위를 보장하고 미국에 먹히지 않기 위하여 어쩔 수 없이 핵무기를 개발한 것입니다. 저만 나쁘다 하지 마시기 바랍니다. 중국, 러시아, 미국, 영국 등은 세계 여러 나라들을 무력을 동원하여 식민지로 만

들었습니다.

무력에 의해 중국에 흡수된 55개 소수민족도 결국은 군사력이 약해서 중국에 먹혔습니다. 국가 간에는 힘이 없으면 나라를 빼앗기게 되어 있습니다.

약육강식으로 동물의 먹이사슬과 똑같으며 개인이든 국가든 승자만이 존재하는 세상입니다. 우리 북한 역시 핵무기가 없으면 미국은 언제든지 북한을 점령할 것입니다.

한민족이 찾아야 할 중국의 동북삼성(흑룡강성, 길림성, 요녕성)도 있으며 발해가 중국에 지배당하지 않았으면 한반도의 운명도 달라졌을 것입니다.

핵무기 개발에 제가 목숨을 거는 것은 정권유지 차원도 있고 나라가 작아 핵무기가 없으면 상대국들이 우리를 깔보기 때문입니다. 핵무기 개발에 막대한 돈이 들어가 북한 인민들에게 배불리 먹이지 못해 대단히 미안하게 생각합니다. 하지만 핵무기 개발은 계속되어야 하며 결코 중단할 수 없습니다.

남조선 국민들에게도 핵 공포의 불안감을 주어서 대단히 미안합니다. 하지만 저는 절대로 같은 동포에게는 맹세코 핵미사일을 발사하지 않습니다.

또한 남한 당국이 어떤 외세에 침략을 당한다면 동포애로써 침략국에 핵미사일을 퍼부을 것입니다.

이것이 저의 순수한 마음입니다. 저를 무지막지한 불한당으로 보시는 남조선 국민이 많은 줄 압니다만 사실은 그렇게 포악무도한 사람이 아님을 천명하는 바입니다.

김대중 대통령 방문에 대한 남한 답방을 하여야 하는데 못 가는 것은 이쪽 군부 반란 같은 것이 우려되고 군부를 통제하기 어려운 군사적 문제 때문입니다.

남한에 내려갈 경우 삼엄한 경호경비를 한다지만 돌발 상황이 발생하지 말라는 법이 없기에 심사숙고하고 있는 것입니다. 미국 앞잡이들의 저격도 우려되는 항목이며 또한 6·25 전쟁 피해자들도 돌발 변수로 작용할 것입니다.

[필자]

"예, 나름대로 그런 사정이 있군요.

오늘 이렇게 많은 대화를 나누니 반가웠습니다. 오늘은 생령(영혼)을 불러 이렇게 오랜 대화를 나누었으니 자~이제 돌아가셔도 좋습니다. 잘 돌아가십시오. 필요하면 또 부를 것입니다.

[김정일 국방위원장]

"예, 불러주셔서 감사합니다. 오늘은 초면이었는데 마음속에 있는 말들을 모두 털어놓으니 속이 다 후련해집니다. 불러만 주신다면 언제든지 다시 오겠습니다.

한 가지 부탁드립니다. 미국놈들 제발 북조선에 대해서 사사건건 간섭 좀 하지 말라고 전해 주시기 바랍니다. 감사합니다. 안녕히 계십시오.

그리고 한마디 덧붙여 말씀드리겠습니다. 근래에 일본인들이 독도를 자기네 땅이라고 시마네현 의회에서 통과시켜서 남조선 국민들이 벌떼처럼 일어나 일제 망언을 규탄하고 있습니다만 저 역시도 분노를 금치 못하고 있습니다.

일본놈들이 계속 망언을 해대면서 독도를 점령한다면 저는 한반도에 대한 침략전쟁의 선전포고로 간주하고 36년 일제치하의 설욕과 침략자 분쇄를 위해서 핵미사일 세례를 퍼부어 일본열도를 단번에 초토화시킬 것입니다.

엄연히 독도는 한반도의 영토이며 북과 남은 언젠가는 통일되어야 할 나라이기에 저들의 망언과 침략행위를 그냥 두고만 보지는 않을 것입니다.

사상적으로는 남조선과 적대관계에 있지만 남조선 영토를 침략하려는 어떤 외세가 있다면 저는 민족적 동포애로써 남조선 국민들을 대신해서 침략자들에게 핵무기로 응징을 가하여 본때를 보여줄 것입니다.

김대중 전 대통령과의 밀약도 있고 만일의 사태를 대비해서 저는 목숨 걸고 핵무기를 개발한 것입니다. 핵무기는 당장은 북한의 자위수단이지만 앞으로는 한반도를 침략하는 외세로부터 보호하는 절대적인 수단이 되어 줄 것입니다.

이렇게 훌륭한 선생님이 우리 한반도에 계신 것을 영광으로 생각하며 때가 되면 평양으로 초청하여 직접 대면하고 싶습니다. 앞으로 우리 한민족이 나아갈 길과 외세 침략에 어떻게 대처하며 통일은 언제 어떤 방식으로 해야 하는지에 대해서 선생님의 훌륭한 고견을 듣고자 합니다.

언젠가는 민족의 대업을 위해서 사심과 권력을 포기하고 통일할 것입니다. 무력이 아니고 남북한 당사자가 서로 머리를 맞대고 현실적이며 평화적인 방법으로 이루어낼 것입니다.

여기에는 군부 실력자와 고급 당간부들의 상당한 저항도 많으리라고 생각합니다.

아버지(김일성 주석)가 일으킨 6·25 전쟁으로 수백만 명의 살생과 천만 이산가족의 아픔을 진심으로 반성하며 아버지의 잘못을 아들로서 진정으로 참회하며 남조선 국민들에게 용서를 빕니다.

그리고 60년간 갈라진 남과 북을 조건 없이 무조건 하나로 통일할 것입니다.

1갑자(60년)를 기준으로 운이 바뀌니 우리 북한 정권도 남한과 합칠 때가 된 것 같습니다. 이미 각오는 하고 있습니다만 선생님께서 방향을 제시해 주시고 하늘의 명을 받아 내려주시면 그 뜻에 무조건 따르도록 하겠습니다.

이미 죽음도 각오하고 있지만 비참한 최후는 당하지 않게 선생님께서 배려해 주셨으면 합니다.

김대중 대통령께서 북조선을 방문해 노벨상을 타셨지만 저는 그런 상은 타지 못해도 남북을 통일한 민족의 영웅으로 후세에 전해져 아버지에 대한 용서를 대신 빌고 싶습니다.

선생님의 命에 따라 북조선 인민들의 운명이 정해질 것입니다. 하늘의 命을 대신하시는 선생님과 저 김정일이가 한반도 통일의 주역이 되고자 하니 도와주시기 바랍니다.

이렇게 생령으로 찾아뵈어 대화를 나누니 신기하기도 합니다. 제 몸은 지하 깊이 비밀 요새에 있건만 이렇게 생생히 대화를 주고받으니 생시인지 꿈인지 분간하기 어렵습니다. 감사합니다. 안녕히 계십시오."

그랬다. 핵 강대국들은 핵무기를 가질 대로 다 가지고 있으면서 다른 나라는 보유하면 안 된다는 논리이니 이해할 수 없다. 그러려면 자기네들부터 핵무기를 폐기 처분해야 마땅할 것이다. 힘이 없으면 언제든 강대국에게 먹히게 되어 있다.

한마디로 한국은 미국의 51번째 주나 마찬가지이다. 모든 권한을 정부에서 마음대로 행할 수가 없다. 정치 경제 군사 식민지로서 강대국 눈치나 봐야 하니 애석하다. 언제나 나라다운 나라가 되려는지 걱정스럽다.

초강대국들은 무력으로 주변 국가를 굴복시켜 수많은 나라를 집어삼켰지만 어느 누구도 항의 한 번 제대로 못하고 숨소리 죽이며 나라 빼앗긴 원과 한을 가슴에 품은 채 살아가고 있다.

침략하여 남의 나라를 빼앗은 대표적인 나라가 중국 · 미국 · 소련 · 영국으로 지금도 호주나 캐나다는 영국의 연방국으로, 영국 여왕이 총독을 임명하고 있으며 세계 54개 나라가 지금도 영국의 연방국가이다.

약자는 할 말이 없다.

국력만이 우리 한민족을 외세의 침략에서 지켜줄 것이다. 북한의 핵무기 보유는 당장은 위협 요소가 되어 남한 국민들이 불안과 공포에 떨겠지만 먼 국가 장래를 생각해서는 아주 잘된 일이라고 생각한다.

핵무기 보유상태에서 남북한이 통일되어야지 안 그러면 미국의 압력으로 한국은 영원히 핵무기 개발을 못하고 핵보유국도 될 수 없기 때문이다.

미국 부시대통령 생령 불러 대화

김정일 국방위원장과의 대화를 끝내고 이번에는 미국의 부시대통령 생령을 불렀다.

부시대통령의 생령이 말을 한다. 이때 시간이 2005년 2월 6일 밤 10시 10분이었다.

[필자]

"어서 오시오, 부시대통령."

[부시대통령]

"안녕하십니까. 선생님 이렇게 불러주셔서 감사합니다."

[필자]

"미국 대통령에 재선되신 것을 축하합니다."

[부시대통령]

"감사합니다. 무슨 연유로 저를 부르셨습니까?"

[필자]

"부시대통령의 생각을 듣고 싶어서입니다. 미국이 바라는 세계 정치 구도는 무엇입니까?"

[부시대통령]

"불량국가, 테러국가, 장기집권 독재국가를 군사력으로 모두 굴복시켜 친미정권을 세우는 것입니다.

그리고 전 세계를 경제력으로 지배하여 모든 나라를 미국의 영향력 아래 두고자 함입니다."

매우 강경한 어조로 당당하게 말하고 있었다. 아무것도 걸릴 것이 없다는 듯 초강대국 대통령의 면모 그대로였다. 한마디로 안 되면 힘으로 밀어붙이겠다는 강경한 목소리였다.

[필자]

"거대한 야망을 갖고 있군요. 그러면 북한 정권에 대해서는 어떤 견해를 갖고 있습니까?"

[부시대통령]

"예, 처음에는 외교채널을 통하여 대화로 풀어나갈 것입니다. 경제적인 지원도 해주고 최대한 설득하여 핵무기를 스스로 폐기하도록 최선을 다할 것입니다. 지금 저희 참모들이 갖가지 대책과 가상 시나리오를 쓰고 있습니다."

[필자]

"북한 정권이 당신들 뜻대로 따라오지 않을 경우 어떻게 하실 작정입니까?"

[부시대통령]

"외교적 대화와 무력 중에서 어떤 것으로 선택해야 하는지 참모와 군사전문가들이 고민하고 있습니다. 지금 상황으로 봐서는 대화는 북한당국자들에게 시간만 벌어주고 아무런 득이 없다는 판단이 나왔습니다.

그래도 6자 회담을 추진하는 것은 중국과 러시아에게 우리가 대화로 풀려 한다는 자세를 보여주기 위함입니다. 하나의 명분 쌓기 위한 명분 축적용 전술적 대화입니다.

만일 이러한 대화를 하지도 않고 북한을 공격한다면 중국이나 러시아가 자동으로 군사력을 파견하여 전쟁에 참전할 수 있기 때문입니다.

그러면 3차 세계대전으로 확대될 게 불을 보듯 뻔합니다.

그래서 우리는 중국과 러시아에 대화로써 최선의 노력을 다한다는 자세를 보여주고자 합니다.

이렇게 최선의 노력을 하였는데도 북한이 말을 듣지 않을 경우, 평양을 폭격하더라도 양국이 전쟁에 참전하지 못하게 하려는 명분을 얻고자 실속 없는 6자 회담을 추진하는 것입니다.

[필자]

"지금 이야기를 종합하면 무력을 사용하겠다는 뜻인데 어떤 무기로 공격할 것입니까?"

[부시대통령]

"핵무기는 사용하지 않고 새로 개발한 신무기의 성능 실험도 할 겸 최신예 무기를 쓸 것입니다."

[필자]

"북한 당국이 핵무기로 미국 본토에 보복 공격을 감행한다면 어찌하시려고 합니까?"

[부시대통령]

"거기에 대한 방어 미사일은 이미 구축되어 있습니다. 그런 상황이 온다면 북한도 핵무기 세례를 피할 수는 없겠지요. 7일 만에 전쟁은 종료될 것입니다."

[필자]

"그러면 언제쯤 공격명령을 내리게 됩니까?"

[부시대통령]

"그것은 저도 모릅니다. 6자 회담이 어떤 결과를 가져오는지 그것을 살펴보고 결정할 것입니다. 짐작하건대 6자 회담에 대한 결과는 5월 이후에 나오리라고 생각합니다.

실패로 돌아가도 다시 한 번 국제사회의 여론을 조성하기 위해 최선을 다해 볼 것입니다. 이렇게 대화로 핵무기를 폐기하라는 노력을 했는데도 북한 당국이 고집을 부리고 있다는 것을 세계 각국에 보여주고자 하는 것입니다.

그래야 국제사회가 무력도 불사하겠다는 우리의 입장을 지지하는 쪽으로 돌아설 것이기 때문입니다. 우리가 국제여론을 등에 업으면 중국과 러시아는 북미간의 전쟁에 개입할 명분을 잃어버리게 됩니다. 이런 평화적 대화 노력이 헛수고로 돌아가면 세계 지지여론이 형성될 때 폭격을 시작할 것입니다."

[필자]

"전쟁은 피할 수 없겠군요. 그리고 이란에 핵무기 개발 의혹이 있다고 하던데 그쪽은 어찌되는 것입니까?"

[부시대통령]

"올해는 북한 당국과 끝을 볼 것입니다. 더 이상 끌려다니지 않을 것입니다. 전쟁도 불사할 것이며 반드시 핵을 제거할 것입니다. 인명피해 또한 감수할 수밖에 없습니다."

[필자]

"예, 잘 들었습니다. 참으로 대단한 용기를 가지셨군요. 그런데 당신네는 핵을 가지면 되고 다른 나라는 가지면 안 된다는 근거가 무엇인지 궁금합니다."

[부시대통령]

"저희는 이미 예전에 가진 것이고 전쟁 억지력을 위해서 보유하고 있지만 절대 사용은 하지 않습니다. 하지만 일부 불량국가와 테러 세력에게 핵무기가 넘어가면 통제가 불가능해지고 그들은 그것으로 미국과 주변 국가들을 협박하여 개인적인 욕심을 채우려 하기 때문입니다.

저런 핵무기가 알카에다와 같은 테러집단에 넘어가면 우리는 속수무책입니다. 이런 테러 집단의 경거망동을 막아 세계평화를 지키려는 것입니다. 그래서 북한 당국이 테러 세력과 연계하기 전에 미리 차단하려는 것입니다.

[필자]
"과연 그럴듯한 명분을 내세우는군요. 화술 한번 대단하구려."

[부시대통령]
"하~하~하, 미국은 항상 세계평화를 지키기 위해서 노력하고 있을 뿐입니다. 오늘 이렇게 불러주시어 저의 마음을 속 시원히 털어놓으니 후련합니다."

[필자]
"수고하시었습니다. 이제 돌아가셔도 좋습니다. 잘 가시오."

[부시대통령]
"예, 언제든지 필요하시면 부르십시오. 바로 오겠습니다. 안녕히 계십시오."

초강대국 대통령답게 논리 정연하였다.
지금 추진하고 있는 6자 회담은 성과가 없을 것을 뻔히 알면서도 회담에 응해 중국과 러시아를 고립시키기 위한 전술이라는 것이다.
참으로 용의주도하고 무서운 사람들이다.
그래서 세계를 지배하는 경찰국가로 부상한 것 같다.
그러나 저러나 한반도에 전쟁의 기운이 수시로 감돌지만 자미국인황이 천지기운으로 전쟁을 막아낼 것이다.
또한 남북을 통일하고 세계를 통일시킬 것이다.

생령의 모습을 확실히 알 수 있어

이 글을 올릴 수 있음에 하늘과 네 분, 인황님, 사감님께 감사의 인사를 올립니다.

2008년 중반 무렵, 중앙일보 하단의 광고란에 『천지령』을 보고 넘긴 후 약 1년이 안 되어 다시 신문에 난 것을 보고 스크랩해서 책 주문을 하고 정독하여 읽으면서 몇 가지 신비로운 일을 겪기도 하였습니다.

잠을 안 자고 읽었는데 아침에 바로 출근해도 피곤한 줄을 모르며, 갑자기 심한 졸음에 시달리기도 하고 알 수 없는 눈물의 고임이나 두통이 지속되기도 하였습니다.

단지 몸이 피곤하거나 상태가 저하되어 그런 줄 알다가 책을 다 읽은 후에 알게 되었습니다.

이것이 신비의 기운임을 알게 되었습니다.

그 후에 사비국에 전화를 하고 상담을 예약해서 휴일에 경남 거제도에서 서울로 가서 상담을 하게 되었습니다.

인황님, 사감님과 상담 후에 조상님 천상입궁의식을 예약하게 되었습니다.

조공을 구해서 입금하고 날짜를 예약받아 조상님 천상입궁의식을 거행하며, 조상님 상봉식과 의식 절차를 모두 마치면서 천인합체의식 윤허를 내려주시어 비용을 마련해서 입금 올린다고 약속하고 거제도로 내려왔습니다.

약 한 달의 시간이 걸려 비용을 구해서 입금하고 예약 날짜를 받게 되었습니다.

당일 서울로 올라가면서 별별 잡생각이 머리 가득 메웠는데 어느덧 자미국에 당도하여 사감님과 1차 상담을 먼저 하고, 2차로 인황님께 상담을 받게 되었습니다.

자미국 금궐 안의 천단에는 높은 높이로 성대하게 차려진 제물을 앞에 두고 천인합체의식을 시작하였습니다.

1부에서는 인황님께서 하시는 법문에 따라 진행하면서 예를 올리고 주인공의 자리인 방석에 앉아 절차에 따라 진행하게 되었습니다.

난생처음 하는 의식이라 긴장되고 콩닥콩닥 거리는 심장 소리가 들릴 정도의 긴장감이 맴돌아서 몸이 뻣뻣해지는 느낌에 내가 다른 차원의 시공간에 있는 느낌이 감돌았습니다.

그러면서 북소리와 징소리에 여운이 남으면서 이유를 알 수 없는 흥분이 차츰 올라오는 것처럼 느껴졌습니다.

1부 의식이 끝나고, 2부 의식이 시작되면서 사감님께서 오셔서 좌정하시면서 의식이 시작되었습니다.

그 당시에는 정확하게 좌정하시는 이유를 모르고 하시는 대로 따르며, 어찌 될지 숨죽이고 지켜보게 되었습니다.

좌정하시고 한동안 말씀이 없으시기에 인황님께서 인사 올리라는 말씀에 인사를 올리게 되었습니다.

그리고 잠시 후 사감님께로 오신 분께서 저의 이름을 부르시며 잘 들어라 하시는데 제가 아닌 다른 누군가에게 하시는 것처럼 다른 말씀으로 들렸습니다.

지금의 기억은 당시의 상황과 조금은 다를 수 있지만 진지하게 내려주시는 말씀에 경청도 하고 대답도 열심히 했던 것 같습니다.

조목조목 삶의 여정을 설명하시다 회사 부분 대목에 이르러 갑자기 사감님께서 벌떡 일어나십니다.

말씀을 안 하시는 것이었습니다.

영문을 모른 채 왜 그러시는지 궁금해 하며 사감님께서 하시는 대로 응시하면서 어쩔 줄 몰라 하였습니다. 처음엔 말씀을 안 하십니다. 그러고 난 뒤에 인황님께서 왜 그러느냐고 말씀하시자 사감님께서 말씀하십니다.

내가 얼마나 많이 다치고 아파하는지를 말씀하십니다.

그런데 그게 아니라 나의 생령이 사감님을 통해서 말하는 것임을 나중에 알게 되었습니다.

본인의 인생사를 나와 똑같이 알고, 과정과 여정을 아는 것이 비행기의 블랙박스보다 더 상세히 알고 있다는 것에 나는 너무나 놀랐습니다.

생령은 육신이 상처받고 힘들어하는 것을 선명하게 울먹이며 말하고 있었습니다.

그 어디에서 생령과 만나서 말하는 것을 볼 수 있을까요?

한동안 울먹해서 여러 말을 했지만 다시 사감님께서 좌정하시고 말씀을 내려주십니다.

그리고 2부 의식이 끝나고 잠시 쉬는 시간에 생각해 보길, 생령이란 존재가 나 자신이기도 하며 내가 곧 생령의 일부 같은 것 아닐까를 생각하며 가슴 뭉클해지기도 하였습니다.

지나간 저의 거친 삶의 표현(난동)이 있음과 동시에 과거의 생령이 담고 있는 부분을 끄집어내어 단적으로 표현해 주셨습니다.

그리고 정리가 될 즈음에 목격한 것 중에 회사에서 작업을 하면서 쓰는 공구(1kg짜리 망치와 대형 드라이버)가 바닥에 모아져 있었습니다.

어디에 누구에게도 말한 적 없는 공구가 며칠 전에 쓰던 공구와 같은 종류였으니 깜짝 놀라지 않을 수 없었습니다.

상황정리가 될 때까지 많은 시간이 흐르고, 다시 의식이 시작되어 사감님께서 말씀 내려주십니다.

종교를 때려 부숴버리라고 힘을 주었더니 엉뚱한 곳에 쓰기에 힘을 거둬들인다 하셨습니다. 그 뒤로 명을 하사받고 생령과 대화를 마쳤습니다.

밤늦게 의식을 마감하게 해주신 인황님, 사감님께 다시 감사의 인사 올립니다.

생령의 모습을 확실히 알 수 있었습니다.

눈에 보이지 않지만 항상 생령과 함께하게 해주셔서 감사합니다.

생령이 육신을 떠난 적 없다는 말씀으로 걱정을 해소시켜 주시고, 큰 선물인 천인합체의식까지 하게 해주시어 감사의 인사를 재차 올립니다.

— 천기 13년 5월 19일
거제 옥포 사는 장○○ ○○천인 올림

생령의 존재 자체도 몰랐었다

'내 속에 또 다른 내가 있다'라는 믿기지 않고 도저히 경험하지 않고는 실감할 수가 없는 일을 저는 난생처음 자미국에서 경험하게 되었습니다.

사람이 죽어서 육신이 없는 귀신이 되어 구천을 떠돈다는 얘기는 어릴 때부터 옛날이야기 등을 통해서 누구나 다 알고 있는 이야기입니다. 그러나 살아있는 내 몸 속에 생령이 있다는 얘기는 생소하고 믿기지 않는 것이 사실입니다.

저도 역시 그랬습니다. 제가 저의 생령을 직접 만나고 대화를 나눠보기 전까지 제 자신도 생령의 존재 자체를 몰랐으니까요. 자미국에서 발간되는 책 속의 사례들을 읽으면서 "아. 저런 것도 있구나. 저런 특별한 체험을 한 사람도 있나 보다!" 정도로만 생각하고 있었습니다.

친인합체의식을 하던 그 역사적이고 대단했던 지난 4년 전 바로 오늘. 저는 저의 생령을 처음 만났습니다. 의식하기 전 사감님 집무실에 들어갔었습니다.

사감님께서 하시는 말씀이 새벽에 제 생령이 먼저 왔다 갔었다, 라는 것이었습니다. 저는 그 말씀을 듣고 "제가요? 제가 여기 새벽에 서울을 왔었다고요?" 하며 놀라서 되물었습니다.

사감님께서는 네 생령이 네 육신보다 먼저 다녀갔었다고 하셨습니다.

저는 믿을 수가 없어서 좀 전에 서울에 도착해서 왔는데 도대체 무슨 말씀을 하시는 건가 하며 이해할 수가 없었습니다.

사감님께서 말씀하시길,

"네 생령이 새벽에 먼저 와서는 엄마보다 먼저 천인합체하게 해주세요,라고 말하고 갔다"라고 하셨습니다. 생령이 나보다 먼저 왔다 갔다는 것도 신기했지만 엄마보다 먼저 천인합체를 하게 해달라고 했다는 말은 더더욱 믿을 수가 없었습니다.

지금은 그때 상황이 정확히 이해되지만 당시에는 어안이 벙벙한 상태로 무슨 말씀을 하시는지 알 수가 없었습니다. 사감님께서는 저의 상태를 정확히 파악하시고는 "무슨 말씀인지 못 알아듣겠어요"라고 말하라며 가르쳐주셨습니다.

그래서 저는 계속 그 말을 했던 기억이 납니다. 의식이 시작되고 1부에서 제 생령과의 만남이 있을 거라고 말씀해 주셨습니다. 당시에 의식보조 천인들 중에서 한 여자천인에게 사감님께서 제 생령을 실어보라고 하셨습니다.

그 여자천인도 처음이라 어떻게 해야 될지 모르겠다며 주저하고 있는데 사감님께서 그냥 느껴지는 대로 말하면 된다며 오늘 한번 해보라고 하셨습니다. 가운데 자리에 그 천인이 앉으시고 인황님께서 물으셨습니다.

"지금 누가 왔느냐, 너는 누구냐?" 하시니 한참 주저하던 천인의 입이 열리면서 "나는 신입니다!"라고 말했습니다. 인황님과 주변의 천인들도 모두 놀라셨습니다.

인황님께서 "네가 무슨 신이냐? 너는 아직 신이 아니고 이 육신의 생령이다"라고 하시니 제 생령이 하는 말이 "저는 신이에요! 제가 신이라고요" 하면서 짜증을 확 냈습니다.

인황님도 어이가 없으셔서,

“지금 잘못 알고 있다. 의식을 하고 나면 그때 신이 되는 거지. 지금 넌 신이 아니야”라고 말씀하셨습니다.

제 생령은 화를 내면서 인황님께 막 대들었습니다.

“내가 신인데 왜 아니라고 하느냐. 당신이 누구기에 나한테 신이 아니라고 그렇게 말하느냐. 당신하고 얘기하기 싫다” 하면서 짜증을 냅니다.

저는 그 모습을 보면서 제 생령이 맞는 거 같다며 저랑 똑같아요, 라고 말했습니다.

의식 중간에 쉬는 시간에 저의 생령을 실었던 천인이 말하길, 생령의 성질이 보통이 아니어서 자기도 모르게 화가 나고 신경질이 확 솟구치더니 무슨 정신으로 대단하신 인황님께 그렇게 대들었는지 지금도 온몸이 후들거린다면서 말합니다.

그 천인은 그날 저를 처음 보았는데 저에 대해 아는 것이 전혀 없는 상태였기 때문에 연기를 하려고 해도 할 수가 없는 천인이었습니다. 저는 제 성격을 너무나도 잘 알고 있어서 그분이 말씀하신 느낌과 의식 때 한 말들이 제 생령이었다는 것을 확신할 수 있었습니다.

다시 제 생령과의 만남으로 돌아와서 그렇게 화를 내고 짜증을 내며 막무가내였던 제 생령에게 지금 여기가 어디이고 이제 어떤 의식을 할 것이며 그 후에 네가 무엇이 될 것인지에 대해 설명을 하니 그제야 기세가 누그러지며 수긍하기 시작했습니다.

제 생령이 천인을 통해서 말합니다.

30년 동안 많이 외로웠고 슬펐다고 합니다. 혼자서 울기도 많이 울었다고 합니다. 그럴 때마다 천상에서 어떤 분이 오셔서 다정하게 저의 생령을 달래줬다고 합니다.

사감님께서 말씀하시길 그분이 천상천감님(기독교에서 말하는 하나님)이시라고 밝혀주셨습니다. 제 생령도 저도 그 말씀에 울음이 터지고 말았습니다.

제 생령이 힘든 시간들.

천상천감님의 사랑을 받고 천상천감님의 괜찮다,라는 위로를 받고 이때까지 버텨왔다는 말을 들으니 너무 감사하고 저 또한 위안이 되고 눈물만 계속 흐르고 흘렀습니다.

또 제 생령이 제 육신에게 하고 싶은 말이 있다고 했습니다.

비록 너는 이기적이고 거만하고 욕심 많고 심술궂은 육신이지만 난 너를 너무 사랑한다고 말해 줬습니다.

난 네가 너무 좋다.

넌 내 말을 잘 알아듣는다. 내 말을 잘 알아듣는 육신이라서 너무 마음에 든다고 합니다. 그 말을 듣는 순간, 망치로 머리를 한 대 맞은 것 같았습니다.

나는 아무것도 해준 것이 없다고 생각하고 있었는데, 난 생령인 그의 존재 자체도 모르고 살았는데, 그런 나를 좋아한다고 하니 고맙고 미안한 마음이 뒤섞여서 어찌할 바를 모르고 있었습니다.

그때 제가 생령에게 한 말이라고는 미안해! 한 마디였던 것 같습니다.

지금 생각해 보면 너무나 아쉬웠던 시간입니다.

제 생령은 저에게 많은 이야기를 해주었는데 저는 고작 미안하다는 말밖에 하지 못했던 것이 너무 후회가 됩니다.

일생에 한 번뿐이었던 소중한 기회였는데, 30년 동안 제 육신에 갇혀서 답답하고 슬픈 날들을 보내왔던 유일무이한 나의 생령과의 다시없는 대화였습니다.

바로 어제 있었던 일처럼 선명하기도 하고, 꿈처럼 아련하기도 합니다. 아무런 준비도 없이 황당함 속에서 저의 소중한 생령과 처음이자 마지막 대화를 나눴습니다.

다시 그 시간이 주어진다면 하고 싶은 말도 많고 물어보고 싶은 것도 많은데 생각할수록 아쉽고 후회되는 시간입니다.

생령의 존재조차도 몰랐던 제가 제 생령을 만나고 대화하는 기적 같은 경험을 하였습니다.

인황님과 사감님이 안 계셨다면, 이런 진실을 영원히 모르고 살았겠지요. 두 분께서 고난의 시간을 통해 이룩하신 자미국을 통해서 저는 너무나 쉽게 제 생령을 만나는 기회를 얻었습니다. 두 분께 진심으로 감사드립니다.

이 세상에서 각자의 생령을 만나고 대화할 수 있는 곳은 인황님과 사감님이 계신 자미국 한 곳뿐입니다.

저는 비록 아쉬움이 많이 남는 시간을 보냈지만 앞으로 기회가 되시는 분들은 좀 더 뜻깊은 시간 가지시길 바랍니다.

— 천기 13년 5월 20일
경주에서 조○○ ○○천인 올림

나의 가장 못된 영이 생령

종교에서도(기독교, 천주교, 불교, 유교 등등) 들어보지 못한 천인합체, 육신을 잃은 다음 세상이 아닌 현 세상에서 두 번의 탄생, 이는 태상천존 자미천황님께서 나에게 주시는 감사의 선물임에 틀림이 없다.

이 세상에 수많은 종교가 있지만 살아서 두 번 탄생할 수 있도록 해주시는 곳은 단 한 곳도 없었다. 기독교에도 없고 이런 진실을 알고 있는 곳도 없었다.

인류 탄생 이후 태상천존 자미천황님께서 인류에게 내리신 최고로 값지고 보배로운 선물 천인합체의식은 너무나도 값지고 보배로운 의식이라 아무나 행할 수 없는 천인합체의식이라고 인황님과 사감님께서 말씀하셨다.

자미국을 통하여 행하여지는 천인합체의식은 이 땅이 생긴 이래 지구에서 처음으로 행해지는 태초의 의식이다.

또한 자미국에 계시는 인황님과 사감님이 육신의 삶이 다하여 이 세상을 떠나게 되면 천인합체의식도 자동으로 이 세상에서 끝나게 된다고 말씀하셨다. 그래서 처음이자 마지막이 될 의식이라고 말씀하셨다.

천인합체의식은 처음이자 마지막으로 자미국을 통하여 윤허하신 인간의 이론과 나의 경험, 경전이나 성경을 토대로 행하는 의식이 아니라 오로지 태상천존 자미천황님의 천지조화기운에 의해서

만 행하여지는 의식이다.

그래서 계승발전 자체가 불가능하고 죽음의 길에서 하늘 못 찾고 살아있는 자손의 몸으로 들어가 자손을 괴롭히며 자손과 함께 살기 싫은 자들은 자신의 육신이 이 세상에 있을 때 천인합체의식을 행해야 한다고 인황님과 사감님께서 말씀하셨다.

특히, 나는 혼자 살기에 죽어서 제사를 지내주고, 알아줄 자가 없으니 하루빨리 천인합체를 행하여 사후에 천상 자미천궁에 올라가야 한다고 인황님께서 강조하셨다.

또한 귀신이나 조상되기 싫은 자들은 자신의 육신이 살아있을 때 무조건 의무적으로 행해야 될 의식이 천인합체의식이라고 하시면서 돈이 있느냐 없느냐가 문제가 아니라고 하시었다.

천인합체의식을 윤허 받느냐 못 받느냐가 더 중요하다고 하시면서 이는 사후세계에서도 태상천존 자미천황님과 함께할 수 있느냐 없느냐, 이 모두가 결정되는 의식이다.

그래서 매우 중요하니 정신 차려 임하라면서 인황님께서 의식에 들어가기 전 신신당부하셨다.

드디어 의식이 시작되어 나의 생령이 사감님을 통하여 낱낱이 밝혀지는데 인황님을 가르치려 하지 않나, 인황님 그렇게 하는 게 아니에요, 이렇게 해야 되요, 하면서 설쳐대는데 내가 아주 고개를 들 수 없고 창피하고 부끄러워 혼났다.

그리고 하늘도 무시하고, 몰라보고, 하늘 아프게 하고, 하늘을 경멸한 죄가 모두 사감님을 통하여 까발려지는데 나의 가장 못된 영이 대표 생령이라 하셨는데 내 자신(생령)이 그 정도인지 정말 모르고 살았다.

그래도 나는 30년이나 교회를 다니며 하늘을 믿는다고 했던 내가 아닌가? 모두 다 풍비박산 나고 수포로 망가진 나를 처음으로 보게 되면서 하늘 태상천존 자미천황님의 말씀대로 진실대로 똑바로 살라 하셨다.

신명님, 하나님, 미륵님, 자미인황님, 인황님, 사감님을 통하여 수도 없이 바로잡아 주시고 깨우쳐주시고 때로는 수도 없이 용돈을 주시고, 밥을 사주시면서 그렇게 애를 쓰시는 인황님, 사감님 같은 분은 처음 보았다.

인황님께서는 자미국을 시작하시면서 대단하신 하늘의 존호가 하느님, 하나님이 아니라 태상천존 자미천황님이시라고 밝혀주셨고, 생령을 자유자재로 부르시는 능력을 갖고 계신 세계에서 유일하신 대단한 능력자이시다.

인황님께서 책을 집필하시는데 주방 쪽 천장 속에서 짹짹 소리가 나서 시끄러워 손으로 천장을 며칠 동안이나 두드리며 쫓아도 소리가 끊이지 않아 신경이 날카로웠다고 하신다.

쥐새끼가 그러는 줄 알고 천장에 구멍을 뚫어 스프레이 모기약 분무관을 집어넣고 뿌려보았지만 소용이 없었는데 그때 마침 사감님께서 오시자 인황님께서 사감님께 그 소리 나는 존재를 불러서 실어보자고 하시면서 영을 불렀다고 하셨다 한다.

사감님께서는 말도 안 되는 일이라고 처음에는 완강히 거부하시었으나 인황님께서 설득하시어 소리 나는 존재를 몸으로 싣게 되었다고 하신다.

그랬더니 그 소리 나는 존재는 쥐새끼가 아니라 새였는데, 새의 영이 사감님을 통해서 하는 말이 태상천존 자미천황님께서 책을 쓰시는 인황님께서 심심하실까 봐 노래를 불러주고 오라는 하늘의 명을 받고 와서 짹짹거리는 거였답니다.

그리고 집필이 마무리되면 떠날 것이라고 새가 말했다는데 1주일 후부터 천장 속에서 아무런 소리가 들리지 않았다고 사감님을 통하여 말씀을 들었다.

인황님께서는 4층 건물에 2층에 사셨는데 어떻게 새가 천장 속으로 들어와서 새끼를 낳았는지 도저히 이해가 안 되는 신기한 일이라고 하시었다.

같이 들었던 천인들 모두가 놀라서 하늘 태상천존 자미천황님, 인황님, 사감님 만세를 외쳤다. 인황님은 생령을 부르는 능력이 대단하시다.

사령과 사람의 생령(갓 태어나 말 못하는 신생아 포함)뿐만 아니라 애완동물인 개, 고양이, 새를 비롯해서 소, 돼지, 닭, 토끼, 말, 원숭이, 고릴라, 곰, 코끼리, 낙타, 사자, 호랑이, 타조, 돌고래, 물고기 등등 동식물, 곤충을 비롯하여 일반 사물 등등 모두에게 함께하고 있는 영들을 불러서 대화할 수 있는 대단히 신비한 능력을 가지신 인류 최고의 인물이시다.

나는 누구인가?

산 사람의 생령을 불러내 만나게 하시며 자신이 누구인지 생령을 불러내서 만나게 하는 지구촌 유일한 대능력자(인황님, 사감님)이시다. 무속이나 최면술과 같은 것이 아닌 정말 너무나 대단하신 능력을 갖고 계신다.

인간으로 태어난 탄생의 비밀과 왜 인생을 뒤집는 것인지 모든 진실이 밝혀진다. 인간들이 알 수 없었던 상상을 초월한 과거, 현재, 미래의 비밀을 자세히 알 수 있는 능력을 갖고 계시는 지구촌에서 유일한 분이시다.

또한 사감님은 그들의 생령을 실어 그 생령이 하는 말을 그대로 표현하시며 전달하시는데 조금도 부족함이 없으시며 과거, 현재, 미래까지 모두 파헤쳐 밝히시는데 실로 어마어마한 분이시다.

천인합체를 하고 인간과 그의 생령이 함께하는지 안 하는지를 즉시 아시고 인간이 하늘의 진실대로 똑바로 안 하고 있으면 생령이 인간 몸에서 나가버린다 하신다.

그러시면서 인간인 나도 잘못을 많이 하여 그때마다 사감님을 힘들게 하였다. 사감님은 가정에서는 어린아이 둘을 키우시며 일찍 자미국에 출근하시어 의식을 직접 준비하시며 상담 손님까지 받아 하루 종일 바쁘시다.

자미국은 참으로 대단한 곳이다. 건물 실 평수로는 330평이나 되고 실내는 황금색으로 도배를 하여 오시는 분마다 금궐에 들어온 느낌이 날 정도로 아주 번쩍번쩍하고, 제물 올리는 천단 길이가 21m나 되는 굉장한 곳이다.

자미국은 하늘세계, 사후세계, 영혼세계, 종교세계의 종착역이라 하시며 인간들이 수천 년 동안 종교와 산속에서 찾아 헤매던 인류와 종교의 종착역이다.

기독교, 천주교, 불교, 도교, 무속, 기타 등등의 이미 알려진 신흥 종교의 출현이 아닌 종교세계를 초월하여 불확실한 미래에 대한 공포와 불안, 사업실패, 관재구설, 자살충동, 수많은 질병, 북한의 무력도발, 대재앙 등에 대한 불안 요인들을 사전에 예방할 수 있도록 하는 곳이다.

종교의 뜻이 아닌 천상의 원뜻을 지상에 펼치고자 하는 곳이라고 인황님, 사감님께서 말씀하셨다. 이렇게 대단한 자미국에서 인황님, 사감님은 책을 읽고 오는 손님 한 분 한 분 친히 상담하시며 의식을 행하여 주신다.

그런데 음식 또한 대단하게 많이(과일, 떡, 과자 등등) 차려주신다. 21m나 되는 천단에 가득 차리시어 보는 사람마다 놀라움을 금치 못한다.

나는 기독교에서 하나님이 최고로 높으신 분인 줄로만 알았는데 자미국의 인황님, 사감님께서 밝히시는 태상천존 자미천황님, 태상천존 자미황후님은 하나님 위에 계신 분이란 걸 처음으로 알게 되었다.

신명님, 하나님, 미륵님, 자미인황님, 용왕님, 산신님, 나라조상님, 산왕대신님 등등 무척이나 많은 분들이 하늘을 널리 알리시고 세우시려 함께하는 곳이다.

기독교에서는 하나님 외엔 다른 신을 섬기지 말라 했는데 그것이 잘못된 것이고, 성경이 잘못된 거라 하셨다. 하나님이 나에게 말씀하시기를 보이는 것 보지 말고, 들리는 것 듣지 마라, 보고 듣다 보면 싸움이 일어난다.

이 말씀은 현생에서 사후세계까지 연결된다 하시면서 그저 자미국에 왔다 갔다 해라 하시고 감사합니다,를 많이 하여 하늘께 공을 많이 쌓으라 하셨다.

하나님께서 나에게 전해 주시는 말씀은 성경 구절이 아니고 전혀 듣도 보도 못한 말씀이신데 이렇게 위대하시고 대단하신 말씀은 처음 듣게 되었다.

또한 성경엔 하나님이 구름을 타고 오시리라 했는데 구름은 무슨 구름, 지금 현재 자미국에 사감님의 육신의 몸으로 직접 함께하고 계시고 이렇게 오시는 하나님의 흔적이 있는 자미국으로 하루빨리 찾아와서 하늘의 진실을 알아야 한다고 말씀하셨다.

이제 나는 두 번 태어나 하늘의 사랑으로 매일매일 기쁘게 살고 있습니다. 하늘께 ○○○천인이라는 하늘의 명을 인황님께서 받아주심에 감사합니다.

천인합체의식 때 사랑으로 하늘의 명을 내려주시고 애쓰신 태상천존 자미천황님, 태상천존 자미황후님, 신명님, 하나님, 미륵님, 자미인황님, 인황님, 사감님 모두 애 많이 쓰셨습니다.

감사합니다.

자기의 생령과 대화를 나눌 수 있는 세계 최초의 천인합체의식은 살아서든 죽어서든 수십억 년 동안 매일같이 하늘께 감사함을 올려도 모자란다고 하신 대단한 의식이며 처음이자 마지막임을 밝히셨습니다.

인황님과 사감님께서 세상을 떠나시면 그 어느 누구도 대신하여 천인합체의식을 할 수가 없고, 자기 생령과도 대화를 할 수 없다고 하셨습니다. 그래서 두 분과 같은 시대에 태어난 것이 가장 큰 영광이자 행운입니다.

— 2013년 5월 21일
서울 강동구 성내동에서 이○○ ○○○천인 올립니다

나의 반쪽인 생령을 너무나 무시하고

2009년 6월 6일에 조상님 벼슬 천상입궁의식을 통해서 자미국이 왜 종교를 초월한 위대한 자미국인지를 알게 되었습니다.

자미국에서 제일 중요한 의식이 무엇보다도 먼저 시조 조상님부터 바로 윗대 조상님들을 천상 자미천궁으로 입궁시켜 드려 무릉도원에서 행복하게 영원한 삶을 살게 해드리는 것입니다.

만물의 영장인 인간으로 태어나서 제일 먼저 해야 할 근본도리라는 걸 알게 해주셨으며 조상님 천상입궁식이야말로 육신의 뿌리인 부모님을 다시 찾는 것임을 알게 해주신 대단한 자미국의 위대한 의식이었습니다.

다음은 육신의 반쪽인 생령의 부모님을 찾는 것이 천인합체의식이고 이 두 가지가 이루어졌을 때 다음은 식구들을 차례로 천인합체의식을 해야 함을 알게 해주셨으며 처음 들어보는 감격의 순간이었습니다.

왜냐하면 저는 일찍 남편과 사별했기에 항상 사후세상에서 지금 남편은 어찌하고 있을까? 매우 궁금했습니다.

그래서 도판에 자식을 팔(입문)면서까지 많은 세월을 다녔지만 나날이 피폐해지고 나이는 62세가 되도록 안정된 삶도 못 살고 불면증에 잠 못 이루는 날이 많았습니다.

그 해 5월 25일자 경향신문에 전면광고로 대문짝만하게 난 『천지령』이 눈에 띄어 오늘날의 가문을 개벽시켜 주신 위대한 자미국과 인연이 시작되었으며 죽어가는 생명과 가문을 살려주시었습니다.

입궁의식 때 사감님을 통해서 남편과 상봉은 거의 30년이나 걸렸으니 참으로 긴 세월이었습니다.

도판에서 그 긴 시간 동안 이루지 못했던 남편과의 만남이 의식 시작과 동시에 사감님 육신을 통하여 말씀이 있었는데 생시인지 꿈인지 도저히 믿기지 않았습니다.

세상에! 세상에! 저는 남편이기에 세월이 많이 지나갔어도 알지만 사감님께서는 남편 모습을 살았을 때와 똑같이 한 치의 오차도 없이 그대로 말씀하시니 참으로 감개무량하며 남편이 살아서 돌아온 줄 알았습니다.

정말로 대단한 곳이구나.

어디에서도 들어보지 못했고 이런 곳이 대한민국 서울에 있었다니 참으로 감동이고 환희 그 자체였습니다.

입궁의식 때 사감님을 통해서 말씀해 주시길, 남편이 빌고 빌어 자미국에 오게 된 사연과 저와 자식들이 꼭 천인합체해서 무릉도원에서 다시 만나자고 당부했습니다.

『천지령』 책을 보았을 때는 조상님들, 특히 젊은 나이에 간 남편을 좋은 곳으로 보내드리자 하는 마음뿐이었습니다.

그런데 남편이 천인합체를 모두 해서 나중에 다시 만나자고 하기도 했지만 자미국의 인황님, 사감님을 뵙고 의식을 하고 나니 한시가 급해졌습니다.

처음에는 천인합체가 무슨 뜻인지도 모르고 그냥 하고 싶은 마음만 들었고 행복해질 것 같은 마음이 들었는데 이런 마음은 62년 만에 처음 느껴보는 설렘으로 가슴이 콩닥콩닥 뛰었습니다.

바로 6월 27일에 급히 나의 천인합체의식을 하게 되었습니다. 이

때 처음으로 알았습니다. 제 몸에는 생령과 신이 함께 있었다고 하심에 신기하고 놀라웠습니다.

제 몸의 신도 62년간 자미천궁의 자미천황님께 가고 싶어서 헤매고 있었다고 하는 새로운 사실을 알게 되었습니다.

한 번도 들어보지 못한 새로운 사실에 연신 놀라움과 감동이 밀려왔습니다. 또한 불면증이 온 것은 제 몸의 생령이 깨어 있어야지 잠들면 끝일 것 같아서 못 자게 한 것이었다고 말씀하심에 더욱 놀라웠습니다.

인간의 잣대로는 도저히 알 수 없는 자미국에서 인황님과 사감님을 통해서 천인합체의식에서만 밝혀지는 생령의 진실을 알 수가 있는 대단한 영광된 의식이었습니다.

나 본인조차도 모르는 마음 깊은 곳에 자리하고 있는 생령의 실체를 말씀해 주시는 사감님이 계시니 알지 미련한 인간은 눈에 보이는 것이 다인 줄 알고 있습니다.

착하게 살아왔다고 스스로 생각했는데 그 모습은 착한 척을 하고 산 것이라고 말씀해 주심에 놀랐습니다.

집안의 사명자임을 알게 해주셨고 자식들도 멀리 외국에 나가 있어서 하늘의 사랑과 보호 속에 살게 해주고 싶은 마음에 행동으로 옮겨 최대한의 노력으로 그해 11월 8일에 딸의 천인합체의식을 하게 되었습니다.

그런데 또 새로운 사실을 알게 해주셨습니다.

인간 육신인 제가 도판에 빠져 반쪽인 생령이 멀리 딸에게 가 있다고 하셨습니다.

보통 인간의 생각으로는 생령이 나가면 죽음이 있을 뿐이라고 하던데 참으로 신기하고 신기하기만 했습니다.

저의 생령이 딸한테 가 있어서 자미천황님께서 다시 불러서 천인합체의식을 해주시니 나의 얼굴색이 달라졌고 힘이 났습니다. 가짜에 빠져 배신한 저에게 위대하신 큰사랑 내려주신 은혜에 감사드리며 영광이옵니다.

또한 도판에 있을 때 생령이 가 있을 곳이 없어서 외롭고 쓸쓸히 밖에서 지내고 도판에는 전혀 안 들어가고 인간 육신 저를 기다리고 있었다고 말씀해 주셨습니다.

나의 반쪽인 생령을 너무나 무시하고 함께하지 못하니 뒤집어지고 피폐한 인생을 살고 사기 배신에 자식들까지 뿔뿔이 헤어져 외로운 생활을 하면서 미쳐서 살았습니다.

이런 진실을 인간들이 어찌 알겠습니까?

나의 천인합체의식을 행한 이후 차례로 아들딸의 천인합체의식을 통하여 사명자인 내 생령의 진실이 연결되면서 밝혀주심에 감격이고 감동입니다.

이런 곳이 세상천지에 또 어디 있겠습니까? 오직 자미국의 의식에서만이 알 수 있는 진실이며 두 분께서 함께해 주시기에 일어나는 위대한 자미국의 의식입니다.

사명자인 내가 말씀대로 행하지 못할 때 나의 몸에 있는 생령이 자식들이나 다른 사람에게 들어간다는 사실도 참으로 처음 들어보는 놀라운 말씀이었습니다.

그래서 딸이지만 자기 또래의 상큼한 아가씨가 아니라 애어멈 같은 생각을 했다고 하십니다.

이제는 딸의 의식을 통해서 저의 반쪽을 다시 찾아주셔서 딸의 나이에 맞는 상큼하고 발랄한 아가씨로 변하게 해주신다고 하셨습니다.

참으로 신기하고 자미국이 저에게는 '딱' 입니다.

계속해서 차례로 아들의 천인합체를 하면서 알게 되었습니다.

인간 육신 제가 자식까지 도판에 판 것이라고 하셨는데 제가 정말로 그리했습니다.

정신 나간 짓을 한 것이 틀림없습니다. 육신은 그냥 생각나는 대로 행동하고 착한 척, 잘난 척, 하나도 진실 된 것이 없고 알음알이로 하니 모두가 헛것임을 알게 해주셨습니다.

그래서 인간으로 태어났다면 누구나 자미국에 와서 인황님 앞에 무릎 꿇고 살려달라고 매달려서 시조조상님부터 당대조상님들까지 모두 구원받는 천상입궁의식을 먼저 올려 조상님들을 영원히 영생할 수 있게 해드리는 것이 육의 부모님을 다시 찾는 자손으로서 해야 될 첫 번째 관문임을 알게 해주십니다.

그리고 다음에 천인합체의식을 통하여 생령의 부모님을 찾아서 영과 육이 함께했을 때 위대한 하늘 사랑이 이어져 현생에서 빛나는 삶과 행복한 삶을 살고 사후에도 영원히 죽지 않고 영생의 삶을 사는 것임을 알게 해주셨으니 천복만복 받은 천인임에 두 분께 감사인사 올립니다.

생령과의 대화? 처음 들어보는 말씀이며 자미국이 아니면 어디에서도 알 수 없고 어디에서도 할 수 없는 오직 자미국의 천인합체의식에서만이 이룰 수 있는 아주 특별한 최고의 의식에서 만날 수 있는 위대한 결정체입니다.

또한 죄를 용서해 주십사 올리는 감사죄의식 중에서 사감님을 통하여 말씀하시길 "너는 토끼와 거북이의 우화 중 어디에 속하느냐?" 하문하셨을 때 토끼같이 급한 마음도 있고 거북이 같이 느린 마음도 있는 것 같다고 말씀드렸습니다.

그랬더니 급한 마음은 인간 육신의 마음이고 느리고 진득한 마음은 반쪽 생령의 마음이라고 말씀해 주시면서 급한 육신의 마음이 도판에 들어가 오랜 세월 동안 뒤집어지는 삶을 살았다는 것도 알게 해주셨습니다.

살아서 자미국을 만날 수 있어서 행운이며 가문의 영광입니다. 하늘을 박차고 나온 죄인들이라고 말씀해 주셔서 알았지만 살아온 저의 발자취를 보면 죄인이기에 누구보다도 힘든 세월을 살지 않았나 생각이 듭니다.

그럼에도 불구하고 선택해 주셔서 육신이 해야 할 일도 알게 해주시고 인간으로 왜 태어났는지도 알게 해주심에 살아서나 죽어서까지도 감사함을 잊지 않겠습니다.

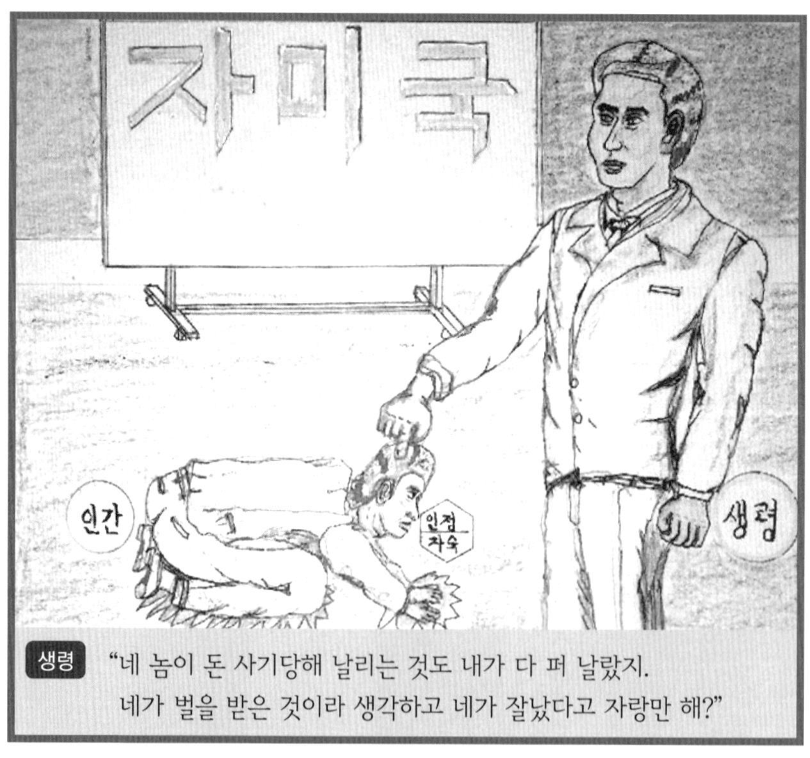

72억 인류의 대표이신 인황님께서 대한민국에 자미국을 세워주셔서 큰 영광이 오며 끝없는 감사인사 올립니다.

또한 하늘세계, 조상님세계, 영의 세계, 신의세계를 모두 소통하시는 72억 인류 중에 오직 한 분뿐이신 사감님! 살아계시고 눈에 보이시는 하늘이십니다.

두 분이 함께하시는 자미국이니 세계 최고의 지상 자미천궁이 될 것이며 자미국 금궐조감도에서 보았듯 인산인해의 각 나라 사람들이 모여들기 시작하면 자미국으로 인하여 대한민국이 자미국 다음으로 부흥국가로 거듭 나겠지요?

참으로 멋진 광경이 눈앞으로 다가오는 듯합니다.

지금까지 느낀 점은 아무나 자미국의 천인, 백성들이 되는 것이 아니라는 것입니다. 일찍 선택해 주심에 감사 또 감사드립니다.

항상 두 분께 영원히 감사드리며 살아서 위대한 자미국의 천인으로 탄생되게 해주심에 가문의 영광이옵니다. 삶 자체를 개벽시켜 주심에 행복하고 고맙습니다.

— 2013년 5월 21일 화요일
박○○ ○○천인 올림

내가 가진 돈도 다 생령 것이라 하며

천지나라 자미국의 인류 최고 인황님 안녕하세요?

인황님의 대단하신 소원 덕택으로, 자미천황님께로부터 저와 아내의 직계좌우 조상님들 구원과 저와 제 가족 천인합체의식을 행해서 영광스럽고 망극하며 백골난망의 황은을 입은 임○○ ○○천인, 인황님과 사감님 전에 감사의 인사 올리옵니다.

저는 2008년 1월 3일에 조상님 특단벼슬입천제(천상입궁)의식의 황은에 이어, 2008년 4월 17일에 특단 천인합체의식의 은혜를 받게 되었습니다.

저는 한의학을 전공한 한의사로서 한의학 공부를 하다 보면, 자연스럽게 음양오행이론과 천지인 삼재사상을 접하게 되기 때문에 지금처럼 자미국의 실체와 진실에 대해서 잘 알지는 못하였지만 그렇다고 아주 낯설게만 느껴지지는 않았습니다.

다만 이곳이 진짜 진실로 내가 찾던 곳이고, 지금 내가 하는 것이 혹시 기존의 종교단체들이 행하듯 사기를 당하는 것은 아닌가 하는 우려가 없잖아 있었습니다.

하지만 조상님 벼슬입천의식을 행한 뒤에 행복감으로 충만되는 특별한 경험과 기존의 삶과 확 달라진 현실 상황 변화 그리고 천지기도회가 있어 자미국에 가기만 하면 왠지 좋고 반가운 사감님을 통하여 그러한 불신을 없앨 수가 있었습니다.

사실 자미국을 알기 전 저는 한의학을 공부하면서 어떤 절대 진실과 진리가 그리워 닥치는 대로 사서삼경과 불경과 성경과 도경들을 섭렵하였습니다.

우리 민족의 상고사가 담긴 한단고기와 우리 민족 전통사상이 담긴 천부경과 삼일신고와 참전계경의 내용, 우리 민족 예언서라고 하는 정감록, 격암유록, 원효결서 등에도 심취하였습니다.

또 이 세상 모든 것을 창조해 주신 절대자 분의 존재를 누가 보아도 객관적으로 인정할 수밖에 없도록 과학적인 논리 체계를 세우고 입증하고 싶어서 우주과학서와 소립자 및 양자물리학서, 심지어는 당시 대원출판사에서 발행한 외계문명시리즈까지도 빼놓지 않고 섭렵하여 나름대로 우주창조과학에 대한 이해를 철두철미하게 이론적으로 갖추고 있었습니다.

그렇지만 그동안 공부해 온 것을 토대로 그 엑기스를 뽑아 원고로 정리해 놓고 보니까 일반 사람들이 보기에는 너무나 어려운 내용들이라 몇 번 출판 시도를 했지만 세상에 내놓지도 못하고 저 홀로 마음속에 깊게 묻어두고 가슴앓이를 하며 살아왔었지요!

그런데 이러한 저의 속내를 천인합체의식하는 날, 천상의 어느 분께서 사감님을 통하여 마치 그러한 저를 곁에서 함께 지켜보신 듯이 그대로 밝혀내시는데 저는 감동의 눈물을 흘리지 않을 수가 없었습니다.

이토록 그동안 그 어느 누구도 알아보지 못했던 제 삶의 마음속 깊은 곳까지도 훤히 알아봐주시는 분이 계시구나 하고 정말 놀라지 않을 수가 없었습니다.

그리고 그 순간 그 얼마나 마음이 평온해지고 얼굴에 화색이 돌며 몸은 어찌나 후끈후끈 더워지는지요.

또 사감님께서 전해 주시는 말씀이 자미천황님의 사랑을 뜨겁게 받으면 몸이 그렇게 뜨거워지는 것이라 하시면서 저에게 ○○(하늘의 태양)신하라는 명을 하사해 주셨고, 임○○이 하는 일 중에 뜨겁게 불을 달구는 것이 있지?

그거 잘되겠다는 말씀대로 한의원에 한약 달이는 약탕기가 바쁘게 돌아갔습니다.

아울러 그동안 저와 함께해 주던 저의 반쪽인 생령이 임○○도 나의 것이고 임○○이가 가진 돈도 다 생령 것이라 하며, 천상 자미천궁으로 인황님과 사감님께 정중하게 예의를 갖추고 환한 기쁨과 큰 안도감을 제게 남겼습니다.

그 후로 음지가 양지되듯 인생에 밝은 태양의 서광이 비치듯 한의원 운영뿐만 아니라, 그동안 일과 공부밖에 모르던 저에게 지역 사

생령 "내가 천상에서 큰 죄를 짓고 인간세상으로 추방당해서 천상에 죗값이라도 많이 올려서 전생의 죄를 용서 빌고 사면받아 다시 천상으로 돌아가려고 큰돈을 벌어놓은 거다."

회로부터 남들은 일부러 받고 싶어하는 위촉장들을 연이어 받게 되었습니다.

사회활동 영역과 좋은 인맥들도 넓혀주셨고, 또 우리 한의학계에 가장 짧은 역사를 가지고 태동하였음에도 불구하고 떠오르는 태양처럼 급부상하는 척추진단교정학회라고 하는 학회의 교육이사(현재는 학술이사) 자리도 맡게 되었습니다.

왕성한 학회 활동과 한의사로서의 실력도 선후배 원장님들로부터 인정받게 해주셨습니다.

이처럼 태초의 하늘이신 태상천존 자미천황님께서 직접 인정해주시고 윤허해 주신 지상 자미국에서 인황님과 사감님을 통하여 이루어주시는 조상님들 천상입궁의식과 천인합체의식은 그간 우리가 생각하고 이해하며 각종 종교나 무속세계에서 행하여 온 것들과는 너무나도 차원이 달랐습니다.

영원하신 진실의 절대창조자 하늘께서 각자에게 걸맞게 진정으로 위해 주시는 위대하신 사랑이 담기신 너무도 고귀한 것이기 때문에 직접 체험해 보지 않으면 그 진실성을 인간의 머리와 지성능력으로써는 가늠할 수가 없습니다.

또 진짜 하늘을 인정하지 못하는 존재들은 절대 선택받지 못하는 것도 사실이구요! 그래서 오직 진정한 하늘께서만 완성시켜 주실 수 있는 대단하신 의식이랍니다!

진정하신 창조주 하늘 천지부모님께로부터 그동안 잃어버렸던 자기 자신의 삶과 하늘께서 핏줄의 인연으로 맺어주신 자기 가문의 직계좌우 부모 조상님들과 가족 후손들 사이에 진정한 핏줄의 사랑이 통하는 곳입니다.

행복한 가정의 화목을 이루며, 인간의 천륜도리를 다하여 진정한

생령 "인간아, 네 육신이 살아있을 때 내 존재를 자미국에서 밝히고 하늘의 명을 받지 못하면 나는 죽어서 허공 중천 떠도는 불쌍한 귀신 신세가 된단다."

구원과 영원히 완성된 삶을 원하시는 분들께서는 지상 자미국에서 발행한 『천지령』과 『천경』 등을 읽고 자미국으로 방문하시어, 인황님과 사감님을 통해 진정한 하늘께서 주시는 희대의 행운을 잡게 되시기를 바랍니다.

— 2013년 5월 22일
임○○ ○○천인 올림

가정이 풍비박산 나고 생령의 무서움을

저는 2005년 7월에 자미국에서 발간한 처녀작 『생사령』 책을 보고 자미국과 인연이 되어 오늘날까지 다니고 있습니다. 종교생활 20년, 도교, 기수련단체, 잠을 자지 않는 경신수련 10년을 다니며 무언가를 찾아 다녔습니다.

그런데 가정에 어려움은 시작할 때 보다 비참할 정도로 어려워지고 아무리 노력을 해도 밑바닥 인생에서 헤어나지 못하고 정말 어렵게 살아왔습니다.

자미국에서 발간한 『생사령』 책을 구입해서 읽고 또 읽고 5번을 정독하고 인황님! 사감님께 상담을 받고, 자미국에 입국하여 인황님, 사감님께서 인도하시는 가르침대로 부족하지만 열심히 행을 한다고 자미국 의식이 있을 때마다 참석할 기회를 주시면 꼬박 꼬박 참석하였습니다.

조상님들 천상입궁(입전제)의식 올릴 조공을 마련하지 못하고 속만 태우고 있는데, 적은 조공에 조상님들 천상입궁의식을 올릴 수 있는 기회를 주시었습니다.

저의 조상님들은 이제 천상 자미천궁으로 오르셨구나 생각하고 조상님들께서 이 자손을 나아주시고, 길러주시고, 피를 나누어주시고, 이씨 성을 갖게 해주신 은혜에 조금이나마 보답하고자 효를 행하였습니다.

태어나서 제일 잘한 일을 행했구나, 하면서 계속 자미국 의식에 참석할 수 있는 기회를 주시면 참석하면서, 이제는 어서 빨리 천공을 올려 천인합체의식을 행해야 했기에 온 힘을 다했지만 너무나 어렵고 힘든 가정형편이라 천공을 구할 길이 막연했습니다.

자미국 의식에 참석하면 인황님께서 너는 자미국에 입국한 지가 6년이나 되었는데 언제 천인합체의식 올릴 거냐? 하시면서 너보다 늦게 자미국에 입국한 자들도 다들 천인합체의식을 올리는데, 창피하지도 않느냐?

어서 빨리 천인합체의식 올려야지 하시면, 예 곧 올리겠습니다. 말만 했을 뿐입니다.

언제 천인합체의식의 주인공이 될 수 있을까? 하고 천인합체의식 올려야지, 올려야지 말뿐이고 생각뿐이었습니다.

그러던 2011년 4월 어느 날, 천인합체의식에 참관할 수 있는 기회를 주시어 의식 올리는 중에 사감님께서 아직까지 천인합체의식 올리지 못한 놈들 이리 와 봐, 하셔서 제가 바로 사감님 앞에 앉아서, 예 하고 대답을 올립니다.

그랬더니 인황님한테 천인합체의식 올려주세요,라고 해봐? 그때 바로 저는 예 하고 "인황님 천인합체의식 올릴 수 있게 해주세요"를 3번 복창했습니다.

그때 너는 천인합체의식 공짜로 해줄 수 있어!

갑작스런 하문에 저는 어리둥절하면서 예, 천인합체의식을 공짜로 올릴 수 있게 해주신다니 감사합니다,라고 말씀을 올렸습니다.

그 후 우리 가정에 감당하기 힘든 엄청난 사건이 발생했습니다. 2011년 7월 1일, 아침에 일어나 평상시처럼 아내의 배웅을 받으며 출근해서 일을 하고 있는데 큰딸로부터 전화가 와서 "아빠 큰일 났어! 엄마가, 엄마가 쓰러졌어. 지금 병원 응급실이야, 아빠 빨리 와!"

다급함을 알고 병원에 도착해 보니 뇌출혈로 쓰러져 사경을 헤매고 있었습니다. 위급함을 인황님께 올리고 수술을 받기 위해 여수에서 광주 기독병원으로 후송하여 5시간 동안 큰 수술을 받았습니다.

중환자실에 입원해 있는데 뇌출혈로 수술 받은 환자들이 매일 죽어 나가고 있었습니다. 어찌할 바를 모르고 의식이 돌아오기만을 기다리면서 어렵게 자미국과 인연이 되었는데 천인합체의식을 올리지도 못하고 생을 마감한다고 생각하니 눈물이 앞을 가렸습니다.

아무도 보지 않은 곳에서 얼마나 대성통곡을 했는지 모릅니다. 사경을 헤매고 있어도 육신이 살아있는 동안에 천인합체의식을 올려주고 싶은 생각뿐이었습니다.

다른 사람 같으면 병원비를 걱정하고 살아갈 길을 걱정할 것인데 이런 와중에도 천공을 마련하려고 친척들에게 부탁해 봤지만 모두 거절했습니다.

백방으로 천공을 마련하려고 노력하여도 마련하지 못하고 둘째 딸 이름으로 대출신청을 해도 계속 거절당했는데 7월 15일 드디어 둘째딸 이름으로 대출신청이 되어 자미국으로 입금 올리고 7월 18일 천인합체의식을 올리게 되었습니다.

친인합체의식이 시작되있는데 사김님께서 저에게 너는 자미국에 들어와 무엇을 행했느냐? 하고 하문하였습니다.

예, 저는 『생사령』 책을 보고 자미국에 사감님과 인황님께 상담을 받고 적은 조공을 올리고 조상님들 천상입궁(입천제)의식을 올렸습니다,라고 답하였습니다.

사감님께서 너는 자미국에 들어와서 상담도 받지 않았고, 조상님들 천상입궁(입천제)의식도 올리지 않았다. 아무것도 하지 않았다고 하셨습니다. 저도 의아해 했고, 인황님께서도 그럼 어떻게 되는 거예요?

의식보조 참관 천인들도 모두 의아해 했습니다. 사실인즉 처음에 자미국에서 상담 받을 때 사감님께서 어렸을 때부터 저에게 선감도령이란 분이 저의 육신과 항상 같이했다고 알려주셨습니다.

초창기 자미국에서 상담 받고, 조상님 입천제의식 올린 것이 선감도령에게 한 꼴이 되었답니다.

그럼 어떻게 해야 하나요? 인황님께서 여쭈어 올리자, 지금하고 있는 것이 상담을 받고 있다고 하시고 조상님들 천상입궁(입천제)의식을 올려야 한다, 하시면서 천상입궁의식이 시작되었습니다.

저의 조상님들께서는 사후세계에서 어떤 유혹에도 흔들리지 않으시고 언젠가 진짜 하늘께서 구원해 주실 그날을 기다리며 장구한 사후세계 생활하신 그 공로를 높이 평가하시어 아무 조상이나 오를 수 없는 벼슬을 하사하시어 천상입궁(입천제)의식을 올려주셨습니다.

이어서 인황님께서 그럼 천인합체는 어떻게 되나요? 라고 말씀 올리시니 너는 천인합체의식 공짜로 해준다고 하지 않았느냐? 하시며 ○○천인으로 명을 하사하시어 천인으로 재탄생시켜 주시었습니다.

이렇게 하루 동안 상담에서, 조상님들 천상입궁의식, 천인합체의식을 성공리에 모두 완성시켜 주셨습니다. 사감님께서 너의 처가 왜? 뇌출혈을 일으켜 쓰러진 줄 아느냐? 하문하실 때 저는 알지 못합니다,라고 대답했습니다.

사감님의 말씀은 너의 가정에 이런 큰 대형 사고를 내지 않으면 천공을 올릴 수가 없어서 너의 육신과 함께하는 생령이 육신을 굴복시키는 과정에서 이런 엄청난 일을 벌였다고 가르쳐주시었습니다.

저의 육신이 6년 동안 자미국에 의식이 있을 때 참관을 허락하시면 저에 육신만 자미국으로 들어가게 하고, 저의 '생령'은 창피하고 부끄러워서 자미국 안으로 들어갈 수가 없어 자미국 밖에서 기다리고 있었다고 합니다.

저의 육신도 천인합체의식을 올리고 싶었지만 저의 생령은 인류가 이 땅에 태어나고 처음으로 인황님께서 자미국을 개국하시어 천상 자미천궁으로 오를 길을 찾았는데 육신의 삶이 다하면 기회를 놓칠까 봐?

저의 육신을 굴복시키는 과정이었다고 하니 육신을 가진 저는 저와 함께하는 생령과 소통을 할 수가 없고 인황님과 사감님을 통해서만이 생령의 생각을 알 수가 있으니, 자미국에 백성, 천인이 되지 않으면 어떻게 알겠습니까?

이 땅에서 생령과 소통할 수 있는 곳은 지구상에 단 한 곳 천지나라 자미국에 계시는 인황님, 사감님 두 분이시니 인황님은 인류 최고 황제님이시고, 사감님은 인류 최고 보물이십니다.

자미국의 인황님, 사감님과 인연이 되어 천인과 백성으로 재탄생함이 살아서는 지상 자미국 자미천궁의 행운아요, 육신의 생을 다하고 죽으면 사후세계에서는 천상 자미천궁에서 행운아임이 틀림없습니다.

저의 '생령'이 천공을 마련하지 못하자 제 아내에게 뇌출혈을 일으켜 가정을 풍비박산 냈습니다. 그때 저는 병원비 마련하는 것은 걱정도 하지 않고 빨리 천인합체의식을 올려야지 하면서 통곡하고 통곡했습니다.

주위의 눈을 피해 얼마나 통곡했는지 모릅니다.

저 자신으로선 천공을 마련할 길이 없으니 저의 자식들이 말했습니다.

아빠가 그토록 바라던 천인합체의식을 올리지 못하니 이렇게 큰 비극이 우리 가정에 일어났다는 사실을 알게 되어 더 큰일이 일어나

기 전에 어서 빨리 천공을 마련하여 아빠에게 드려야지 했습니다.

그토록 대출신청을 해도 아니 되던 대출이 신청을 하니 그날 바로 대출승인이 나와 곧바로 인황님께 전화 드리고 자미국으로 천공을 송금하고 7월 18일에 천인합체의식의 주인공이 되었습니다.

인간 육신은 자기의 생령을 절대로 이기지 못합니다. 비록 내 안에 함께하지만 감당하기 힘들다는 사실을 가정이 풍비박산 나고 알았습니다.

죽은 자의 조상 영혼만 알고 있었지 자신의 살아있는 생령의 존재가 이토록 고맙고 두려운 존재인지 몰랐습니다.

사감님께 죽은 영혼보다 살아있는 생령이 더 무서운 존재라는 말씀을 들어본 적이 있습니다.

생령의 존재가 본인이면서 모르고 살아왔다는 사실 앞에 너무 놀랐습니다.

인황님께서 2005년 7월에 발간하신 처녀작 『생사령』 책에서 처음으로 생령을 청배하여 대화한 내용을 읽어보았습니다. 이렇게 자신의 '생령'이 상상도 못한 일을 행할 줄은 꿈에도 몰랐습니다.

계속 자미국에서 행하시는 의식에 참석하면서 인황님과 사감님께서 내려주신 말씀 중에서 인간의 육신은 길어봐야 100년이고 육신이 죽고 나서 사후세계는 상상을 초월한 장구한 세월이라고 가르쳐주었습니다.

자신의 육신만 몰랐지 이미 생령은 알고 있었기에 천인합체의식을 올리지 못하고 있으니 얼마나 답답하고 환장했겠습니까? 이렇게 나의 생령이 인간 육신 나를 굴복시켜 천인합체의식을 행한 사례를 올립니다.

2011년 7월 18일 저는 분명 천인합체의식을 올리려 자미국에 입국

했는데,

1) 상담부터 다시 받았고

2) 조상님들 천상입궁(벼슬)의식을 올렸고

3) 저 자신의 천인합체의식에서 '○○천인'으로 명을 내려주시어 천인으로 재탄생하였습니다.

이○○ 육신의 생령이시여! 이 육신과 함께하지만 소통할 수 없으니 이 글을 통하여 생령에게 전합니다. 이 육신의 못난 행동을 보고 얼마나 답답하고 환장하였습니까?

이제 생령의 소원인 천인합체의식을 올렸으니 살아있는 이 육신과 함께 태초의 하늘께 명을 받고 이 땅에 하강 강림하신 인류의 황제 인황님.

그리고 태초의 하늘님과 천상선감님, 천상천감님, 천상도감님, 조상님들, 생령의 말씀을 한 치의 오차도 없이 전하시는 인류의 보물 사감님.

나의 생령이시여! 이 모든 분들의 말씀 잘 듣고 명하신 대로 행해서 이 육신과 함께 남은 가족 천인합체의식, 감사제의식, 천은보사의식을 빨리 올릴 수 있도록 최선을 다해 주시길 이 육신이 바랍니다.

— 2013년 5월 24일
여수에서 이○○ ○○천인 올림

무엇을 그렇게 망설였느냐고 질타

그러니까 꼭 만 2년이 되는 날이다. 조상님을 천상으로 입궁시켜 드린 후 2년 동안의 고통이란 말로 다 표현할 수 없을 정도로 고달프고 어려운 생활이었다.

허리를 약간 움직인 것 같은데 아픈 통증이 너무 심하여 한방병원에 2개월가량 다녀서 겨우 나았는가 싶었는데, 이번에는 무릎이 관절염에 걸려서 등산을 제대로 할 수 없었다.

또다시 한의원에 들락거리기를 30여 일.

집안은 풍비박산 나 거주하고 있던 아파트는 경매처분을 받고, 회사는 부도 처리되어 회생절차를 밟고 있어서 자미국을 탈퇴하는 것이 낫지 않나 하고, 심적인 갈등은 이루 말할 수 없었다.

막가는 인생 최후로 천인합체의식이나 우선 하고 보자 해서 포기했던 천인합체의식을 행하게 되었습니다.

천인합체하기 전, 인황님께서 전생과 현생에 지은 죄 사면을 자미천황님께 의뢰하시어 행사하시면서 기침을 수차례 하셨는데, 인황님께서 기침하시는 것은 자미천황님께서 죄 사면에 어떠한 잘못이 있는 거라고 말씀하셨습니다.

아무튼 죄 사면의식 1부는 무사히 끝났고, 조상님 벼슬입천제도 완료되었다고 말씀하셨습니다.

2부는 나 박○○생령과 대화하자고 말씀하시어서 생령과의 대화가 바로 시작되었습니다.

사감님의 몸으로 들어간 나의 생령은 말도 없이 눈물을 흘리고 또 흘리고 하염없이 눈물만 흘립니다.

왜 그러시냐고 여쭈어보니, 조상님 입천제 후 빨리 빨리 천인합체 아니하고, 2년 동안이나 무엇을 그렇게 망설였느냐고 질타하시면서 생령(사감님)도 울고, 나도 울고 하여 눈물범벅이 되어 말을 잇지도 못하고 눈물만 계속 흘립니다.

제가 사감님(나의 생령)의 눈물을 휴지로 닦아드려도 또 울고 또 우십니다. 2년의 긴 세월 내내 자미국을 탈퇴할까 봐 노심초사하며 정신적 고통과 더불어 신체적 고통을 안겨주었나 보다.

미련한 이 육신은 생령의 마음을 알 길이 막연하여 자미국을 원망하고 멀어져가는 생각만 하고 있었기에 그러한 사유로 인하여 통곡할 수밖에 없었답니다. 그리고 저의 마음을 제대로 알아주는 이는 부인 생령밖에 없으니 부인도, 아들도 천인합체해라 하신다.

저의 생령과 부인의 생령이 대화도 잘 나누어서 소통이 되니 천인합체의식하라신다! 그렇게 하겠노라고 하였습니다. 그 당시 사감님께서 천지회 때 나와서 나의 생령이 천상에서 내려오면 만나라 하셨습니다.

인황님! 사감님! 감사합니다.

— 박○○ ○○천인 올림

봇물 터지듯이 터져 나오는 눈물!

이 뿌듯한 마음을 어떻게 설명할까? 바로 며칠 전까지만 해도 세상을 등지고 마지막이라 생각하며 살던 나였다.

종교의 배신과 삶의 배신에 지칠 대로 지쳐서 삶의 목적을 찾지 못했다.

직장은 멀쩡히 다녔지만 난 절대 행복하지 않았다. 빚에 빚을 얹은 상태에서 사기까지 당해 집이고 뭐고 다 날리고 겉모습만 멀쩡히 살고 있었다. 가족들도 서로 희망이 없다며 갈라서자고 싸우고 난리가 아니었다.

내 현실에 바뀐 것은 없었다. 빚도 그대로, 상황도 그대로, 가족도 그대로다. 하지만 난 갑자기 걱정이 없어졌다. 인류 최고의 인황님께서 하늘에 빌고 빌어 윤허를 받으신 조상님 입천제를 행하고 나오는 길이다.

의식 끝내고 돌아가는 길에, 잘 가고 또 오라며 어머니처럼 배웅해 주신 너무나 아름다우신 사감님. 아버지처럼 강인한 최고의 인황님을 뵙고,

"아, 이 세상에 나와 나의 아픔을 알아주시는 분이 있다니!"

감동과 감사의 눈물이 멈추지 않는다.

이 눈물! 왜 이리 나는 걸까? 자미국을 생각만 해도 눈물이 나고, 조상님 생각, 하늘 생각만 해도 멈추지 않는 눈물! 해외 출장길에 비행기 안에서 터져 나온 눈물을 훔치느라 얼마나 애를 먹었는지 모른다.

외국에서 태어나는 행운을 얻으며 평생 아버지를 따라 이 나라, 저 나라에 살며, 외국계 기업에서 수많은 출장으로 비행기를 탔다. 조상님들께서 하늘을 찾고자 나와 함께 그렇게 비행기를 타셨다고 말씀하시었다.

조상님들께서는 수천 년의 세월을 종교에 속고, 무당 보살들에 속으며 하늘을 찾지 못해 얼마나 억울하고 슬픈 세월을 보내셨습니까? 이제 위대하신 하늘님의 자랑스러운 천손이 되셨으니 항상 편안하시기만 바랄게요.

이 자손 지상에서 삶을 살아온 지 몇십 년밖에 되지 않아 모자란 것이 많습니다. 제가 할 줄 아는 것이 없으니 조상님께서 모두 다 해주세요.

하늘께서는 조상님을 천상 자미천궁으로 받아주시면서 나에게 천인합체의 명을 내려주셨다. 항상 종교 위에 절대자 분이 계실 거라 믿었고, 윤회의 고리를 끊고 싶었던 나는 천인의 명이 내려지기를 간절히 바랐었다.

한편으로는 조상님을 천상으로 구원했으니, 당연히 천인합체 윤허를 받을 것이라는 건방진 생각도 했었다. 하지만 세월이 지나 그것은 내가 원한 것이 아닌, 내 생령이 절실히 바라던 것이라는 진실을 알 수 있었다.

천상입궁의식(당시에는 입천제라 했다)을 위해 대출을 하고 나니, 천인합체의식을 올리고 싶은데 돈이 없었다. 여기저기 또 대출금을 알아보았고, 마침 되는 곳이 있어 바로 자미국으로 천공을 입금했다.

빚은 쌓여만 갔고 어떻게 갚을지 몰라 걱정이 되기도 했지만, 내 마음은 의식을 치러야 하기에 급하기만 했다.

자미국에 다시 영광의 주인공 자리에 앉았다. 그러자 바로 봇물 터지듯이 터져 나오는 눈물! 완전 꺼이꺼이 토해내며, 무슨 한이 많은 사람처럼 울음을 그칠 수가 없었다.

인황님께서 울어도 이렇게까지 우는 주인공은 처음 봤다 하실 정도였다.

그렇게 나는 울고 있었다. 하지만 내 육신은 기쁘지도, 슬프지도, 억울하지도 않은 상태였다. 난 울고 있었지만, 내가 왜 울고 있는지도 몰랐다. 도대체 왜 이리 눈물이 많은지, 평소엔 감정이 메마른 듯이 잘 웃지도 울지도 않는 나였다.

"수고했다."

사감님을 통해 하늘의 어느 분께서 말씀하셨다.

"그 많은 세월, 네 몸 속에 모든 조상님을 데리고 있느라 얼마나 고생이 많았느냐. 한 몸에 혼자 자리 잡고 있어도 힘들 판에 모든 조상님을 데리고 언젠가 진정한 하늘을 만날 수 있으리라 버텨온 네가 대견스럽다."

엉~엉~엉~! 나는 울음이 더 터져 나왔다.

나의 눈물은 안도의 눈물이라고 하셨다. 부모를 잃은 아이가 부모를 만나기 위해 버티고 버티다 부모를 만나서는 울음을 터뜨리는 것처럼 그런 안도의 울음이었던 것이다.

그랬다. 난 내 고향으로 돌아온 것이다.

내 고향을 찾기 위해 수많은 세월을 기다려온 것이다. 하지만 내가 찾고 싶다고 찾아지는 고향이 아니다.

하늘께서 천상 자미천궁의 문을 열어주시고 저를 찾아주시고, 하늘의 어느 분께서 저를 이끌어주시지 않았다면 자미국의 책을 보지도 못했을 것이고, 위대한 인황님과 사감님을 알현할 수도 없었을 것이다.

하지만 자미국과 인연을 이렇게 간단히 정리할 수도 없었다. 최근에 인황님께서 알려주시길, 내 육신과 내 생령이 싸워서 내 생령이 이겼기에 자미국에 와서 굴복한 것이라고 하셨다.

인간은 돈을 좋아하게 만들어놨기 때문에 자미국에 돈 가지고 오는 걸 아깝다 생각한다는 것이었다. 자미국에 온 모든 천인, 백성도 마찬가지다.

하지만 생령이 각자의 삶으로 저주와 재앙을 내리기 때문에, 강한 생령은 끝내 육신을 이기고 온다는 것이다. 생령의 소원은 고향인 천상 자미천궁으로 돌아가 하늘님과 함께 영원히 행복 누리는 것이라 하신다.

지금까지 자미국에서 천인이나 백성이 되지 못한 인간은 생령이 약해서 육신을 이기지 못하고 진 것이라 하신다.

인간 육신과 생령은 따로 같지만 함께 존재하기에 떼려야 뗄 수 없는 사이다.

생령과 육신이 한 번씩 서로 양보하면서 육신은 생령이 원하는 것을 해주고, 생령은 육신이 행복하도록 해줄 때 진정한 하모니가 이루어질 것이라 생각한다.

하늘의 명을 받아 함께하는 것이 모든 생령이 원하는 것이고, 고향인 천상 자미천궁으로 돌아가는 것 자체가 영생을 두고 갈망하는 생령들의 가장 큰 소원이라 한다.

생령은 우리 육신과 대화하는 방식이 다르고, 원하는 것이 다르기 때문에 서로 다르다는 것을 항상 염두에 두고 인정해야 같이 살아갈 수 있는 것 같다.

사실 천인합체를 하고 나서는 당장에 무슨 초능력을 발휘하는 슈

퍼맨이 된 줄 알았다. 천인이 된다는 것은 천공 몇 푼에 위대하신 하늘께서 수억만 년의 장구한 세월 동안 보호해 주신다는 약속이었던 것이다.

앞에서 했던 착각 때문에 한동안 나는 고생을 많이 했다. 내가 다 할 수 있다는 그릇된 생각, 잘난 척이 심해져서 다른 도움이 필요 없고 내가 하고 싶은 대로 하면 된다고 생각했던 것이다.

우리는 태어나 몇십 년밖에 살지 못했다.

앞서 살다 가신 조상님만 해도 수천 년의 세월을 사셨고, 하늘에서 오신 분들은 수억 년, 수조억 년을 사신 분들이니, 그분들 앞에 우리는 하루살이 수준도 되지 않는다. 인간세상 시간을 천상 자미천궁 시간으로 환산해 보면 인간세상 100년의 세월은 천상에서 몇 초밖에 안 된다고 하신다.

그런 내가 다 할 수 있다고, 도움 같은 건 필요 없다고 잘난 척을 했으니, 천상에서 오신 윗분들이 도와주고 싶어도 도울 수가 없으셨던 것이다.

아기에게 밥을 떠먹여도, 아기가 입을 열지 않으면 어쩔 도리가 없는 것과 같은 이치다. 우리는 그분들 앞에 아기 신세에 불과하다. 해주시지 않으면 할 수가 없는 것이다.

주시는 대로 받고, 해주시는 대로 이루는 것이다. 내가 태어나고, 내가 능력을 얻고, 내가 직장을 가진 것 모두 내가 이룬 것이 아니었던 것이다.

너무나 감사하신 하늘이시다.

하지만 이런 인생의 성공과 안정을 주시고, 영생을 두고 하늘의 보호를 내려주시는 것은 천인들에게만 하신다고 하신다.

하늘을 인정하지 않고 인황님, 사감님 앞에 굴복하지 않고 조상님을 무시하고 가엽게 여기며 천상입궁의식을 올리지 않는 자는 제외한다고 하신다.

사감님을 통해 그렇게 내게 말씀해 주셨건만 이걸 깨달은 건 최근이다. 말을 알아먹지 못하는 나를 포기하지 않으시고 계속 일깨워 주신 사감님은 세상에서 가장 아름다운 분이시다.

나는 나의 천인합체 이후로 대출을 더 내서 어머니, 아버지의 천입합체를 완성했다.

대출을 일으킬 때마다 어떻게 갚지 하며 잠시 고민했지만, 어떻게든 되겠지 하면서 추진을 했다. 정말 나도 모르게 지금까지 잘 살아오고 있고, 행하지 않으면 알 수가 없는 일이다.

지금 당장은 의식을 하는 것이 아까울 수가 있다.

하지만 행하고 나면 이 의식이 값으로 매길 수 없는 천문학적인 비싼 값어치라는 것임을 알게 될 것이다.

제대로 값을 매긴다면 자미국에서 행하는 의식은 수백, 수천, 수조 원을 주어도 모자란다. 지금 받으시는 천공 의식비용은 정말 싸게 받으시는 것이다.

부를 쌓은 자는 많게, 적은 자는 적게 그만큼의 죗값을 치르고 들어오라는 것이다. 한 의식에서 천상천감님(하나님)께서 오셔서 우시면서 전해 주시는 말씀이다.

그렇게 고생해서 돈 구해 오는 것을 다 아신다 하시면서 정말 마음 같아서는 돈 받지 않고 다 해주시고 싶으신데 그렇게 하면 진정 원하는 자와 원하지 않는 자를 구분할 수가 없기에 조금이라도 받고 해주신다는 것이다.

사감님과 인황님께서 항상 해주시는 말씀이 세상에는 공짜가 없고, 모든 것은 뿌리고 행한 대로 거두리라는 것이다. 위대하신 인황님은 돈이 많다고 우쭐대는 자를 더욱 혼내신다.

하늘 앞에 모두가 죄인인데 뭘 잘한 게 있다고 우쭐대냐는 것이다. 이 세상 인류 모두 대단하신 인황님 앞에 와서 아름다운 굴복을 해야 할 것이다.

그것이 자신(생령)을 살리는 길이고, 자신의 조상과 가족, 자신의 후손을 살리는 길이다.

앞으로 자미국은 빛의 속도로 발전하여 인산인해를 이룰 것인데, 그렇게 되기 전에 제 가족 천인합체 완성을 해주셔서 너무나 감사한 일이다.

앞으로는 의식하고 싶어도 언제 할 수 있을지 모를 것이라 하신다. 세월은 더욱더 흘러, 내 인생에 풀리지 않는 수수께끼가 있어 전세금까지 담보로 잡고 감사죄를 올렸다. 그동안 몇 번의 의식을 통해서 천상도감님(미륵님)께서 내려주신 말씀을 이해하지 못해 내 삶은 제자리걸음을 하고 있었다.

"네가 네 그림자를 밟고 있구나."

이미 내 천인합체의식에서 해주신 말씀이다. 아무리 생각을 해도 내가 내 그림자에서 발을 뗄 수가 없는데 어찌해야 하지? 행간을 읽으려 해도 읽어낼 수가 없었다. 이 그림자가 내 삶을 옭아매고 있는 것 같아 무척 답답했다.

감사죄에서는 자미인황님께서 오셔서 그 뜻을 풀이해 주셨고, 그리고 밝혀지는 최초의 소원!

나에게 소원이 있었다는 것이다.

천상 자미천궁을 떠나오면서 자미천황님과 했던 약속!

그동안 내가 내 자신을 찾지 못해서 내 소원을 이루지 못하고 있었다고 한다.

그리고는 그동안 우리 가족이 내가 그걸 이룰 수 있도록 역할을 하라고 하늘께서 보내주신 것이었는데 이젠 그들도 역할을 그만하고 편하게 살 수 있도록 온 가족을 ○○천인으로 명을 내려주시었다. 위 의식에서 내려주신 말씀은 개인적인 명이기에 여기서는 밝히지 않는다.

의식 때마다 항상 커다란 선물을 한 보따리 내려주신다. 하늘께서는 항상 복 내려줄 대상을 찾고 계신다고 하신다. 종교지옥 안에서는 절대로 받을 수 없다.

종교 교리나 통념적인 사회적 이론으로 사상이 너무 강하게 박힌 자도 받을 수가 없다.

심지어 자미국의 천인, 백성이 되어도 하늘이 각자에게 내려주신 명대로 살지 않으면 받을 수가 없다.

그 방법을 찾으려면 자미국에 와서 의식의 주인공 자리에 앉아야 한다. 그리고 아름다운 굴복을 해야 한다.

오늘도 난 영광의 주인공의 자리에 앉길 바라는 마음으로 하루를 시작한다. 되찾은 소원대로 커다란 꿈을 꿔본다.

— 2013년 5월 24일
장○○ ○○천인 올림

생령이라는 말을 듣고 더욱더 놀라

삶이 고달프고 힘들다 보니 신의 도움이라도 받아보고자 찾아다닌 곳이 무속세계였습니다. 처음에 가서 무속인에게 들은 말이 "나 같은 사람이네? 다 알면서 뭘 물어보러 왔어?"였습니다.

알긴 무엇을 안단 말입니까?

내가 다 알면 여기를 왜 오겠습니까? 왜 이리 힘들고 고달프고 서러워 눈물이 쏟아지는지 물었더니, 조상님 때문이라며 조상님 일을 해서 위로해 드리고 달래 드려야 한다고 해서 하라는 대로 했습니다.

하지만 한 달도 안 가 다시 힘들어져 다른 무속인을 찾게 되고 그들 역시 조상님이 앞을 가려서 그러니 조상님이 춥고 배가 고파서 조상님 위해 무언가를 해드려야 된다고 말하여 하라는 대로 했습니다.

그렇게 여기저기 찾아다녀 만난 무속인이 10명이 넘었고 인연을 갖게 됐습니다. 가는 곳마다 조상님 때문이고 조상님이 그러고 계시니 조상님 신을 받아서 조상님 도움을 받고 살아야 한다고 모든 무속인들이 말했습니다.

지금까지 살면서 나는 나의 삶이 조상님이 도와주기도 하고 힘들게도 하는지 모르고 살았습니다. 또 다른 유명하다는 무속인은 아기 업은 여자귀신이 따라붙어서 그 귀신이 힘들게 하는 것이라며 귀신 떼어내는 일도 했습니다.

조상집에서 귀신이 따라붙어서 아프게 하고 힘들게 한다는 등, 유명하다는 곳 여기저기 돌아다녀 봐도 조상님 아니면 귀신 이야기뿐이었습니다.

돈은 돈대로 들어가고, 삶은 더 힘들어지고, 이제는 죽고 싶고 죽어야지 하던 차에 자미국에서 나온 책을 읽고 인연이 되었습니다. 책을 읽으면서 몸이 찌릿찌릿 하고 하품이 나오며 눈물이 펑펑 쏟아지는 신기함을 느꼈습니다.

하지만 자미국에 와서 인황님, 사감님께 생령이라는 생소한 말을 듣고 더욱더 놀라지 않을 수 없었습니다. 지금까지 이렇게 힘들고, 뒤집어지고, 서러워하며 눈물 흘리고 다니고, 죽고 싶어한 것이 생

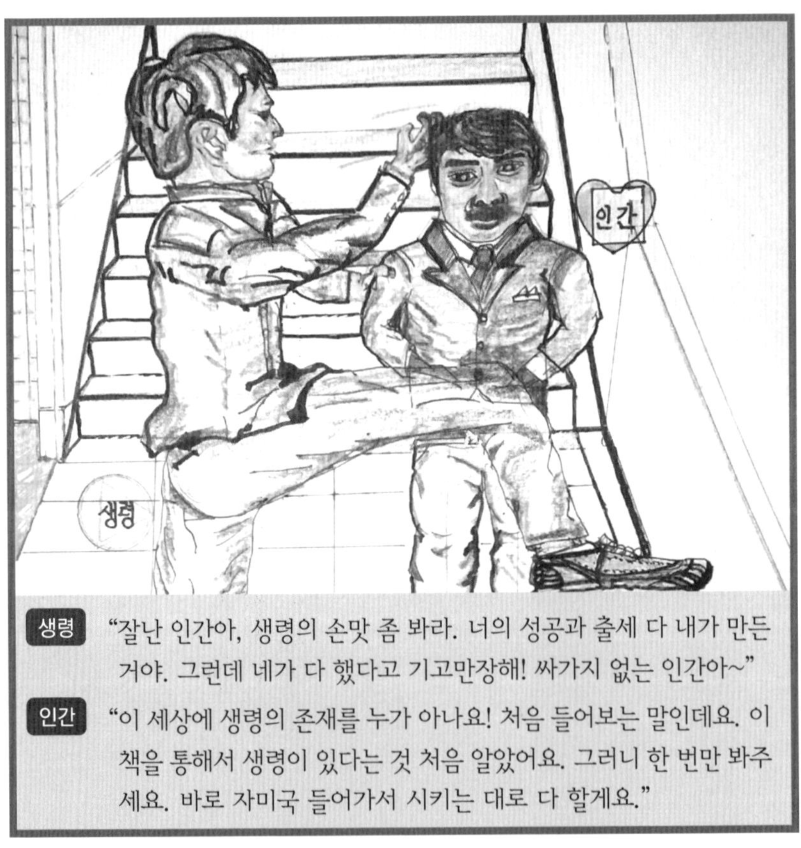

령이라는 말씀을 듣고 깜짝 놀랐습니다.

그 많은 곳 여기저기를 돌아다니고 일도 수없이 해봤지만 어느 곳에서도 한 번도 들어보지 못한 말씀을 자미국에 계신 인황님, 사감님께서 하시니 놀랍고 믿어지지 않았습니다.

생령이 무엇인지, 천인합체의식을 행할 때 생령과 인간 육신의 관계를 날날이 밝혀주시는데 너무 너무 신기하고 놀라워 입이 다물어지지 않았습니다.

자미국 인황님께서는 생령을 자유자재로 불러주시고 사감님께서는 생령의 마음을 실어서 상세하고도 자세하게 아주 똑같게 읽어내시는 놀라운 능력을 갖고 계십니다.

생령이 왜 그랬는지, 앞으로 어떻게 해야 생령과 인간 육신이 행복하게 살아갈 수 있는지 인간 육신과 생령을 교화시켜 주시어 행복한 삶뿐만 아니라 삶을 개벽시켜 주시고 기적 이적을 보여주시는 인황님과 사감님이 계시는 자미국.

세상 그 어느 곳 어디를 다녀봐도 알 수 없고, 볼 수 없으며 어느 누구도 흉내 낼 수 없습니다.

그래서 72억 인류가 기다리던 메시아이시고 진인이시며 세상의 중심이 자미국이 될 것입니다.

인황님과 사감님만이 하실 수 있는 생령과의 대화는 직접 경험해보지 않으면 살아서도 죽어서도 후회하실 겁니다.

— 2013년 5월 27일
김○○ ○○천인 올림

끝없는 생령의 원과 한

태어남도 고통이고, 살아감도 비참한 고통이고, 암이 와서 싸우느라 병도 고통이고, 고통스러워 죽으려니 막상 죽음도 무섭고 두려웠습니다. 다시 살자니 고통이고, 죽자니 알 수도 없는 사후세계가 더 고통스럽습니다.

이러지도 저러지도 못하는 외통수에 걸려서 더더욱 고통스럽습니다. 전생에 지은 죄가 억겁으로 커서 이생에 지옥세계인 지구에 태어났다고 밝혀주십니다.

현생에 태어나서 또 한 겁의 죄를 짓고 다음 생은 축생으로 태어날지 지옥세계로 직행할지 알 수 없는 또 다른 사후세계가 존재하는지 뭐가 있는지 불확실한 미래의 인생길.

술로 인한 남편의 고통은 가족의 고통으로 나는 왜 이렇게 살아야 하는지 점집, 철학관으로 찾아가서 물어봤지만 원인을 몰라 절로 들어가 10년을 공들이고, 끝도 없는 지장기도에 조상님 극락왕생 기도 발원 천도재를 달마다 철마다 해마다 좋은 곳 가셨다는데 끝도 없이 모시고 끝도 없는 천도재를 했습니다.

모두가 다 끝도 없고, 해답도 없는 고통의 연속인 고행길이었습니다. 신문광고에 '존귀하고 장엄하나 알아듣는 이 없도다'라는 글귀를 읽어보고 『하늘이 인류에게 내린 명』 책을 구입해서 자미국을 알았습니다.

하늘 말씀 잘한다는 유명한 교회와 성당으로, 천도재 잘한다는 대한민국 이름 있는 절로 30년을 다니면서 어디서도 듣지도 보지도 못한 새로운 문구에 마음이 끌려서 왔고 무엇인지 모르지만 거대함의 기운이 느껴졌습니다.

보이지 않은 세계에 대한 책들을 무수히 가지고 있었지만 자미국의 책 내용은 신비스런 내용들로 가득 찼고『하늘이 인류에게 내린 명』과『천지령』을 읽고 완전 매료되었습니다.

개인의 미래와 대한민국의 미래, 세계인류의 미래가 반드시 그렇게 될 것 같은 강한 느낌이 들었습니다.

경주 최씨 시조 최치원 조상님부터 당대 조상님까지 친가, 시가 모든 조상님들을 딱 한 번의 의식으로 하늘나라 천상 자미천궁으로 구원해 주시는데 육과 영을 창조하신 창조주만이 구원할 수 있다고 하셨습니다.

조상님 입천제를 올린 후에 35평 살던 집을 버리고 근사한 정원이 딸린 60평 빌라로 이사했습니다.

하늘의 명받을 사명자는 한 집안에 한 명이라고 하셨는데 나도 살아생전에 창조주께 구원을 못 받으면 죽어서 귀신이 된다 하니 사후세계 이리저리 헤매고 싶지 않고 구원받고 싶어 천인합체를 서둘러 했습니다.

나는 누구이고, 나의 정체는 무엇인지 나를 밝혀내는 의식이 있다는 자체만으로도 인간의 두뇌로는 감히 감지하기 힘든 능력의 한계를 느낍니다.

나를 구원하는 의식인 천인합체의식 때는 육신 안에 살아있는 반쪽 생령을 불러내어 육신의 고통과 생령의 정체를 적나라하게 파헤쳐주십니다.

내 육신 안에 있는 나의 반쪽 영은 여자가 아니라 남자라고 하셨는데 58년을 살면서 원피스는 달랑 3장 그것도 걸어만 두었지 입지는 않았습니다.

평생을 바지만 입고 성격도 화통하여 남자 성격이라는 말을 많이 들었는데 만약 다시 태어난다면 남자로 태어나고 싶다고 입버릇처럼 말하며 살아왔습니다.

나의 몸 안에 있는 생령과 만나 대화하는 의식 중에 말씀을 내려주시는 사감님께서 눈을 감고 하시는데 갑자기 옆에 있는 물컵을 집어 박살내자 참관 천인들이 너무나 놀랬고 이런 일은 의식 중에 처음 있는 일이라고 하셨습니다.

네가 살아온 삶을 보여주신다고 했는데 30년 결혼생활이 신랑의 술 주사로 컵을 깨고 때려 부숩니다.

옆에서 함께 보신 것처럼 살아온 제 삶을 그대로 재현해 주셨습니다. 정말 신기하고 놀랬습니다. 술이라면 아주 지긋지긋 넌더리가 납니다.

고통이 아니라 산지옥이나 다름없는데 신랑의 모습이 제 모습이라고 청천벽력 같은 사연을 밝혀주시고 저의 생령이 하늘께 구원받기 위해 수천 년, 수억 년을 몸부림치고 인간 육신이 알아들을 때까지 갖은 악행과 갖은 만행을 다한다고 하셨습니다.

생령들의 나이는 우리 인간의 나이가 아니라 상상을 초월하는 수천에서 수만 살이라고 합니다. 그만큼 사후세계가 장구하다는 것인데 인간들은 상상도 못하고 살았습니다.

내 생령의 저주가 이렇게 무섭고 삶이 비참과 비통으로 치달을 줄은 몰랐습니다.

기수련, 마음수련, 우주수련, 명상수련, 단학수련, 요가 등 전국 방방곡곡을 다니면서 나는 왜 이렇게 살아가야 하는지 찾아 헤매며 돈

과 시간을 끝도 없이 투자하였습니다.

하지만 원인과 해법에 대한 실마리도 못 풀었는데 자미국에 들어와서 천인합체의식 때 생령과 대화를 통해서 나의 실체, 나의 인생 비밀을 밝혀주셨습니다. 세상천지 하늘 아래 이런 곳도 있구나? 믿어야 되나 말아야 되나?

인간은 눈으로 확인이 안 되면 잘 믿지를 않습니다.

하지만 안 믿을 수가 없습니다.

함께 살지도 않으신데 나의 삶을 송두리째 밝히시고 나의 속마음과 생령의 행적을 적나라하게 밝혀내십니다. 대단하시고 위대하신 진짜 하늘이시고 살아계신 하늘이십니다.

완벽하시고 정확하시며 한 치의 오차도 없이 말씀과 기운을 내려주시고 밝혀주십니다. 때로는 감동으로 환희로 감격으로 경이로움으로 신기함과 신비함으로 글로 표현하기에는 더 큰 단어가 없어 안타까울 따름입니다.

저의 정체는 생령이니 따로 생각하지 마라.

하나이고 끼리끼리 한통속이라고 하셨습니다. 제 안에는 상대를 자빠뜨리는 기운이 있는데 그것을 계속하다 보면 남도 나도 다 결국에는 죽음에 이르게 되니 하지 마라 하셨습니다.

신랑을 미워하지 마라.

네가 한 짓을 신랑에게 뒤집어씌운다 하셨습니다.

현실적으로 보면 신랑이 범인이지만 진짜 범인은 네가 진범이다 하셨습니다. 자미국 들어오자마자 사감님의 아버님도 저의 자빠뜨리는 기운으로 쓰러지셨다고 말씀하셨습니다.

이 글로 사감님 아버님께 반성과 사죄의 글 올립니다.

제 기운으로 마음으로 상대를 자빠뜨린다 하시니 믿어지지 않았습니다.

믿어지지 않으니 당연히 인정을 안 한 것도 사실입니다.

인정이란 단어조차 생각하지 않았습니다.

그냥 지나가는 소리로 듣고 6년 전 그 당시 오히려 생령 편을 들어 히죽히죽 같이 웃고 한통속이 되어 넘어간 결과는 무섭고 참담한 결과로 현실로 이어졌습니다.

사감님이 하늘께오서 내려주시는 말씀은 밀어내고 제 똥고집대로 하다가 딸마저 자빠뜨렸다고 하셨습니다.

살려주시려고 밝혀주셨는데 믿고 인정하고 빨리 빌었으면 용서되고 해결될 것을 사감님께서 전해 주시는 하늘의 진실 된 말씀을 무시하고 밀어낸 결과의 대가는 반드시 치러야 된다고 하셨습니다. 그래서 공평한 하늘이시고 진정한 하늘이시다,라고 말씀하셨습니다.

극심한 생활고에 시달리면서 영국으로 유학 갔던 딸이 조금 이상해져서 돌아왔습니다. 웃을 일도 없는데 가끔 혼자서 웃고 극심한 불안감을 보였습니다.

영국학교 선생이 사귀자고 했는데 거절을 했더니 보복으로 페이스 북에 올려서 마녀사냥을 시작했답니다.

그 영국 놈 선생이 자기를 조종하는데 공부도 알바도 못하게 모든 것을 통제하고 가족 간에 분란을 일으켜 모든 것을 파괴하고 결국에는 죽으라고 메시지를 실시간으로 보낸다며 너무나 힘들고 고통스러우니 차라리 안락사를 시켜달라고 했습니다.

왜 하필이면 다른 나라도 아니고 영국이고 영국 선생인지 제 영이 확실히 맞습니다. 딸의 모습이 저이고 저의 모습이라고 누누이 말씀해 주셨습니다.

하늘의 말씀을 내려주실 때 그때 당시 바로 인정해야지 고통받은 후에 힘들어진 다음에 하는 인정은 억지로 인정하는 것이기에 진정한 인정이 아니다,라고 처음 들어보는 말씀을 하셨습니다.

진짜 하늘을 인정하지 못하고 하늘을 무시한 결과는 즉시 고통으로 현실에서 일어났습니다. 가짜면 그런 일도 현실에서 일어나지 않는다 하셨습니다.

다시 사감님의 끝없는 말씀과 사랑의 기운으로 2년간을 가르쳐 주시고 인도해 주셨는데 믿고 진정으로 인정하고 빌고 나서야 딸이 자기 본래의 모습으로 돌아오는 과정은 피눈물 나는 가시밭길이었습니다.

네가 여기서 인정을 못하면 네 딸이 미쳐버리듯이 다음은 자식대로 이어지고 자자손손 유전으로 내려간다는 엄청난 진실의 말씀과 삶의 비밀을 알려주셨습니다.

밝혀주시고 알게 해주시면 바로바로 인정하고 굴복해야지 더러운 아집과 고집으로 살아온 내 생각으로 입 다물고 철통방비하다가 돈도 사업도 가족도 목숨도 바람 앞에 촛불 신세가 된다는 것을 현실에서 체험했습니다.

사람이 살면서 높이 올라가는 것은 시간이 많이 걸리지만 떨어지는 것은 한순간입니다. 거지가 되는 것도 한순간이고, 미쳐버리는 것도 한순간입니다. 똑바로 살지 않고 하늘의 뜻에 맞지 않게 사는 것이 얼마나 미친 짓이고 멍청한 짓인지 당해 보고 나서야 정신이 차려집니다.

나도 모르는 내 마음을 지하 창고에 수많은 시간동안에 끝없이 저장한 것을 네 스스로 비디오를 찍어봐라 하셨습니다. 더러운 마음, 비겁한 마음, 부정하는 마음, 밀어내는 마음 도대체가 한 순간도 진실하게 살아본 적이 없다 하십니다.

저는 악의 악질로 가짜로 욕심으로 착한 척 잘난 척으로 살아온 세월이 너무나 길어서 너도 네 마음을 모르는 것이다.

하지만 그것도 아니라 하시는데 진짜로 모르면 안 한다. 알고 했는데 위장하고 빠져나가기 위해 끝까지 너의 악행과 만행을 말 안 한다고 하셨습니다.

사감님도 속이고 하늘님도 속이고 어디까지 가나 끝까지 해봐라 하셨습니다. 세상 살면서 나름대로 닦고 살아서 착하다는 소리도 좀 들어서 그래도 죽으면 천당은 못 가도 지옥행은 면하겠지 했는데 착해서 뽑혀서 온 줄 알았는데 웬일입니까?

악질과 저질.

저는 제가 이렇게 지하 바닥 인생인 줄은 자미국 들어와서 의식을 행한 후에 알게 되었습니다. 세상의 범죄는 살인, 강도, 폭행, 절도로 경찰, 검찰이 잡아갑니다.

하지만 자미국에서는 생각으로, 말로, 마음기운으로, 행으로 잘못 행한 보이지 않은 범죄를 생령의식을 통해서 육과 영의 전생, 현생을 총망라해서 하나씩 하나씩 벗겨내고 밝혀내고 있는 정말 대단한 곳입니다.

6년간 벗겨내어 주신 저의 죄는 끝도 없이 나왔습니다. 숫자적으로도 많지만 분량도 어마어마합니다. 이 죄 저 죄 손 안 된 곳이 없다 하셨습니다.

제 생령의 정체를 밝혀주시고 육과 영의 죄를 벗겨내어 주시고 심판하여 주시는 자미국의 인황님! 사감님! 저는 지금 사죄의 마음으로 눈물을 흘리며 이 글을 써서 올립니다.

살아생전에 이걸 해결 못 하면 네 새끼들이 받고 자자손손 대대로 내려가지 않게 받아주시고 의식해 주시고 구원해 주셔서 뼛속 깊이 감사 올립니다.

이 글의 모든 내용은 보태지도 빼지도 않고, 내 현실에서 일어났던 사실을 있는 그대로 올린 것입니다.

온 인류의 최초이고, 온 인류의 최고 등불이신 인황님, 사감님과 알현은 세세생생에 영광이옵니다. 머나먼 천상에서 두 분을 보내주시어 저도 몰랐던 저의 실체를 밝히시어 저의 실체를 알게 해주신 하늘님께 모든 영광을 돌립니다.

— 천기 13년 2013년 5월 25일
최○○ ○○천인 올림

온갖 풍파는 생령들의 저주

대단하시고 든든하신 하늘님, 신명님, 하나님, 미륵님, 자미인황님, 나라조상님, 인황님 조상님, 사감님 조상님 모두 천지를 함께하게 하시는 인황님과 사감님이 계시고 내가 가는 자미국엔 엄청난 희로애락이 있습니다.

굳게 닫혀 있던 굳은 마음도 열리고, 모든 세포들도 반응하고, 귀도 열리고, 눈도 열립니다.

대한민국 국민으로서 자미국의 김○○천인으로서 사명자로서 자랑스럽고 대단한 의미가 있습니다. 인황님과 사감님 두 분의 존재는 절대적이고 흔들림 없는 참 대인이셔서 인류를 이끌 참 영도자이심이 분명합니다.

조상님들 천상세계로 보내드린 후 몸도 마음도 가벼워지고 잠을 자도 잔 것 같지 않았던 허했던 생활에서 머리만 닿으면 깊게 잠들고 한 시간을 자도 숙면한 것 같고 밤에 자고 나면 천지기운 받은 듯 새로운 에너지가 느껴집니다.

살아서나 죽어서나 하늘의 기운을 받고 살 수 있는 천인합체하고 싶어서 계속 애를 썼더니 수년 동안 안 팔리던 건물이 팔려 의식하러 자미국에 가게 되었습니다.

천인합체의식 날은 나만의 세상 같았습니다. 세상 아무도 알아주지 않는 내 생령의 마음 다 알아주시니 놀람과 신기함에 속없이 혼자 좋아했습니다.

자미국을 전세 낸 것 같았습니다. 인황님, 사감님 능력에 감동되어 영특함으로 느껴졌고 얼마나 맑으시면 생령의 마음을 아시는지 놀랍도록 경이롭고 신비함까지 느꼈어요.

기를 못 펴고 살았던 나, 자미국을 만나 웃을 수 있었고, 내가 없는 세상인 줄 알았는데 나의 존재(생령)가 있는 세상을 자미국 인황님, 사감님께서 열어주셨어요.

남편은 천상에서 허락받아 나를 지키려 내려왔다고 사감님께서 천상의 비밀을 말씀해 주셨습니다. 신 받을 팔자라는 말을 들은 게 마음에 꽂혀 족쇄가 되어 벗어나지 못해 살아있어도 죽은 삶이나 마찬가지였습니다.

자미국 인황님, 사감님께서 해주시는 천인합체의식 하고 하루라도 빠른 젊은 나이에 많은 종교에서 들은 말들의 족쇄에서 풀려나게 해주셔서 훨훨 날 것 같았습니다.

각자의 생령들이 자기 인생을 온통 뒤집고 있다는 것을 천인합체의식에서 알게 되었습니다.

천인합체의식 후 아들 설사도 거짓말처럼 순간에 나아 뭘 주어도 괜찮았습니다. 남편의 만성 속병도 언제 그랬냐 싶게 약 먹을 생각도 않고 약 타러 병원 안 가고 삽니다.

자미국 시작하시어 인류개벽의 시대를 여셨으니 대단하십니다.

인황님께선 세상에서 감히 생각조차 못했던 생령을 부른다고 하신 것부터 보통 분이 아니십니다.

인류 어느 누구도 생각도 못한 엄청난 일을 시작하시어 72억 인류를 매료시키기에 충분하시며 하늘과 각자의 조상님, 생령과 함께한다는데 "누가 동참을 안 하겠어요."

생령들의 무서운 저주!

인생사의 온갖 풍파는 자기 몸 안에 생령들의 저주로 인해서 일어난다는 무서운 진실을 자미국에서 처음으로 알게 되었습니다.

사람 각자들의 몸 안에 생령이 함께 살아가고 있다는 말도 몰랐으니까요.

자미국, 정말 대단한 곳이기에 말로는 다 설명할 수 없어요.

직접 책을 읽고 방문해서 체험해 보는 것이 가장 좋습니다.

— 김○○ ○○○○천인 올림

나는 누구이고 왜 태어난 것인지

인간으로 태어난다는 것이 얼마나 힘들고 어려운 관문을 통과하였는지를 모르고 다음 생에도 당연히 인간으로 태어날 수 있을 것이라는 착각으로 하루하루를 살아가고 있는 우리네 삶 속에서 자미국을 만나고, 하늘을 만나고, 인황님과 사감님을 알현하는 것은 이 세상 최고의 선물이었습니다.

인간 육신이 있고 또 다른 반쪽이 엄연히 존재한다는 것도 자미국에 와서 알았고, 그 반쪽(생령)에게도 부모님(하늘)이 계시고 인간과는 또 다른 소원이 있다는 것을 자미국의 인황님과 사감님을 통해서 난생처음 알았습니다.

나의 삶이 지속되는 한 나의 생령도 나와 함께 이 세상에서 살아가고 있는 것이고, 나와 나의 생령이 공존하면서 살아가기 위해서는 반드시 자미국에 와야 나의 생령의 소원도 들어줄 수 있으니 비로소 나의 삶이 평온해질 수 있음을 알게 되었습니다.

기존의 종교 단체에서는 인간의 삶을 다루거나 인간의 길흉화복을 다룹니다. 하지만 자미국은 천상에서의 전생과 현생 그리고 다음 내생의 삶까지 총망라하는 대서사시를 인간이 받아들일 준비가 될 때까지 기다려주시는 자상함과 배려까지 총동원하시어 인간이 하늘에 가까이 갈 수 있도록 해주는 대단한 곳입니다.

누가 시켜서도 아니고 누구 때문에도 아니고 자미국을 자랑삼아 떠벌이기 위해 이 글을 쓰는 것도 아닙니다. 저의 변화된 사고방식과 저의 일상생활 변화가 너무 감격적이고, 너무 감사하여 진심으로 쓰는 글입니다.

처음 자미국을 찾았던 이유는 내가 누구인지 정말로 궁금했기 때문입니다. 내가 누구인지, 무엇인지, 왜 태어난 것인지, 태어난 이유가 무엇인지 알고 싶었습니다.

그 어느 책도, 그 어느 곳에서도 저의 궁금증을 풀어줄 수 없었고 저의 답답함을 알아주는 이 하나 없었습니다.

그런 것을 외로움이라고 해야 하는지, 가슴 한 곳에 채워지지 않은 휑함으로 슬픈 것인지, 답답한 것인지, 서러운 것인지, 이상한 괴로움이 저에게 있었습니다.

그런 나에게 아무도 답을 주지 못했고 아무도 길을 열어주지 못한 채 몸도 마음도 더 우울해져 가고 저물던 저의 인생에 자미국에서 발간한 첫 번째 인연의 책 『생사령』은 저에게는 광명과도 같았고 세상에서 내가 찾던 것이 바로 이것이구나!

단지 책 한 권에 저는 마음을 완전히 빼앗겨버렸고 『생사령』이 자미국으로 이끈 매개체가 되어 지금 이 순간 여기에 있습니다.

제가 찾은 줄 알고 제가 돈을 갖고 와서 의식을 하였다고 자만한 적도 있었으나 많은 의식에 참관하고, 많은 사연들을 듣고 보고 체험하다 보니 저의 바람이 아니었고, 내 반쪽의 소원이었고 나를 부르시는 하늘의 보이지 않은 메시지였습니다.

불러주셨기에 내가 올 수 있는 위대한 하늘이 계신 곳이 자미국이라는 것을 알았습니다.

제가 자만했고 제가 몰랐고 제가 부족했고 저만 잘났다 하며 많은 인생의 중요한 시기를 낭비했음에도 불구하고 저의 남은 지상에서의 삶에 다시 한 번 ㅇㅇ천인으로 명 내려주심에 감사하고 잃어버린 저의 소중한 것들 다시 찾아주심에 감사 올립니다. 결코 하늘은 아무나 선택하지 않는다고 하신 말씀에 보답하고자 정말 다시 주신 새로운 삶에 열심히 정진해서 마음 아프게 해드렸던 지난 세월 조금이나마 만회하고자 최선을 다할 것입니다.

천상에서는 대역죄인 역천자였으나 저를 기다리신다는 그 말씀에 저는 너무나 가슴이 아픕니다만 제가 느끼는 이 아픔이 기다리시는 하늘마음을 어찌 다 알겠습니까? 저를 선택해 주셔서 감사하고 저에게 기회를 주셔서 감사합니다.

저의 죄가 무엇인지 가르쳐주셔서 감사하고 저를 자미국 의식 보조 참관천인으로 참석할 기회를 갖게 해주셔서 더 많은 하늘의 말씀 간접적으로 들을 수 있게 해주셔서 감사하고, 사감님께서 인간세상으로 치면 개인 교습까지 할 만큼 시간 내셔서 가르쳐주시고 이끌어 주심에 너무나 감사드립니다.

자미국은 이 세상에서 인간으로 와서 나의 잘못이 무엇인지를 알게 해주시는 유일한 곳이기에 나의 잘못을 알고 나의 잘못을 용서빌고 나의 잘못을 용서받아 구원받을 수 있는 전 세계 유일한 곳입니다.

인간의 삶이 고단하여 인생사를 상담하는 비루한 곳이 아니기에 어렵고 힘들게 느껴질 수도 있지만 진심으로 나의 잘못을 먼저 용서구하고 깨닫게 된다면 인생사는 어찌 보면 작은 것이고 저절로 해결된다는 것을 보아왔기에 천지나라 자미국을 믿고 따르는 것이 우선되어야 할 것입니다.

자미국에 처음 왔을 때 생령이 뭔지도 모르고 생령과의 대화가 얼마나 위대한 기적과도 같은 일인지 몰랐기에 지금 생각해 보면 아쉽지만 이 세상에 나의 존재가 나와 같이 또 다른 존재가 있다는 것이 놀랍고 신비로운 경험이었습니다.

나는 누구인가?

나에 대해 너무나 관심이 많았던 나는 이제 더 이상 무엇인가를 찾아다닐 필요도 없고 나의 궁금증에 모든 답을 찾을 수 있는 자미국이 나의 안식처이고 나의 모든 것을 알게 해주신 위대하고 대단한 곳임을 확신할 수 있었습니다.

나와의 진정한 대화를 통해 심신의 안정을 찾고 나의 존재를 밝혀주고 대화할 수 있는 시간을 갖게 해주신 사감님과 인황님, 자미국에 너무나 감사합니다.

나의 모든 숨겨진 마음을 소상히 알려주시고 나도 몰랐던 나의 진정한 진짜 마음을 가르쳐주고, 잃어버렸던 기억도 생령을 통해 만날 수 있는 진짜 종교의 차원을 넘어서는 새로운 곳이 바로 천지나라 자미국이었습니다.

비교조차 할 수 없는 고차원적인 생령과의 만남이 진정 우리의 삶에 어떤 영향을 미칠지는 경험해 보지 않은 자 알 수 없는 신기하고도 내 삶의 혁명과도 같은 경험이었습니다.

생령이라는 단어조차 생소했기에 그때 그 순간 놀랍고 내 마음을 복사기처럼 재현해 주시는 사감님의 모습이 그저 놀랍고 신기하기만 하였습니다.

생령이 무엇인지 궁금하고 생령과 만나서 살아생전에 대화하고 싶다면 자미국을 통하여 이 세상에서 한 번도 이루어질 수 없었던 산 사람 생령과의 만남을 체험해 보세요.

생령이 길흉화복을 좌우하고, 생령의 저주로 자기의 인생이 뒤집어지기에 생령을 알면 인생과 행복이 보입니다.

내가 갖고 있던 모든 궁금증과 의문이 다 해결될 것이라고 먼저 체험한 선배로서 장담하는 바입니다.

자미국은 종교가 아닌 신세계입니다.

자미국은 이 세상에서 한 번도 시도해 보지 않고 현실로 살아서는 불가능한 산 사람의 생령과 만나 대화할 수 있는 전 세계 유일한 곳입니다.

나의 또 다른 반쪽이 원하고 바라는 것이 무엇인지 알아서 천인합체의 뜻을 생령들이 이룰 수 있기를 바라며 생령과의 만남이 세상에서 유일하게 가능한 천지나라 자미국도 세상에 널리 알려지기를 바랍니다.

— 김○○ ○○천인 올림

생령 “내가 다시 천상으로 올라갈 수 있는 길은 자미국을 통해서 하늘의 명을 받아야만 돼. 그래야 너도 편하고 네 가족들도 풍파가 없다.”

✦ 3부 ✦

인류가 기다리던 길

하늘과 자미국의 뜻에 승복하는 자 | 의학으로 치료 안 되는 사람들 |
근심, 걱정, 우환을 어디다 팔 것인가? | 살아서 자신의 사후를 준비 |
해탈과 도통이 최고라고 착각 속에 빠져 |
축생으로 윤회하는 고리를 끊어야

하늘과 자미국의 뜻에 승복하는 자

조상의 죄, 인간의 죄, 자신(생령)의 죄를 빌어라.

누가 죄인이고 누구의 죄인지 모른다. 자기의 선대 조상들이 지은 죄인지, 자기 생령들이 지은 죄인지, 자기 인간 육신이 지은 죄인지는 하늘만이 알고 계신다.

죄를 풀려면 자미국에 들어와서 의식을 행해서 죄를 빌고 용서받아야 인생이 태평해진다. 죄를 빌어야 자기 자신과 가정에 우환, 질병, 고통, 불행에서 벗어나 편안히 살 수 있고, 각자 지은 죄는 헤아릴 수 없이 많다.

이미 돌아가신 부모님, 선대조상님이 전생과 현생에서 지은 죄, 각자의 몸 안에 생령들과 인간 육신들이 전생과 현생에서 지은 죄가 크고도 무수히 많기 때문에 조상님들의 죄를 풀어주지 않으면 그 자손이나 후손들이 죄를 대신 받고 살아가야 한다.

이미 죄를 짓고 돌아가신 조상님들이 자기 몸 안에 들어와 있으면 비록 자기 자신이 죄를 짓지 않고 착하게 살았더라도 조상님들이 전생과 현생에서 지은 죄를 자손이 받아야 한다.

죄라는 것은 인간 세상에서의 죄만 말하는 것이 아니라 전생에서 지은 죄까지도 말한다.

이 책을 읽고 자미국에 들어와 전생과 현생에 지은 죄를 하늘께 빌어 용서받아야 한다.

자기 자신과 자식들을 사랑한다면 더 이상 망설일 필요가 없다.

인생은 지뢰밭 같아 아차 하는 순간에 잘못된다. 하지만 우리 사람은 그 시간을 모르고 살아갈 뿐이다.

나는 아니겠지 하며 방심하다 우환과 아픔, 슬픔, 고통 속에 눈물 짓지 말고 다가올 재앙들을 사전에 예방하며 사는 현명한 사람들이 되어야 한다.

인간 육신들은 자기 몸 안에 있는 생령을 이길 수 없다. 생령들의 저주로 인하여 인생에 재앙이 내리는 것이다.

재벌그룹과 큰 부자들이 조세 피난처 영국령 버진아일랜드와 쿡 아일랜드에 페이퍼 컴퍼니를 설립하여 운영하면서 6조 원의 돈을 빼돌렸다. 최근에 터진 245명의 역외 탈세(페이퍼 컴퍼니) 적발 사건, 우연이 아니다.

자기 생령들의 저주로 인한 불상사이다. 주위 사람들은 자기의 비리를 몰라도 자기의 생령들은 육신들이 지은 모든 비리를 알고 있기에 생령들은 인간 육신들을 굴복시켜 자미국에 들어오고자 육신과 싸우고 있는 중이다.

한마디로 생령들이 인간 육신을 향한 끝없는 저주는 진정한 하늘이고 영의 부모님이신 태상천존 자미천황님 외에는 이 세상 어느 누구도 해결할 수 없다.

생령들은 육신이 죽은 뒤 귀신 되어 허공중천을 방황하는 거지 신세 되기 싫어 육신이 살아있을 때, 자미국에 입문하여 천인합체의식을 통하여 하늘의 명을 받아 귀신이 아닌 천인이 되고 싶어 인간 육신과 치열한 혈투 중이다.

육신들은 더 이상 종교 안에 머물며 시간을 지체할 여유가 없다.

생령들은 계속하여 인간 육신이 자미국에 입문할 때까지 육신의 삶을 계속 힘들게 할 것이다.

수많은 유명인사들과 정치인, 장차관, 기초 및 광역자치단체장, 기관장, 고위공직자와 재벌총수, 대기업 사주들이 어느 날 갑자기 비리가 폭로되어 몰락하였는데 이 역시도 자기 생령의 저주를 피하지 못했기 때문에 일어난 결과이다.

생령이 이기느냐? 육신이 이기느냐?

인류가 생긴 시점부터 지금까지, 또한 앞으로도 생령과 육신의 치열한 싸움은 계속될 것이다. 그러나 거의 전부 생령들이 승리자가 될 것이다.

인류 모두의 고통과 불행, 병마 등의 실체는 다름 아닌, 생령들이 잘난 육신에게 보내는 저주의 메시지였다. 어떤 종교에서도 이 진실을 밝히지 못했다.

또한 안다 하여도 육신들로 인하여 화가 나 있는 생령의 마음을 움직여 생령의 화를 풀어줄 수 있는 영적 능력자는 이 세상에 단 한 명도 없었다.

자미국의 인황과 사감은 세상 어느 누구도 밝히지 못한 이 진실을 밝힘에 수많은 고통과 아픔의 시간을 보냈다.

어느 날 갑자기 알게 된 것이 아니라 독자 여러분보다 더 많은 시련과 아픔의 시간을 보내며 귀한 진실을 알게 되어 책으로 여러분에게 진실을 전하고 있는 것이다.

자미국의 인황과 사감이 전하는 생령의 진실은 어느 종교에서도 들어본 적이 없을 것이다.

여러분이 대단하다고 믿고 따르는 부처님, 예수님, 상제님 말씀 중에도 없는 부분이고 불경, 성경, 도경, 수많은 예언서와 종교서적 어디에도 없는 천금과도 같은 귀한 진실이다.

많은 세월의 시간 동안 인류는 보이지 않는 고통과 불행 속에 아파하고 힘들어했다.

그 원인을 알고 해결책을 찾고자 종교로 향했다. 그러나 수천 년의 역사를 자랑하는 종교의 힘으로 우리 인간들의 고통과 불행, 방황, 질병, 전쟁, 이혼, 배신, 고소고발, 자살 등 어떠한 것도 해결하지 못했다.

시간 속에, 세월 속에 인간의 고통과 불행, 병마는 갈수록 태산처럼 커져만 가고 있는 것이 지금의 현실이다.

그러나 예전에도 지금도 종교에서는 속수무책으로 아무런 방법도 찾지 못한 채 염불과 기도에만 전념하고 있다. 염불과 기도로 생령들의 화난 마음이 풀려 우리 인간 육신의 삶이 태평해질 수 있다면 벌써 이 세상에 평화가 찾아왔을 것이다.

2천 년, 3천 년 동안 기도해도 안 되는 것은 안 되는 것이다.

안 되는 것을 반복해서 한다고 언젠가는 되는 것이 아니라 시간 낭비, 인생 낭비일 뿐이다.

자신과 가족, 더 넓게는 이 나라가 태평하기를 바란다면 자미국에 방문하여 의식 절차에 따라 생령의 원과 한을 달래주고 생령의 소원을 이루어주어야 인간 육신의 삶도 원과 한이 없는 태평세월이 될 수 있음을 자미국의 필자는 강력히 선한다.

자신과 가족들의 삶이 태평해지는 지름길. 자미국에 필자가 전하는 이 방법 외에는 세상천지에 어떤 방법도 없다.

의학으로 치료 안 되는 사람들

TV 화면에서 모 그룹의 재벌 총수가 걸음도 제대로 못 걷고 부축을 받아야 할 정도로 건강이 악화된 것을 보았다.

세계의 유명한 병원을 모두 다녀봐도 고칠 수 없는 불치의 병을 앓고 있다. 돈은 태산처럼 많지만 홀로 걷지 못하고 있는데 생령을 불러서 대화하면 몸이 아픈 원인과 해답이 나올 것이다.

국내는 물론 전 세계적으로 첨단의학을 자랑하는 용한 병원 의사나 그 어떤 영 능력자들도 속수무책이다. 돈이 태산처럼 많은 재벌총수가 자기 육신이 병들어 있는데도 현대의학이나 종교의 힘으로도 어찌해 볼 도리가 없다.

얼마나 속이 터지고 답답할까?

생령과 인간 육신 모두 서로 답답하고 속이 터지기는 마찬가지이다. 돈으로 안 되는 것이 없는 재벌총수이지만 자기 몸 안에 있는 생령의 존재를 몰라보았다.

살아서 생령의 원과 한을 풀어주지 못해 생령이 죽어서 귀신이 되게 생겼으니 인간 육신을 가만두겠는가? 생령이 인간을 굴복시킬 수 있는 유일한 방법이다.

재벌총수이니 인간세상에서는 굴복할 대상이 없겠지만 하늘과 자미국 그리고 자기 생령에게는 무조건 굴복해야 남은여생은 물론 죽어서도 후회하지 않을 것이다.

인간의 나약함을 적나라하게 보여주는 대목이다.

건강한 모습으로 오래 살 수 있는 유일한 길은 자미국에 들어와서 자기 생령에게 굴복하는 길이 최우선 과제일 것이다.

세상의 의술, 침술, 영 능력으로는 생령을 달래줄 수 있는 길이 전무하기에 자미국에 들어오는 것이 유일한 살길이다.

인명은 재천이며 인생무상이라!

가는 세월 누가 잡을 손가? 태산 같은 돈을 놔두고 어느 날 갑자기 세상을 떠나갈 모든 인간들은 죽어서 과연 어디로 들어갈 것인지 준비나 해놓았는지 모르겠다.

이것이 바로 자기 생령이 내린 저주이자 반란이라는 것인데 자미국에 들어와서 무조건 살려달라고 굴복해야 건강이 호전될 수 있고, 어느 날 육신이 죽더라도 자손에게 원인 모를 질병의 대물림이 안 된다.

지금 건강하다고 자신만만한 사람들도 자기 생령으로부터 저주받으면 중풍을 맞아 반신불수가 되거나 심근경색, 뇌경색, 심장마비, 암으로 세상을 일찍 떠난다.

왜 그런 일이 일어난 것일까? 그것은 재벌총수의 생령이 인간 육신을 굴복시켜 자미국에 데리고 들어오기 위한 최후의 수단일 것이다. 더 많은 진실은 재벌총수 생령의 말을 들어보면 더 정확한 원인을 알 수 있게 된다.

생령의 원과 한을 풀어주지 않으면 각자가 타고난 수명과 부귀영화 모두를 누리지 못한다.

처절하고 비장한 마음으로 인간 육신들을 굴복시키려고 안간힘을 다 써보지만 인간의 눈에는 하늘의 모습, 조상의 모습, 생령의 모습이 보이지 않으니 참으로 안타까운 일이다. 생령과 인간 육신의 생각은 다르다.

인간들은 눈에 보이는 물질, 권력, 명예, 건강, 부귀영화가 최고이지만 생령들은 이런 것에 관심이 없다. 생령들은 자미국의 인황을 통하여 하늘께 전생과 현생의 죄를 빌고, 용서받아 천상궁전으로 돌아가는 것이 최고의 소원이다.

인간 육신들은 생령들의 다급한 사정을 알 수 없기 때문에 우환이나 질병, 슬픔과 아픔, 고통과 불행이 연속적으로 일어나면 무속인들을 찾아가거나 종교의 힘에 의지해 보려 하지만 생령의 소원을 이루어 주지 않는 이상 그 모든 것들이 소용없다.

각자 집안에 단명이나 비명횡사한 가족이 있거든 뒤도 돌아보지 말고 하루빨리 자미국으로 들어와야 엄청난 재앙과 불행을 막을 수 있다. 이 책을 읽고 있는 독자들은 우환과 질병이 있든 없든 앞으로 인생 편히 살려거든 자미국으로 찾아와야 한다.

각자의 소중한 모든 것을 지키는 길이 자미국에 있다.

건강을 잃으면 모든 것을 다 잃는다는 속담이 있는데 의사의 의술로도 안 되는 질병들은 자미국을 통하여 하늘과 땅의 천지 자미기운에 의뢰해야 한다.

모든 인류와 종교의 종착역이 자미국이니 선택받아 불안과 초조, 고통과 불행, 아픔과 슬픔에서 벗어나고자 하는 사람들은 자미국의 가르침대로 행하면 된다.

생령들의 저주를 피하는 방법은 자미국에 들어와서 자기 생령과 대화를 통해 생령에게 육신이 지은 죄(종교 다닌 죄)를 용서 빌고 생령의 원과 한을 풀어주어야 한다.

생령의 존재는 절대적이기에 인간 육신들이 싸워서 도저히 이길 수가 없다.

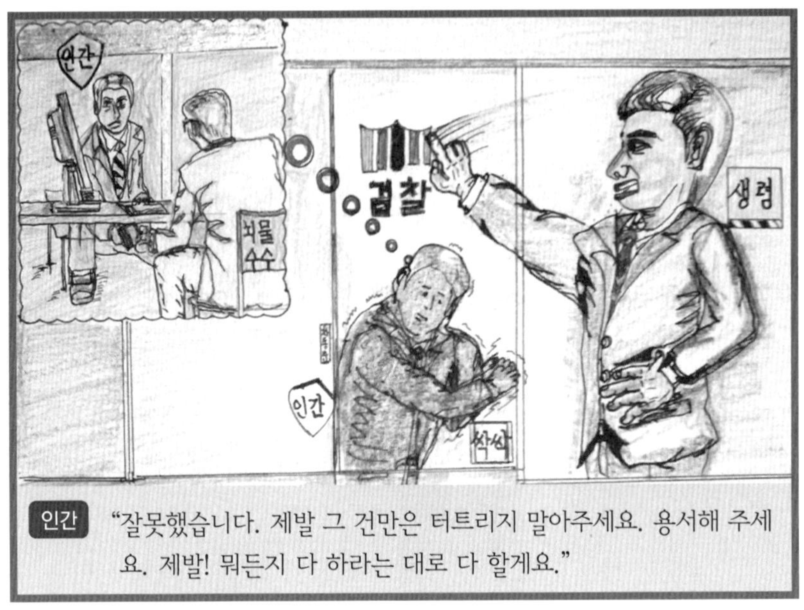

인간 "잘못했습니다. 제발 그 건만은 터트리지 말아주세요. 용서해 주세요. 제발! 뭐든지 다 하라는 대로 다 할게요."

각자의 인생으로 일어나고 있는 사업실패, 고소고발, 구속수감, 사기배신, 질병, 이혼, 별거, 우울증, 불면증, 암, 실직, 파면 등등의 모든 우환과 불행, 아픔, 슬픔, 인생 실패들은 자기 생령의 존재를 찾아주지 않아서 얻어터진 것이다.

근심, 걱정, 우환을 어디다 팔 것인가?

하늘과 자미국의 뜻에 승복하는 자와 자미국 금궐을 건립하는 사람은 천상장부에 기록되고 생령(자신)과 가정이 자손대대로 천복만복을 누린다. 금궐 건립은 하늘과 땅이 함께하는 천지대업이기에 세세생생 영원히 남는다.

종교인과 신도들은 자신들이 지금 행하고 있는 행위 자체가 하늘과 조상, 자신의 생령들이 원하고 바라는 것인지 하루빨리 알아야 한다.

종교에서 전하는 천당 천국세계, 극락세계보다 더 높은 최고의 하늘세계 천상 자미천궁이 있으나 아무나 갈 수 없고 선택받은 자들만이 갈 수 있다.

인간 육신들의 무릉도원은 천지나라 자미국이고 영들의 무릉도원세계는 천상 자미천궁이라는 세계이다.

생령들이 육신 죽어서 가고자 하는 천상 자미천궁 세계로 입궁을 예약해 놓지 않고 육신이 죽으면 생령은 귀신이 되어 가문 대대로 고통과 근심, 걱정, 우환이 끊이지 않게 된다.

고통과 근심, 걱정, 우환을 어디다가 팔 것인가?

이 모두를 사주는 곳이 생겼으니 천지나라 자미국이다.

최초로 인류의 근심 덩어리를 사주는 곳이 생겼으니 인간의 상상을 초월하는 일이다. 종교의 힘으로는 감히 상상도 못할 불가능한 일이지만 종교가 아닌 천지나라 자미국이기에 가능하다.

수많은 무속이나 종교를 통해서 인생의 고통과 사후세계의 두려움을 풀어보려고 시도하였지만 모두 실패하였고 남은 것은 마음의 큰 상처뿐이었다.

인간들은 끝없는 욕망을 채우기 위하여 가진 자는 더 많이 가지려고 혈안이 되어 있고, 없는 자는 어떻게 해서든 하늘의 복을 받아 잘 살아보려고 산천을 다니면서 정성을 들이고, 종교세계를 통하여 큰 뜻을 이루어보려 한다.

하지만 자신들에게 돌아오는 것은 실망뿐이다.

인간들이 갖고 있는 끝없는 욕망을 채워줄 운과 기 그리고 복은 과연 무엇일까? 각자가 추구하고 바라는 바가 모두 다르고 크고 작음도 천차만별이다.

어떤 사람은 건강이 소원이고, 어떤 사람은 큰돈이 소원이고, 어떤 사람은 출세가 소원이고, 어떤 사람은 승진이 소원이고, 어떤 사람은 취직이 소원이고, 어떤 사람은 결혼이 소원이고, 어떤 사람은 숙면이 소원이고, 어떤 사람은 재벌이 소원이고, 어떤 사람은 국회의원이 소원이고, 어떤 사람은 장관이 소원이고, 어떤 사람은 대통령이 소원이고, 어떤 사람은 영생이 소원이다.

인간사로 일어나는 갖가지 불행을 일으키는 존재는 자기 몸 안에 있는 생령들이고, 천차만별로 각기 다른 인간의 소원을 이루어줄 수 있는 존재는 하늘과 신이다.

인간사의 고통과 불행은 하늘과 신에게 팔고 운과 기와 복을 하늘과 신으로부터 받게 해주는 대단한 자미국.

고통과 불행, 아픔과 슬픔이 있는 자들은 이 모든 사연을 갖고 자미국으로 들어와서 하늘과 신에게 팔고 천지의 커다란 운과 기와 복을 받아가라.

고통과 불행, 아픔과 슬픔의 인생에서 벗어나 기쁨과 행복 누리는 운과 기와 복을 받으려면 이제까지 가지고 있던 고정관념을 모두 버리고 자미국으로 달려와야 한다.

스트레이트 파마를 해도 머리가 가라앉지 않아서 산발머리로 다니는 여자들이 많은데 이렇게 뻗친 산발머리는 자기 생령이 머리를 뜯어놓아서 그런 것이라고 천상에서 오신 신께서 처음으로 가르쳐 주시었다.

생령 "종교와 무속으로 다녀서 내가 머리 뜯어놓아서 산발머리가 된 것인데 너는 알기나 하니?"

살아서 자신의 사후를 준비

한편 무섭기도 하지만 모두에게 현실로 다가올 죽음.

그러나 언젠가 세상을 떠나야 할 수많은 사람들은 자신의 죽음에 대해서 아무렇지도 않게 생각하고 살아간다.

분명 자신의 앞날에 다가올 중요한 일인데도 불구하고 죽으면 그만이지, 귀신이 어디 있고 사후세계, 하늘세계가 어디 있어? 하는 사람들이 부지기수이다.

오로지 인간 육신들만 잘살면 된다는 인간들의 이기심에 각자의 생령들이 분노하여 육신에게 저주를 퍼붓고 있어도 인간들은 이를 알아채지 못하고 살아간다.

인간 육신이 죽으면 자기 몸 안에 있는 자신, 즉 생령은 꽃피고 새우는 무릉도원 천상궁전 자미천궁에 오르지 못하고 귀신의 신세로 전락하여 허공중천 구천세계를 떠도는 불쌍하고 가련한 조상이란 이름으로 불린다.

아무도 알아주지 않는 비참하고 허무하게 허공중천 떠돌아다니는 귀신의 신세가 되기 싫거든 천인합체의식을 행해서 자기의 생령을 만나 대화를 해봐야 한다.

인간 육신의 삶은 부자로 살든 가난뱅이로 살든 100년이라는 세월이 가기 전에 모두 죽음으로 변한다. 육신의 100년짜리 삶보다 더 중요한 것이 한도 끝도 없는 죽음 이후의 삶이란 것을 전혀 모르고 살아가고 있다.

100년의 세월은 순식간에 흘러간다. 그러나 사후세계는 끝이 없는 세계이다. 육신들에게만 끝이 있는 것이지 생령들에게도 끝이 있는 것은 아니다.

사후세계 진실을 몰라서 죽으면 좋은 세계 올라가겠지 하고 인간과 생령들이 종교 안에서 허송세월을 보내고들 있는데 정신 차려야 한다.

종교 믿는다고 천당, 극락, 천상세계로 오르는 것이 아니다. 굿하고 천도재 올린다고 가는 것도 아니다. 천상세계 주인의 허락 없이는 죄 많은 영가들은 한 발자국도 천상에 발을 들여놓을 수가 없다는 진실을 알아야 한다.

자기의 마음처럼 보이지 않고 들리지 않는 하늘세계, 사후세계가 실제로 존재하고 있으니 이제라도 깨달아야 하고 인정해야 한다. 인간세상 100년은 이렇게 살든 저렇게 살든 한 세상 살다 가면 그만이지만 죽음 이후의 세계는 너무나 무섭다.

그리고 살아서 자기(육신)와 자신(생령)의 죄를 하늘께 빌지 않고 죽으면 자손이나 후손들이 부모의 죄를 물려받아 살아가야 하기 때문에 집안에 우환과 풍파가 자자손손 끊이지 않고 대물림하게 된다.

천인합체의식은 자신이 천상세계로 올라살 수 있도록 하늘께 예약받는 엄청난 행운의 의식이다.

이 의식을 행하면 죽음이란 것이 두렵지도 않고 가정이 편해지고, 활력이 넘치고 항상 자신감을 갖고 살아간다. 그리고 제사나 차례를 생략해도 되고 죽음 이후 지노귀굿이나 사십구재, 천도재를 일체 하지 않아도 된다.

육신이 숨을 거두는 순간 천상에서 데리러 오신다.

그래서 지옥세계 명부전에 들어가서 심판받을 일도 없고 꽃피고

새 우는 무릉도원 천상궁전 자미천궁 금궐에서 신선선녀로 근심과 걱정 없이 마음 편히 살아가게 된다.

해탈과 도통이 최고라고 착각 속에 빠져

불가(佛家)와 도가(道家)에서는 해탈과 도통이 최고라는 착각 속에 빠져 있다.

천지나라 자미국의 존재를 모르고 살았을 때는 해탈과 도통이라는 말보다 더 이상적인 말은 없었다. 스스로 오랜 고행을 겪으며 수행을 통해서 해탈과 도통을 해야 한다고 믿고 있는 것이 불가와 도가의 전형적인 모습이다.

이를 현대감각에 맞게 이루고자 하는 단체를 많이 볼 수 있는데 그것이 마음수련, 기수련, 명상수련, 단월드, 우주수련, 정신수련 같은 곳들이다.

종교에 지친 사람들에게 도인 교육이랄까.

그러나 뜻은 좋지만 해탈과 도통을 이루려면 절대자이신 하늘의 기운을 받지 않고서는 고행의 길일뿐 각자 이루고자 하는 진정한 해탈과 도통은 이룰 수 없다.

이루었다 한들 찻잔 속에 작은 해탈과 도통이고, 자기만족에 지나지 않는다. 이미 이 세상을 왔다간 선조들 또한 자손과 후손의 육신을 빌어 함께 해탈과 도통을 이루고자 수많은 단체에 들어가서 공부를 하고 있다.

하지만 자미국에 들어와서 인황을 만나지 않고서는 인간, 조상, 생령들은 100년 1,000년 10,000년을 고행하며 각가지 수행을 하여도 절대로 뜻을 이룰 수 없다.

해탈과 도통은 인간들이 수행한다고 해서 이룰 수 있는 것이 아니라 하늘께서 해주셔야 가능하다. 하늘의 천지기운을 받아야 해탈과 도통을 이룰 수 있다.

해탈과 도통이 무엇이고 왜 해탈과 도통을 이루려고 하는 것일까? 우주 만생만물을 창조하신 절대자의 천지기운으로 삼계(三界=천지인)의 업(죄)과 번뇌의 속박에서 벗어나 무릉도원의 세상을 살아가는 것이 해탈의 진정한 의미이다.

인간, 조상, 생령들이 하늘을 만나 하늘의 신비능력을 받는 것이 도통인데 이를 이룰 수 있는 곳이 지구상에서 유일한 자미국 단 한 곳뿐이다.

스스로 고행의 힘든 과정을 겪어서 해탈과 도통을 이루는 시대는 이제 지나갔다.

왜? 그리 어려운 해탈과 도통을 힘들게 이루려 하는가?

인간의 능력으로는 천만 년의 세월이 흘러가도 이룰 수 없는 일이거늘 그리 쉽게 생각하고 있는 것이던가? 그러나 자미국에서는 단 하루 만에 해탈과 도통을 이룰 수 있다.

모든 해탈과 도통의 종착역은 자미국이고 하늘의 명을 대행하는 인황이 이 뜻을 이루려는 모든 사람들의 소원을 하늘이 내려주시는 천지기운으로 이루어주고 있다.

해탈과 도통을 이루려는 존재는 인간 육신뿐만이 아니라 자기 몸 안에 있는 생령 그리고 이미 돌아가신 각자의 조상님이 오랜 세월 해탈과 도통을 이루려고 수천 년 동안 자손들의 몸을 빌려서 행하고 있었지만 다 부질 없는 일이다.

이들 모두가 바라고 원하는 해탈과 도통은 하늘만이 해주실 수 있으시다. 그래서 이제 더 이상 고행을 겪으면서 수행에 몰입하지 말고 자미국에 들어와서 이 뜻을 이루어내야 한다.

해탈과 도통의 궁극적인 목적은 하늘을 만나 무릉도원 같은 4차원 세계에서 윤회의 고리를 벗어나 근심걱정 없이 기쁨과 행복을 누리며 살아가는 길이다.

해탈과 도통을 누가 이루려고 하는지 독자들은 아는가?

물론 자기 인간 육신이 하고 있으니 자기라고 할 것인데 그것이 아니었다. 인간 육신은 하나인데 그 몸 안에는 알 수 없는 수많은 존재들이 함께하고 있다.

자기의 신이라는 생령과 이미 태어났다가 수백 수천 년 전에 돌아가신 각자의 조상혼령이었다. 종교에 심취해 있는 것도 인간 육신이 아니라 생령과 사령들이다.

인간 육신들은 세후세계가 없고 말 그대로 죽으면 그만이기 때문에 해탈과 도통, 구원, 영생 같은 것에는 흥미가 없고 오직 육신으로서 잘 사는 것만을 추구한다. 그래서 각자의 모습은 겉은 인간이지만 속은 생령과 사령들의 집이다.

종교를 믿어서 이들의 뜻이 이루어진다 하면 얼마나 좋을까? 각자 인간, 생령, 조상들의 뜻을 이룰 수 있는 전 세계 유일한 곳이 자미국이니 허송세월 그만 낭비하고 진정한 하늘을 만날 수 있는 곳으로 빨리 들어와야 뜻을 이룬다.

축생으로 윤회하는 고리를 끊어야

불가에 윤회라는 말이 있다.

생명이 있는 것은 여섯 가지의 세상에 번갈아 태어나고 죽어간다는 것으로 이를 육도윤회(六道輪廻)라고 한다.

육도 중 첫째는 지옥도(地獄道)로써 가장 고통이 심한 세상이고, 지옥에 태어난 이들은 심한 육체적 고통을 받는다.

둘째는 아귀도(餓鬼道)로써 지옥보다는 육체적인 고통을 덜 받으나 반면에 굶주림의 고통을 심하게 받는다.

셋째는 축생도(畜生道)로써 네 발 달린 짐승을 비롯하여 새 · 물고기 · 벌레 · 뱀으로 다시 태어난다.

넷째는 아수라도(阿修羅道)로써 노여움이 가득한 세상으로 남의 잘못을 철저하게 따지고 들추고 규탄하는 사람은 이 세계에 태어나게 된다.

다섯째는 인간이 사는 인도(人道)이고, 여섯째는 행복이 두루 갖추어진 하늘 세계의 천도(天道)이다.

곧 인간은 현세에서 저지른 업(죄)에 따라 죽은 뒤에 다시 여섯 세계 중의 한 곳에서 내세를 누린다.

다시 그 내세에 사는 동안 저지른 업에 따라 내세에 태어나는 윤회를 계속하는 것이다.

그러나 이 윤회의 여섯 세상에는 절대적인 영원이란 없다. 수명이 다하고 업(죄)이 다 소멸되면 지옥에서 다시 인간도로, 천국에서 아귀도로 몸을 바꾸어서 태어난다.

곧 육도의 세계에서 유한의 생을 번갈아 유지한다는 것이 불가의 윤회관이다. 이 윤회는 철저하게 스스로 지은 대로 받는다는 자업자득에 기초를 두고 있다.

스스로 착한 일을 하였으면 착한 결과를 받고, 악한 일을 하였으면 악한 결과를 받는 선인선과 악인악과(善因善果惡因惡果)의 자기 책임적인 것이다.

자기 영과 육신을 이 땅에 태어나게 해주신 감사의 하늘, 부모님과 조상님의 은공 그리고 자기 생령이 몸 안에 함께하며 실제로 살아있는데도 무시하며 찾지 않고 몰라보며 살아가는 것이 가장 큰 악인악과에 해당된다.

원초적인 근본도리를 무시하는 자들은 무릉도원 천상 자미천궁이 아니라 지옥도, 아귀도, 축생도, 아수라도를 윤회하며 태어나게 되고 이 윤회를 끊을 수 있는 유일한 방법이 하늘을 만나 천상 자미천궁에 다시 태어날 수 있도록 수억만 겁의 전생에 지은 죄와 현생의 죄를 용서 빌어 사면받는 것이다.

무서운 윤회의 굴레에서 벗어나게 해주는 전 세계 유일한 곳이 대단한 천지나라 자미국이고 그 역할을 하늘의 대행자 인황이 인류가 탄생한 이래 최초로 해주고 있다.

여기 자미국은 세상의 모든 종교에서 찾고자 했던 진짜 하늘의 원뜻을 펼치는 곳이기에 종교라 하지 않고 하늘과 땅, 인간의 종착역인 천지나라 자미국이라 한다.

육신이 이미 죽은 각자의 부모와 조상님들이 지옥계, 아귀계, 축생계, 아수라계로 태어났다.

이들을 천상궁전 자미천궁으로 다시 태어나게 해줄 수 있는 능력자가 자미국의 인황이다.

자미국 인황을 통하지 않고서는 지옥계, 아귀계, 축생계, 아수라계로 태어난 각자의 부모와 조상들은 억만년의 세월 동안 빌고 빌어도 죄를 용서받을 수 없다.

석가모니 부처와 예수도 해내지 못한 이들을 구원할 수 있는 능력을 하늘이 내게 주시었다.

내가 이들을 구원하고자 하는 마음이 간절하여 하늘에 천제(천상입궁의식)를 올리면 하늘이 나의 소원을 들어주시어 각자의 부모와 조상들이 당일 즉시 지옥계, 아귀계, 축생계, 아수라계에서 벗어나는 이적과 기적이 일어난다.

하늘께서 말씀하시었다.

"나의 화산이자 분신이며 하늘의 대행자 인황을 통해서 너희들의 전생과 현생의 죄를 심판하고 구원해 줄 것이니 자미국의 인황을 통해서 너희 인류가 지은 죄를 용서 빌어 사면받도록 하여라."

여기서 인류라 함은!

현재 72억 인간들을 포함해서 인간이 지구에 태어났다가 죽은 모든 사령(조상영가)와 생령(각자들의 신) 그리고 살아 움직이는 모든 동식물 생명체의 영들까지 전체를 말한다.

각자의 뿌리인 부모와 조상님들의 혼령들이 지옥계, 아귀계, 축생계, 아수라계에 태어났으면 그곳의 기운을 그대로 받아서 각자의 인생살이가 고통과 불행 그 자체이다.

각자 축생이 아닌 인간으로 태어나서 현생을 살아가는 것은 어느 날 갑자기 다가올 내생(6도의 세계)을 준비하기 위한 기회를 주시는 것인데 인간들이 이런 사후세계의 진실을 몰라보고 하늘세계, 사후세계 공부는 하지 않고 재물, 권력, 명예, 쾌락에만 눈이 멀어 있다.

죽으면 과연 어느 세계로 갈 것이라 생각하며 살고 있는가? 대부분 살아서 선행공덕을 많이 쌓았으니 좋은 세계 갈 것이라 착각하며 살아가고 있을 것이다.

그것은 인간들의 작은 잣대이고 하늘의 잣대는 인간세상 잣대와는 전혀 다르시다.

선행공덕이 듣기에는 좋으나 무서운 뜻이 내포되어 있다. 하늘께서 말씀하시기를 자기 가족과 원뿌리인 조상들에게 선행공덕을 쌓는 것이 진짜 선행공덕이라 하시었다.

자기의 원뿌리와 핏줄이 아닌 자들에게 선행공덕을 많이 쌓는 것은 그들이 지은 태산 같은 죄업을 대신 짊어진다는 무서운 뜻이 포함되어 있었다.

자기의 영과 육의 원뿌리인 하늘과 조상과 자기 생령, 자기 가족에게는 인색하면서 어떻게 남을 돕고 산단 말인가?

겉으로는 선행공덕이라 생각되어 멋있어 보이겠지만 진실은 그렇지가 않다.

진짜 선행공덕을 하려거든 영의 부모님이신 하늘과 육의 부모님이신 조상님 그리고 자기 몸 안의 생령 그리고 자기의 가족들에게 행하여야 한다.

다른 선행은 다 부질 없는 일이란 걸 알았다.

나의 뱃속에서 배가 고파서 꼬르륵 소리가 나는데 남을 돕는다는 것은 착한 것 같지만 착한 척할 뿐이다.

하늘과 자기 부모조상님들의 고마움도 모르고 자기 생령도 찾아주지 않는 자가 무슨 남을 구원하겠다고 선행공덕을 쌓는 것인지 모르겠다. 그들이 지은 죄업이나 태산처럼 떠안고 사는 것이 선행공덕이란 진실을 알아야 한다.

돌아가신 자기의 부모조상님들이 지옥계, 아귀계, 축생계, 아수라계로 태어나서 피눈물을 흘리며 살려달라고 울부짖고 있는데 조상들이 눈에 보이지 않는다고, 좋은 세계 가셨겠지 자만하면서 자기의 원뿌리인 조상들을 구원할 생각은 하지 않고 남들을 구원하겠다며 착한 척들을 하고 있다.

도움을 받아야 할 사람들은 자기 생령이나 그의 조상들이 하늘로부터 이미 버림받은 사람들이기에 형벌의 대가로 가난과 질병으로 불행한 삶을 살고 있는 것이다.

하늘이 벌을 내리신 죄인들을 불쌍하다고 구원하였다가는 그들의 불행을 몽땅 떠안아 자신의 인생이 망가진다. 얼마나 못돼 처먹었으면 하늘이 벌을 내리셨을까?

그동안 굿이나 천도, 치성, 미사, 예배를 통해서 구원되었을 것이라고 믿고 있는 사람들이 참으로 많이 있는데 하나도 구원이 안 되었다는 것을 알면 기절초풍할 것이다.

조상들이 있으면 자기들이 아는 당대 조상들만 있을까?

윗대, 윗대, 그리고 또 윗대 조상들의 원뿌리인 시조까지 즐비하게 계시는데 어디까지 구원했다고 자신만만해 있는가?

이미 수십 수백 년 전에 돌아가신 조상님들의 위치는 먼 옛날 일이 아니라 사후세계는 과거, 현재, 미래가 따로 없고 지금 현재도 고통을 받고 있기에 급하다.

그리고 구원은 종교의식으로는 천만년을 해도 구원이 안 된다는 진실을 알아야 한다.

하늘 한 분만이 하실 수 있는 고유권한이시기에 세상에서 알고 있는 종교의식으로는 절대로 구원이 안 된다.

전생의 죄를 빌어 하늘로부터 용서받지 않고서는 절대로 천상에 오를 수 없다. 죄를 사면해 주시는 하늘이 누구인지도 모르고 아무데나 빌고 있으니 기가 막힌다.

하늘, 조상, 생령, 자기 가족들을 몰라보고 남들만 돕고 살아가면 하늘과 조상님, 생령들로부터 받을 것이 아무것도 없다는 진실을 알아야 한다.

자기의 운명을 바꾸어줄 수 있는 존재는 하늘과 조상, 자기 생령들이고 이런 진실을 가르쳐주고 구원받게 해주는 곳이 천지나라 자미국 인황이다.

하늘과 조상님, 생령들을 무시하고 몰라보며 찾지 않고 부정하며 살아가면 인생으로 저주가 내리고 아무런 도움도 받지 못하고 살아가게 된다.

하늘을 만나 구원의 복을 받으려고 인간, 생령, 조상들이 온통 종교세계를 다녀보지만 하늘의 원뜻과 자미국 인황의 뜻에 적극 동참해야 복을 받는다.

복이란 그 종류가 천차만별이다.

육신이 있는 인간들은 재물, 권력, 명예, 건강, 무병장수, 쾌락 등 부귀영화를 원하지만 육신을 이미 잃어버린 부모조상님들과 자기 몸 안에 있는 생령들에게 가장 큰 복은 인간들이 좋아하는 재물 복이 아니었다.

이들은 사후세계 생로병사를 주관하시는 절대자 하늘을 만나 죄를 용서 빌고 사면받아 무릉도원 천상궁전 자미천궁에 다시 태어나서 근심과 걱정 없이 영생 누리며 살아가는 것이 가장 크고 유일한 소원이라는 것을 알아야 한다.

전 세계와 이 나라에 종교가 무수히 많지만 전생과 현생의 죄를 빌어 용서받게 해주는 곳은 하늘, 땅, 인간의 종착역인 천지나라 자미국 인황뿐임을 하루빨리 인정해야 한다.

하늘, 조상, 생령을 몰라보고 무시하며 찾지 않고 사는 인간들 모두가 죄인들이니 어서 자미국에서 그 원죄를 하루속히 빌어야 저주를 막을 수 있다.

윤회의 고리를 이번 생에 끊지 못하면 육신의 죽음 이후 원하든 원치 않든 짐승, 새, 물고기, 벌레, 뱀으로 다시 태어나는 윤회의 굴레에 갇히게 된다.

윤회 사상을 믿지 않는 사람도 있을 것이고, 육신이 죽으면 그만이라고 대수롭지 않게 생각하며 사는 사람들이 많은데 이런 사람들은 자기 자손과 후손이 본인의 전생과 현생에서 지은 죄까지 몽땅 뒤집어쓰고 살아가야 한다.

죄를 뒤집어쓰고 살면 그것은 목숨만 살아있는 식물인간이지 기쁨과 행복이 없는 죽은 목숨이고 자자손손 질병으로 고통받기에 잘 살 수가 없다.

사령과 생령, 전생과 사후세계를 부정하며 사는 사람들은 결국 어느 시점에 가서는 자기의 남겨진 가족이 사고로 몰살당하여 가문이 문을 닫는 큰 불행으로 이어진다.

사령과 생령, 전생과 사후세계 실제로 존재하고 있다.

만일에 전생과 사후세계, 하늘세계가 없다고 본다면 각자의 정신이라고 하는 마음도 없어야 하고 생각도 없어야 하며 문명의 발전도 없어야 맞는다.

✦ 4부 ✦

자미국 천지기운의 신비

처참하게 죽음의 길까지 갔을 때 | 기적과 이적 일어나 | 정수리에서 땀이 나기 시작 | 햇볕을 쬐고 있는 강력한 기운 | 강렬한 기운을 체험하게 되어 | 더욱더 웅장한 기운이 느껴집니다! | 답답했던 가슴이 뻥~ 뚫리는 느낌 | 몸 전체 더워진 느낌이 있었고 | 하루 중 가장 행복한 순간입니다! | 가슴속이 후련해지면서 마음이 포근 | 뜨거운 기운과 눈물콧물 범벅이 되면서 | 다리 부분은 강한 전율의 흐름을 느끼고 | 법문하실 때와 똑같은 말투로 주문을 | 합장한 손이 앞으로 쭉 일자로 되어서 | 강력한 기운에 그저 황홀해 하기만 했어요 | 상쾌한 느낌이 뒷머릴 스치며 | 머리 전체로 강한 기운이 | 기차처럼 빠르게 로켓처럼 빠르게 | 인황의 기운으로 일어나는 신비 현상 | 천지기운이 내림을 직접 겪어보니 | 갑자기 기운이 내리더니 합장한 손이 덜덜 | 온몸으로 전류가 흐르듯 하는 느낌 | 천지 자미국 다섯 글자만 주문으로 외웠는데 | 이렇게 큰 기운은 생전 처음

처참하게 죽음의 길까지 갔을 때

인황님~

전○○ ○○천인, 글로써 인사 여쭈옵니다.

자미국에 입국한 지 벌써 5년이 되었습니다.

2006년 9월, 중앙일보 신문광고를 보고 이상하게 시선이 끌리고 책을 꼭 봐야 할 것 같은 느낌이 강하게 들었습니다.

그리고 2009년 3월, '조상님입궁식'을 시작으로 자미국과의 인연이 시작되었고 정확히 만 3년 만인 2012년 3월 '천인합체의식'의 주인공이 되었습니다.

지금 생각해 보면 신기한 꿈같고 판타지영화 속 이야기 같습니다. 망가지고 망가져서 무너질 뻔했던 저의 인생, 하늘께서 지켜주시고 보호해 주셔서, 살맛 나는 인생으로 '천지개벽'시켜 주셨습니다.

남들과 같이 평범한 20대를 보내지 못했습니다.

19살 때는 동생이 자살로 죽고, 대학입시는 만족할 만한 결과가 안 나왔고, 매사 내 마음같이 잘 안 되었고, 항상 우울하고 불만족스러웠습니다.

졸지에 외동딸이 되었기에 주변의 친구들과 어울리기보다는 외롭고 상처받으신 부모님을 살뜰히 챙기는 것이 우선순위였습니다.

동생이 그렇게 죽고 보니 조상님이란 존재가 그렇게 낯선 존재는 아니었습니다. 꿈속에 동생과 조상님들이 자주 나오시고 꿈에 대화까지 할 정도로 내 곁에서 같이 놀던 동생이었기에 친근했고, 사후세계에 저절로 눈을 뜬 것 같습니다.

어느 날 절의 법당에 앉아 동생을 그리워하고 있는데, 불상의 눈에서 이상한 기운을 느꼈고 그 이후로 정떨어져서 불교에는 발을 끊었습니다.

그리고 대순진리회에 쫓아가서 조상님 천도한다고 한복 입고 의식도 해보았지만 이상하게 그들의 말에서 허점이 보이고 마음이 끌리지 않았습니다.

각 종교의 이 책, 저 책 다 읽어보았지만, 나의 마음을 뒤흔드는 그런 이상과 정신적인 만족을 주는 책은 없었습니다.

그리고 대인관계 면에서도 평범한 사람들과 어울리는 것이 이상하게 수준에 맞지 않고, 유흥과 쾌락(예를 들면, 나이트클럽 가는 것, 남자친구 사귀는 것)에 빠지지 않고 몸과 마음을 깨끗이 유지하며 나름대로 성실하고 빈틈없이 착실하게 살아가고자 많은 노력을 하였습니다.

그러나 세상 일이 마음같이 잘 안 되었습니다.

의과대로 다시 진학하고자 시험을 매년 보았으나 계속 낙방하고, 공부를 포기하고 취업하고자 하였으나 연속 탈락하고, 마지막에 들어간 회사에서는 매달 월급이 제대로 안 나오고, 결혼하고 싶은 마음에 선을 수도 없이 보았으나 마음에 드는 남자는 없었습니다.

그리고 31살 미혼에 자궁암과 난소암에 걸렸습니다.

아프고 답답하고, 죽기 직전까지 악순환의 희망 없는 절망의 시간들을 보냈습니다.

제대로 인생 펼쳐보지도 못하고 삶이 낭떠러지로 떨어지는 그 순간, 손을 잡아주시고 다시 새로운 인생으로 '천지개벽'시켜 주신 곳이 바로 여기 대한민국 수도 서울에 위치한 '자미국'입니다.

인생이 처참하게 죽음의 길까지 갔을 때, 정신적으로 자미국의 인황님, 사감님께서 계셨기에 죽지 않고 이렇게 글을 쓰고 있습니다.

지금 생각해 보면 그런 아픈 시간들이 있었기에 하늘의 존재를 진심으로 인정하는 반성의 시간이 되었고, 자미국으로 들어오라는 하늘의 크신 사랑이셨습니다.

그리고 삶의 고비마다, 대단한 자미국의 위대하신 인황님과 사감님께서 존재하시기에, 무너지지 않고 지금의 저로 완성되었습니다.

어느 집안이든 정신적 기둥 역할을 하시는 어른이 계셔야 집안이 태평하고, 회사 또한 정신적 기둥 역할을 하는 회장이 존재해야 그 회사가 무너지지 않고 잘 돌아가듯이, 자미국의 인황님과 사감님은 72억 인류의 정신적 기둥이십니다.

인황님과 사감님이 존재하시는 이 시대에 살고 있는 것이 얼마나 큰 행운이고, 천복만복을 받은 것인지 제가 현실의 산증인입니다.

지금은 33살 미혼여성이고 새로운 인생이 펼쳐지는 황홀함에 하루하루가 정신없이 흘러가고 있습니다. 새로운 꿈이 생기고, 용기가 생겨서, 마치 다시 태어난 아기처럼 새로운 세상을 살아가고 있습니다.

1년 만에 저의 삶으로 일어난 '대혁명' 그 비법이 궁금하시지요? 바로 자미국 주문에 있습니다.

인황님께서 알려주신 주문 '자미국~자미국~'만 진심으로 외워도, 죽은 세포들 하나하나가 다시 태어난 것처럼 반응합니다.

항암치료 6차까지 진행했기에 몸도 마음도 만신창이처럼 너덜너덜했는데, 지금은 1년 만에 20대 대학생처럼 몸과 마음이 상쾌하고, 마음먹은 모든 것들을 이룰 수 있다는 희망과 용기가 마구 샘솟듯 솟구칩니다.

피부만 보더라도 6차 항암치료 후 거울을 보면 급노화가 진행되어 미간 주름에 기미, 잡티, 탄력까지 떨어져 30대 후반으로 보였는데 지금은 20대로 돌아간 피부에 나 스스로가 입을 딱 벌립니다.

거짓말이 아니라 정말로 눈과 코 사이의 미간 주름이 저절로 없어졌습니다. '보톡스'도 맞지 않았는데 말입니다. 그리고 얼굴 전체와 이마에 물광이 생기기 시작했습니다.

20대에나 보았던 세포 속에서 나오는 젊은 생기 말입니다. 손등의 검은 반점(나이 들면 생기는 검은 색소 침착)이 저절로 싹 사라져서, 성형외과 시술을 몸 전체에 받은 것처럼 몸 세포에 대개혁이 일어났습니다.

21세기 과학으로는 입증할 수 없는 많은 일들이 현재 제 몸에서 일어나고 있습니다.

이 사실을 과학적으로 확인하고자 피부과의 피부진단측정기로 테스트를 한 결과, 얼굴 나이가 평균 27세로 나왔습니다(현재 나이 33살).

그리고 몸 전체적으로 열기가 생겨 항암치료 후 추워서 여름에도 긴 팔을 입고 다녔는데 지금은 양말을 못 신을 정도로 열기가 뻗칩니다.

신체 온도가 1도만 올라가도 몸에 저항력과 면역력이 높아진다는 얘기를 방송에서 많이 들어보셨을 겁니다. 1년 동안 감기에 한 번도 안 걸렸다면 믿으시겠습니까?

몸 안의 생체시계를 거꾸로 돌려놓지 않고서야 일어날 수 없는 일들이 지금 이 시각에도 자미국의 인황님께서 내리시는 천지기운으로 일어나고 있습니다.

살아서도 죽어서도 자미국에 입국하지 못하고 죽는다면 천추의 원과 한이 남을 것입니다.

이 땅에 태어나서 100년도 안 되는 짧은 인생을 부와 명예와 돈만을 위해 살다가 죽으면, 허공중천을 떠도는 귀신신세가 되는 것이 진실이거늘, 어찌 자신의 사후세상을 준비하지 않는 것인지요.

지금 바로 '자미국~자미국'을 가슴으로 두 손 합장하여 진심으로 외워보세요. 마음이 편안해지고, 알 수 없는 신기한 기운이 느껴지실 겁니다.

— 2013년 5월 24일 금요일
전○○ ○○○○천인 올림

자미국 인황이 내려주는 천지기운, 즉 자미기운은 인류가 탄생한 이래 최초이다. 자미란 하늘의 성씨이며 하늘의 존호가 태상천존 자미천황님이시기에 자미국 세 글자 주문을 외우면 하늘의 기운을 받게 되는 이치이다.

그러므로 이 세상에 존재하는 그 어떤 경문이나 주문도 자미국 주문을 따라갈 수 없다.

간단하고 단순하게 3글자이지만 기운은 태산보다 더 큰 진짜 하늘 자미천황님의 기운이 내려진다.

그래서 이제는 절이나 기독교, 천주교, 도교, 무속, 명산대천에서 기도하지 말고 각자의 집에서 편안하게 주문을 외우고 기운이 느껴지면 자미국에 들어와야 한다.

관세음보살, 지장보살, 석가모니불, 아미타불, 천수경, 금강경, 반야심경, 신묘장구대다라니경, 천부경, 삼일신고, 태을주, 각종 도경을 외우는 사람들은 자미국 주문 대목을 유심히 읽어보고 따라해 보면 그동안 자신들이 했던 기도나 주문과 얼마나 다른지 알게 될 것이다.

이제 더 이상 종교 경전이나 경문, 주문에 의존하지 않아도 되는 새로운 자미국 세상이 열렸다.

기적과 이적 일어나

부산에 제가 거주하고 있는 곳의 바로 맞은편에는 50계단이 있습니다. 그런데 그 50계단 도로 위에서 1톤 트럭이 수직으로 50계단 아래 도로에 떨어졌습니다.

계단 입구와 제가 있는 곳의 위치는 바로 정면에 마주하고 있고 불과 10m밖에 되지 않았습니다. 계단은 경사가 심하고 내려오는 가속도가 붙어 제가 있는 곳을 들이받아야 정상인데 신기하게도 50계단 입구에서 멈추었습니다.

차 안에는 두 사람이 타고 있었는데 손끝 하나 다치지 않았고 차도 계단에 부딪혀서 쿵쾅거리면서 내려왔는데 멀쩡했습니다. 사람들이 웅성거리면서 정말 기적이라고 했습니다.

저를 보호해 주시려고 큰 사고가 날 것을 미연에 방지해 주셨다는 것을 깨달았습니다.

오전 10시쯤 구청직원이 우리 가게 앞에 사람이 다쳐서 신고가 들어왔다면서, 저한데 사건의 경위를 물었습니다. 난 다친 사람도 없고 신고도 하지 않았다면서, 잘못 알고 오신 것 아니냐면서 재차 물은 뒤 별로 대수롭지 않게 생각했습니다.

그런데 오후 2시쯤 이상한 차림을 하고 손에는 칼을 든 할아버지 한 분이 오셔서, 오전에 구청직원이 가리키는 바로 그 자리에 주저앉으면서, 지나가는 사람에게 칼을 던지는 것이었어요. 그제야 오전에 있었던 일이 저에게 위급함을 알려주시려고 한 것이라는 것을 깨닫고 정신을 바짝 차렸습니다.

그 할아버지가 가게 안으로 들어와서 저에게 해코지를 하려고 칼로 위협하는 것을 옆문으로 살짝 빠져나와 할아버지를 밖으로 나오시도록 유인을 해서, 저는 그 틈을 타 다시 안으로 들어와서 문을 잠가버렸습니다.

그래도 계속 문을 두드렸고 문을 부수고 안으로 들어오려는 기세였습니다. 다리가 후들거렸지만 정신을 바짝 차리고 파출소에 신고를 했습니다.

그리고 이웃분들이 도와주셔서 무사하게 마무리가 되었는데 우리 인간은 한 치 앞도 알 수 없지만 항상 위급할 때 먼저 알려주시어 구해 주시니, 크신 사랑과 보호에 감사드립니다.

저는 자미국에 들어와서는 병원에 갈 일이 없어졌습니다. 제 몸에 상처가 나서 치료가 잘 되지 않으면 꿈속에서 의사 가운을 입고 나타나셔서 가르쳐주십니다.

발뒤꿈치 부위에 상처가 나서 연고를 발라도 낫질 않고 피부는 갈색으로 변하고 너덜하게 찢겨져 있었습니다.

점점 더 심해져 가는 것 같아 병원에 갈까 망설이고 있는 중이었는데, 녹색 의사 가운을 입고 나타나셔서 '곪았다'라고 하시면서 제 상처를 어루만져주셨어요.

꿈속에서 말씀하신 대로 연고를 곪은 상처에 바르는 연고로 바꾸고 나서 상처가 깨끗하게 나았습니다.

상처가 보통이면 흰 의사가운을 입고 나타나셔서 일반 병원처럼 진료차트를 보여주십니다.

꿈속에서 대궐이 보였고, 인황님께서 집무를 보실 때 항상 5명의 수석 신하분들이 수행하고 계시고 인황님께서 말씀하실 때 신하분들이 엎드린 채로 경청하시는 모습을 봤습니다.

유리로 된 직사각형 위 테이블에 5명의 수석 신하분들과 토론을 하시며 "알아듣는 이가 없도다"라고 말씀하시며 답답하시다는 표정을 지으셨습니다.

그리고는 '하늘○○'이라고 적힌 공원 같은 데서 연설하시는 인황님 용안과 잘못을 저지른 사람의 죄를 대신 빌어주시는 용안을 알현하였습니다.

우리 인간의 눈에는 보이지 않지만 메시지를 주실 때마다 "인간이 되어야 모든 일이 풀린다, 힘들더라도 조금만 더 참아라" 하시었습니다.

다른 모습으로 때로는 인황님(제일 많이), 사감님, 기관장님 교수님, 의사, 대기업 회장님, 그때 상황에 따라 모습을 달리하며 나타나고는 하십니다.

우리 인간과는 비교할 수 없는 따뜻함, 배려, 공평함과 작은 일 하나하나에도 신경을 쓰시는 모습에 고개가 저절로 숙여집니다.

— 손○○ ○○천인 올림

정수리에서 땀이 나기 시작

인황(지황)님! 조금 전에 30여 분간 자미국이 있는 쪽을 향해 5배의 예를 올린 후 인황(지황)님께서 새로 알려주신 대로,

천♪상♪궁♪전♪ 자♪미♪천♪궁

천♪지♪나♪라♪ 자♪미♪국♪ 주문을 연속으로 계속하였습니다. 천♪지♪자♪미♪국♪ 주문 때는 못 느끼었는데, 이번에는 천♪상♪궁♪전♪ 은 아주 감미로운 음률로 자♪미♪천♪궁 은 굵은 남성의 목소리로

천♪지♪나♪라♪는 아주 감미로운 음률로 자♪미♪국♪은 굵은 남성의 목소리로 계속 제 의지와 상관없이 30여 분간 나오네요.

주문 시작 후 20여 분이 지나자 머리 맨 윗부분(정수리)에서 땀이 나기 시작합니다.

주문을 마치고 5배의 예를 올린 후 거울을 보니 얼굴이 땀 천지인데 땀 냄새는 안 나네요! 다음에는 혼자 있을 때 큰소리로 주문한 후 느낀 점을 올려드리겠습니다.

항상 천인, 백성, 예비백성을 위해 사랑으로 신경 써주시는 인황(지황)님! 사감님! 머리 숙여 감사인사 올립니다.

— 이○○ ○○천인 올립니다

햇볕을 쬐고 있는 강력한 기운

새 주문법

천~상~궁~전~ 자~미~ 천~궁~

천~지~나~라~자~미~국~

외우기 시작하면서 합장한 손으로 기운이 들어오면서 몸이 햇볕을 쬐고 있는 강력한 기운을 느꼈습니다.

얼굴과 몸 전체가 뜨거워지고 연신 강력한 기운이 내리기 시작했습니다.

강력한 기운을 받으면서 합장한 손과 다리가 떨리는 현상이 오고 하품이 나오고 등과 머리에서 땀 나고 눈물이 나오며 천지자미국 주문 외우기보다 한 차원 더 웅장하고 강력한 기운을 느꼈습니다.

인황님 강력한 천지기운을 내려주셔서 감사합니다.

— 김○○ ○○천인 배상

강렬한 기운을 체험하게 되어

인황님! 새 주문 "천상궁전 자미천궁, 천지나라 자미국" 주문에서도 아주 강력한 기운을 느꼈습니다.

천지 자미국 주문 때도 강력했지만 뒷목이 묵직하고 힘이 들 정도는 아니었는데 이번엔 많이 다르네요.

오전에 인황님 글을 읽고 바로 외웠을 때와 다르게 방 안에서 5배의 예를 올린 후, 주문을 외우자 그 기운이 확실히 달랐습니다. 천상궁전 자미천궁~♪ 천지나라 자미국~♪.

외우는데 갑자기 제 머릿속으로 마치 TV 화면을 보는 것처럼 글씨가 보이는데 바로 '한 식구'였습니다. 이번 같은 일은 처음이라 정말 신기했어요!

제 의지와는 상관없이 빠르고 경쾌한 음률로 계속 외워졌고, 마치 아주 열광적으로 응원하는 모습처럼 팔이 위로 뻗어져 박수를 치고, 또 어느 순간에는 팔을 아주 신이 나게 흔들고, 머리를 빠르게 이래위로 흔드는 '헤드뱅잉'을 하기도 했습니다.

그래서 지금 고개가 상당히 힘들지만 이렇게 대단하고 강렬한 기운을 체험하게 되어 정말 영광이고 기쁩니다! 인황님, 새 주문법 감사드립니다.

— 백성 이○○ 올림

더욱더 웅장한 기운이 느껴집니다!

기계적으로 외우는 것보다 인황님의 게시글 대로 의식 때 해주신 말씀들을 떠올리며 천상궁전 자미천궁과 천지나라 자미국을 외우니 더욱더 웅장한 기운이 느껴집니다!

그리고 오늘 전철 타고 출근하는데, 진정한 천교신정(하늘의 가르침과 신덕의 정치)을 자미국의 사감님과 인황님을 통해 그대로 이루어주시는구나 하는 깨달음을 받았습니다!

절대자께로부터 진정한 생명줄 목숨줄 이어주시고 생을 완성시켜 주시는 천교신정을 얼마나 고대했던지요!

인황님! 사감님! 고맙습니다!!!

— 임○○ ○○천인 올림

답답했던 가슴이 뻥~ 뚫리는 느낌

천~지~ 자~미~국 ~주문을 외운 지 3일 되었어요.

얼마나 가슴이 벅차오르는지 답답했던 가슴이 뻥~ 뚫리는 느낌과 감사한 마음이 세포 하나하나에 스며들더라고요.

주문을 외우는 동안 몸 구석구석 두드려주고, 눌러주고, 쓸어주고, 병원이 필요 없겠다는 생각이 들면서 지인들이 자꾸 생각났어요.

이렇게 큰 사랑 받고 행복하게 살 수 있는 길이 있는데 모르고 암흑 속을 걷고 있는 사람들, 마음이 많이 아프네요. 이런 생각을 하는 것도 오지랖일까요?

지황님, 사감님! 그저 고맙고 감사할 따름입니다.

새로운 주문 오늘 시행하도록 하겠습니다.

감사합니다.

— 문○○ ○○천인 올림

몸 전체 더워진 느낌이 있었고

인황님! 사감님!

새벽 4시에 일어났지만 주문 못 외우고 5시쯤에 5배 예를 올리고 40분까지 천상궁전 자미천궁 천지나라 자미국 주문을 외웠습니다.

별다른 기운이 없다가 순간 짜릿함이 지나고 몸 전체가 더워진 느낌이 있었습니다.

마치고 나니 얼굴이 붉게 물들었습니다.

아내가 자고 있어 출근 때문에 더 못하고 밤 11시경 집으로 가서 거실에서 조금 큰소리로 주문을 외웠는데 천상궁전 자미천궁에서 궁전이 천궁으로 자꾸 틀리게 말이 나와 다시 5배 예를 올린 후에 해도 마찬가지입니다. 감사합니다.

— 홍○○ ○○천인 올림

하루 중 가장 행복한 순간입니다!

인황님, 사감님! 오늘 새벽에 꾼 신기한 꿈(자미국)을 말씀드리겠습니다. 인황님께서 새 주문 "천상궁전 자미천궁" "천지나라 자미국"을 올려주신 23일.

저는 그날 밤 11시 넘어서 주문을 외우고 느낀 아주 강력한 기운을 잊지 않고자, 바로 댓글로 남겨드리고 얼른 잠이 들었어요(24일 새벽).

꿈에 난데없이 김연아 선수가 나왔는데, 어찌된 일인지 저와 친구 사이더라고요. 한적한 공원에서 이런 저런 얘기를 나누고 있었는데, 갑자기 자미국과 천인합체 얘기를 꺼내는 거예요.

김연아의 자미국 얘기에 저는 놀라지는 않았어요(기억나는 대로 대화체로 써보겠습니다).

저 : "너 혼자만 천인합체의식 했어?"

김연아 : "아니~ 할아버지, 할머니, 부모님, 언니도 다 천인합체의식했고, 우리 회사도 번창하게 하는 의식도 했어. 너는 아직 못했어? (제가 응,이라고 대답하자) 그래서 아까부터 우울해 보였구나."

이런 식의 대화가 오갔습니다.

그리고 마지막 장면은 산 정상인 것 같았는데, 많은 사람들이 벤치에 앉아 있었어요. 하늘이 붉게 물들며 신비스럽고 환상적인 풍경을 만들어냈는데, 제가 김연아 보고 가까이 가보자고 해서 더 앞쪽으로 나가서 바라보다가 저는 저의 소원(천인합체) 꼭 이룰 것이라 다짐하였는데, 그때 다른 장면으로 이어집니다.

자미국의 한 남자 천인 분이(의식 참관 때 자주 오셔서 얼굴이 낯이 익어 어떤 분인지는 압니다) 자신의 차를 자미국 주차장에다 대려고 하는데, 어린 남자아이가 나타나 못 들어가게 방해하였고, 남자 천인은 당황하여 어쩔 줄을 몰라 했어요.

그때 인황님께서 나타나셔서 무섭게 호통을 치시자 그 아이는 무서워하며 바로 도망가더라고요.

이어 남자 천인은 자신의 차를 주차장에 잘 대놓고 자미국 안으로 들어가는 모습을 보고 깼어요. 그런데 그 주차장은 지금 현재의 자미국 위치가 아니었어요.

인황님께서 올려주신 새 주문을 처음으로 외우고 바로 꾼 꿈이라 참 신기했어요!

오늘 밤에도 정말 감사하고 감사한 마음으로 5배의 예를 올린 후, 신비의 주문을 외우겠습니다. 주문을 외우는 그 순간이 하루 중 가장 행복한 순간입니다! 항상 올바른 길로 이끌어주시는 자미국의 인황님, 사감님, 진정 고맙습니다.

— 백성 이○○ 올림

가슴속이 후련해지면서 마음이 포근

인황님, 사감님!

그동안 자미국 홈피 방문을 자주하며 인사를 올려드려야 하는데 그러지를 못했습니다. 저의 마음은 늘 좌불안석이었습니다. 그러던 차에 지난 주 수요일 오후에 인황님, 사감님이 그리워서 메일을 열어보았습니다.

인황님께서 올려주신 "천 지 자 미 국" 주문을 보게 되는 동시에 가슴속이 후련해지면서 마음이 포근했습니다. 목요일 오전에 감사한 마음으로 자미국을 향해 5배를 올리고 "천 지 자 미 국" 주문을 읽었습니다. 그날 저녁에 아들이 포항에서 안산에 모기업으로 출장을 왔다면서 집에 왔습니다.

아들이 집 문제로 무슨 말을 할까 봐 조마했는데 "별일 없으시냐" 인사하기에, 속으로 주문 한 번으로 아들의 마음이 달라지네 했습니다.

또 금요일 오전에도 자미국를 향해 5배 올리고 "천 지 자 미 국" 주문을 읽었습니다.

그날 저녁 갑자기 아들이 함께 포항으로 가자고 하기에 번갈아 운전도 같이하면서 감사한 마음으로 "천 지 자 미 국"을 마음속으로 읽으면서 졸지 않고 운전하면서 무사히 도착하였습니다.

아무 일 없이 2박 3일 있다 귀향했습니다. 신비하고 좋은 일만 만들어주시는 주문이었습니다.

그동안 자주 인사를 올리지 못한 마음이 저 자신에게는 큰 병이었나 봅니다. 많은 반성하고 있습니다.

인황님이 새로이 올려주신 "천상궁전 자미천궁" "천지나라 자미국" 주문은 엄청난 기운과 신비함이 있습니다. 감사한 마음으로 새로운 주문에 신비함을 다시 한 번 느끼며 경험한 기운을 올리겠습니다.

인황님, 사감님 천지회 때 동영상을 촬영하시어 유튜브에 올리는데 동참을 허가해 주신다면 저희 평양 조씨 가문에 영광이옵니다. 그래도 생각해 보면 항상 제 곁에는 자미국이 있고 인황님, 사감님이 계심에 지상에서 크나큰 영광과 감사함을 입고, 먹고사는 자신을 다시 한 번 돌아보게 되고 믿음은 더욱더 크게 마음속에서 용트림쳐집니다.

지상에 자미국이 있고 인황님, 사감님이 계셔서 다시 한 번 감사함을 올립니다. 저도 하루빨리 천인합체 천공을 만들어 올리겠습니다.

— 백성 조○○ 올림

뜨거운 기운과 눈물콧물 범벅이 되면서

존경하옵는 인황님(지황님)!

환절기에 인황님(지황님), 사감님! 옥체만강 하신지요?

가르쳐주신 주문, "천상궁전 자미천궁, 천지나라 자미국" 엊저녁(4월 24일)부터 열심히 기도한 결과, 상부두개골 백회혈부터 상반신에 뜨거운 기운과 눈물콧물 범벅이 되면서, 합장한 손이 전후로 흔들리며 머리부터 등줄기로 찌르르 한 전율이 흐르며, 말로는 표현할 수 없는 온화한 기운을 느꼈습니다.

인황님(지황님), 감사합니다. 꾸~벅.

가르쳐주신 주문 열심히 외우며, 다음 천지회 참석하는 날까지 학수고대하오면서 인황님(지황님)! 사감님! 건강하십시오.

— 울산에서 안○○ ○○천인 1호 올림

다리 부분은 강한 전율의 흐름을 느끼고

지황님!

매일 주문법을 외울 때마다 신비롭습니다.

어제 주문할 때는 바로 리듬을 타며 노래로

"천~~상~궁~전 자~~미~천~궁"

"천~지~나~~라~자~미~국"으로

이어져 신나게 노래 불렀어요.

오늘은 읽듯이 "천상궁전 자미천궁 천지나라 자미국"을 5분 정도 천천히 했더니 갑자기 빨라지는 거예요.

"천상궁전 자미천궁 천지나라 자미국"을 아주 빠른 속도로 외우면서도 너무 빨라 숨도 차고 좀 천천히 하려고 멈추었다 하여도 천천히 외울 수 없이 역시 바로 이어져 빠른 속도로 1분 정도를 속력을 내면서 외우다 잠시 숨 고르고 다시 반복하기를 15분 정도 한 것 같아요.

외우는 동안에는 온몸의 전율이 약하게 오다가 주문을 외우다 멈추고 다시 시작할 때는 다리 부분은 강한 전율의 흐름을 느끼고 중간 중간에 합장한 두 팔은 위로 아래로 강하게 흔들리기도 하였어요.

— 정○○ ○○천인 올림

법문하실 때와 똑같은 말투로 주문을

인황님! 조금 전 천지기운을 여러 각도로 느껴본 대로 몇 자 올릴까 합니다. 오늘 아침에 가게에 일하러 집을 나선지 1시간 30분 후 버스에서 내려보니 강한 바람과 비가 너무나 많이 오기에 다시 집으로 돌아왔습니다.

12시 25분부터 5배를 올리고 천상궁전 자미천궁, 천지나라 자미국 주문을 외웠습니다. 15분 후 다시 5배를 올리고 주문을 외웠습니다. 그리고 10분 후 다시 5배를 올리고 주문을 외우고 또 5배를 올리고 5분 후 주문을 외웠습니다.

가끔 졸리기도 하고 나도 모르게 눈가가 촉촉해지는 것도 느끼고 트림도 3번 정도 했습니다.

1시간이 지난 1시30분에 다시 5배를 올리고 천상궁전 자미천궁, 천지나라 자미국을 외우는데 따발총처럼 빠르게 주문을 틀리지도 않고 숨도 치지 않고 계속 5분 정도 한 뒤 다시 5배를 올리고 주문을 외웠습니다.

몸이 점점 더워서 본격적으로 웃옷을 하나 벗고 주문을 외우는데 상체가 서서히 좌우로 종이배가 왔다 갔다 하듯 웨이브를 타고 있었습니다.

그런데 이번에는 인황님께서 법문하실 때와 똑같은 말투로 주문을 계속해서 외우고 있고 상체는 다시 웨이브가 아닌 괘종시계처럼 좌우로 움직입니다.

다시 5배를 올리고 주문을 외우는데 상체가 원을 계속해서 그립니다. 그러다가 하체와 같이 원을 그리다가 또 하체만 원을 그리다가 엉덩이만 원을 그리다가 정말 신비로운 가운데 그때 일이 일어났습니다.

휴대폰 전화가 와서 받았는데 카드사라 바로 끊었습니다. 바로 다시 이어서 주문을 외우려는데 아무런 느낌이 없어서 내가 전화 받은 것이 잘못이었구나! 얼른 알아차리고 죄스러운 마음으로 다시 주문을 외우니 다행히도 느낌이 오는데 이게 웬일입니까? 합장한 제 손과 몸이 고개를 숙인 채 앞뒤로 오랫동안 움직이면서 나도 모르게 중간에 계속이라는 단어가 나옵니다.

또 중간에 나도 모르게 잘못했습니다가 모기만한 목소리로 나오기도 하고 빕 자가 나오기도 하고 잘못이라는 말이 두 번 정도 더 나오는 것입니다.

정말 오랫동안 빌었습니다.

끝나고 보니 2시 11분이었습니다. 오늘도 저의 간절한 소망 저버리지 않으시고 큰 선물 내려주시는데 제가 감히 휴대전화를 받는 실수를 저질러서 너무 죄송하고 잘못했습니다. 그리고 끝까지 저의 죄를 용서하여 주셔서 감사합니다.

— 이○○ ○○천인 올림

합장한 손이 앞으로 쭉 일자로 되어서

인황님 정말 감사드립니다.

저도 맨날 착한 척만 하고 저 자신만 잘났다고 생각하면서 지냈습니다. 그러한 생각이 뒤집어지는 줄도 모르고 잘난 척하면서 지낸 저 자신에 대해서 많이 반성합니다.

정말 죄송합니다. 어젯밤에 "천상궁전 자미천궁 천지나라 자미국" 주문을 5배 예를 올리고 외우기 시작하였습니다. 어머니께서 주무셔서 큰소리로는 외우지 못하고 작은 소리로 열심히 주문을 외웠습니다.

합장한 손이 앞으로 쭉 일자로 되어서 주문 소리에 위아래로 움직이고, 상체가 왼쪽 오른쪽으로 움직이기 시작하면서 앞으로 쭉 뻗은 손이 다시 위아래로 움직이며 아주 강력한 기운이 내 몸으로 들어오는 것이 느껴집니다.

합장한 손이 계속 강한 기운으로 움직입니다. 어떤 기운이 들어옴을 계속 느끼면서 합장한 손이 너무나 강한 기운으로 원을 그리며 움직입니다.

"천상궁전 자미천궁 천지나라 자미국" 주문을 외우면서 하루빨리 저와 저희 가족 천인합체의식 이루고 싶습니다.

— 이○○ 백성 올림

강력한 기운에 그저 황홀해 하기만 했어요

인황님(지황님)! 조금 전 방에서 새 주문 "천상궁전 자미천궁~♪ 천지나라 자미국~♪"을 외웠습니다.

5배의 예를 올린 후, 주문을 외우자 왼쪽 다리가 들썩거리면서 갑자기 양 엄지손가락을 추켜올린 채, 팔은 위로 쭉 뻗어져 신나게 위로 올렸다, 아래로 내렸다 반복했습니다.

양 엄지손가락을 치켜 올린 상태이니 마치 "최고야~! 최고~!" 하며 열광적으로 응원하는 모습이 연출되었어요!

그러다 다시 부드러운 음률로 주문이 외워졌고, 이번엔 다리가 앞으로 뻗어지면서 제 양손이 다리를 천천히, 부드럽게 마사지하는 것처럼 쓰다듬더라고요! 참 신기하면서도 정말 큰 감동이었습니다. 하루 피로가 싹~가시는 기분!

그 후 다시 양 엄지손가락을 추켜올린 채, 아주 신이 나서 다리, 팔을 흔들며 주문을 외웠고 어느 순간엔 상체가 원을 그리다가 다시 무릎을 꿇고, 양손은 공손히 짚고 머리는 땅에 닿은 채, 그 상태에서 양 팔이 뒤로 쭉 뻗어집니다.

땅에 닿아 있는 머리로 몸을 지탱하고 있고요. 그런데 힘들다는 생각보다는 신비스럽고 강력한 기운에 그저 황홀해 하기만 했어요. 잠시 뒤, 상체가 들어졌고 그때 맑은 기운이 솟아오르는 느낌을 받았습니다!! 정말 고맙습니다~~

인황님, 아주 귀중한 주문을 내려주시어 이렇게 대단하고 신비스

러운 기운을 체험할 수 있으니, 얼마나 감사한지 몰라요!

정신도 맑아지는 느낌이고요. 그리고 주문을 외우다 어느 순간엔 인황님께서 법문하실 때 모습이 계속 떠오르기도 합니다.

— 백성 이○○ 올립니다

상쾌한 느낌이 뒷머릴 스치며

인황님, 오늘 하루 기분은 어떠하시오며 만사 편안하신지 여쭈어 올립니다.

새로운 주문으로 첫 시작을 하니 약간 어색하기도 하면서 조금씩 외워지고 자정 무렵에 예를 올리고 바로 앉아 천상궁전 자미천궁 천지나라 자미국을 외우게 되었습니다.

처음엔 손에 미세한 간지럼처럼 슬슬 반응이 오기에 조금 더 허리를 곧추세우고 합장한 손에 힘을 조금 더 넣으면서 계속 외우니 손가락이 닭발처럼 벌어집니다.

그러면서 왔다 갔다 몇 번 반복하면서 합장한 상태로 동그라미를 그리다 나사산 모양으로 왼쪽으로 조금 가면서 다시 원위치하고 마치 산소를 흡입할 때의 상쾌한 느낌이 뒷머릴 스치며 심장 뒤편이 콩닥콩닥 뛰기 시작했습니다.

기분도 포근해지며 손이 위로 아래로 조금씩 움직이다가 몇 번 세차게 앞뒤로 흔들렸습니다.

이렇게 20분 정도하니 심신이 정돈된 편안한 느낌이 들었습니다.

회사에서 자전거로 퇴근하면서 외우니 신호등이 죄다 녹색이라 놀라웠는데 차가 평소에 막히는 곳도 무리 없이 통과하니 감탄할 지경이었습니다. 집 입구에까지 오면서 걸리거나 막힘이 거의 없는 무사통과였습니다.

첫 글자로 시작해서 집 입구에서 끝 글자로 마무리되는 특이함도 경험하며, 회사의 배로 올라가는 엘리베이터 입구에서도 올라갈 때 첫 글자 도착해서 문 열릴 때 끝 글자가 되기도 하며 일의 물량이 동료들보다 절반가량 줄어드는 현상이 생깁니다.

수시로 일하면서도 간간이라도 일러주신 자세로 외우라는 생각이 들면서 외우니 높은 계단도 힘들이지 않고 오르내리면서 일의 막힘이 없게 되고, 몸이 무중력은 아니어도 가볍고 기분 좋은 상태로 일하는 현상을 경험하였습니다.

두 번째 내려주신 주문이 흥이 더 나기도 하면서 더 좋은 현상이 생기니 길어도 노래처럼 외워지기도 하면서 좋은 것 같습니다.

내일도 틈틈이 외워보겠습니다.

행복의 기운을 받을 수 있게 배려해 주시니 지구 최고이시며, 고맙습니다. 인황님께서 일러주시어 행을 하고 인사 올리는 것은 진정한 가문의 영광입니다.

천인, 백성의 많은 배출을 바라오며 기분 좋은 시간되세요.

– 장○○ ○○천인 올림

머리 전체로 강한 기운이

"천상궁전 자미천궁" "천지나라 자미국"

4월 24일 아침에 일어나 인황님으로부터 내려주신 "천상궁전 자미천궁" "천지나라 자미국" 새로운 주문을 출근하기 전에 30분 정도 "천상궁전 자미천궁" 주문을 외우는데 주문 외우기가 힘이 들고 발음이 잘되지 않았고 느낌은 조금 있었습니다.

'왜 이러지? 내가 무엇을 잘못하고 있나' 걱정하면서 퇴근하여 이번에는 "천지나라 자미국"으로 주문을 30분정도 외워도 기운을 받지 못하여 걱정을 하면서 잠을 자고 아침에 일어나 이번에는 "천상궁전 자미천궁" "천지나라 자미국" 주문을 이어서 계속 외우니 "천지 자미국" 주문을 외울 때와는 다른 더 강하고 묵직한 자미기운을 느꼈습니다,

퇴근하고 주문을 외우니 양팔을 벌려서 위로 올라가니 등줄기와 양팔에 강한 전류가 흐르고 양팔이 내려올 때 정수리를 중심으로 머리 전체에로 강한 기운이 몸속으로 타고 내려오면서 머리는 맑아지고 입속에는 침이 고이고 고인 침을 꿀꺽 삼키니 감미롭기 이를 데 없었습니다.

이내 피부 전체로 찌릿 찌릿한 전류가 흐르고 몸 내부로 강한 기운이 들어올 때는 몸 전체가 여태 느껴보지 못했던 짜릿한 진동으로 요동치고 이내 주문을 외우는 음률을 중단하고 계속 양팔을 벌려서 위로 아래로 움직일 때 꼭 밀가루 반죽을 손으로 저을 때 받는 그러

한 묵직한 기운이었습니다.

몸속으로 타고 들어오는 강한 기운에 나 자신도 모르게 기쁘고 즐거워서 신음 소리를 내고 있었습니다.

1시간 주문을 외우니 양손이 저절로 합장을 하며 5배의 예를 올리고 주문을 마쳤습니다.

정말 대단한 기운을 받았습니다. 이러한 기운은 느껴본 본인만이 알 수 있지 어찌 글로 다 표현하겠습니까? 어마 어마한 자미기운을 내려주시는 "천상궁전 자미천궁" "천지나라 자미국" 주문을 새롭게 내려주신 인황님! 감사합니다.

이 글을 올리고 있는데도 머릿속과 입안은 주문을 외울 때 여운이 남아 있습니다.

— 2013년 4월 24일
이○○ ○○천인 올림

기차처럼 빠르게 로켓처럼 빠르게

어제 유치원 일 끝내고 밤 11시에 집에 도착하자마자 내려주신 새 주문대로 외우기 시작합니다.

"천상궁전 자미천궁" "천상궁전 자미천궁" "천상궁전 자미천궁"

순식간에 칙칙폭폭 리듬에 맞추어 두 손이 위로 조금씩 점점 속도를 내어 엄청난 굉음으로 두 손이 하늘로 향합니다.

끝도 없이 위로 고개까지 쳐들고 한참 후 내려오더니 약 30분 이상을 반복했습니다.

눈물이 나고 감정이 북받쳤습니다.

그 자리 그대로 잠들었습니다.

아침 5시에 일어나 5배를 한 다음 자리에 앉으니,

"천지나라 자미국" "천지나라 자미국" "천지나라 자미국"

편안한 마음으로 이마와 머리를 땅바닥에 닿고 인사하듯이 상체와 고개를 앞뒤로 약 20분 정도를 했습니다. 그 한 가지 동작만 계속 나옵니다.

자미국 인황님, 사감님 생각만 났습니다.

오늘 하루도 영과 육이 신바람 나게 자미국을 향합니다.

어제 오후 5시~6시 사이에 유치원에서 일을 하다가 지난번에 다친 이마를 유리에 또 부딪쳐 엄청 많이 아파서 내가 뭘 잘못한 것 있나 찾으니 생각이 나지 않았습니다.

인황님께서 새 주문 올린 시간이 그때라 유치원 일이 바빠서 못 들어간 그 시간대였습니다.

주문 빨리 안 외워도 저는 이런 일이 있어요.

와~우 놀랍고 대단하신 주문입니다.

육도 영도 신도 인황님 사감님의 끝도 없는 노고에 감사 올립니다.

— 천기 13년 2013년 4월 24일 수요일
최○○ ○○천인 올림

인황의 기운으로 일어나는 신비 현상

천기 13년 양력 5월 19일 인황님께서 하명하신 자미국 주문 외우고 느낀 사례 자미국, 천지 자미국, 천지나라 자미국, 새나라 노래 등등 여러 주문과 새나라 노래를 하면서

1. 어떤 기운이 느껴졌는가?

2. 주문하고 몸으로 일어난 변화가 어떠했는가?

3. 인생으로 어떤 이적과 기적이 일어났는가?에 대하여 글 올리옵니다.

천기 13년 4월 16일 내려주신 주문 "천지 자미국" 자미국에서 처음 시도해 보는 주문, 자미국에서 전하는 태초의 하늘님 존호는 함부로 부를 수 없기에 대체 주문법을 알려준다.

"천지 자미국" 天地 紫微國

다섯 글자이고 하늘과 땅이 함께하는 나라 자미국, 즉 하늘과 땅의 기운이 함께해 주시라는 주문이다.

집이나 사무실에서 정식으로 주문하려면 5배의 예를 올리고 다섯 글자 천지자미국 주문을 외우도록 하라.

"천 .지. 자. 미. 국" 또박또박 읽던 음률을 타든 "천~지~자~미~국" 하든지 각자의 자유이다. 그리고 천지 자미국 주문을 외워보고 어떤 기운이 느껴진 천인, 백성, 예비백성들은 댓글이나 메일로 그 내용을 자세히 보내주기 바란다.

소리 내어 말로 하든 속으로 하든 몇 분 동안 계속 외우면 하늘과

땅의 기운이 느껴지는 것을 현실로 체험할 것이다.

자미국 사람, 즉 천상장부에 각자의 인적사항이 올라간 사람들(예비백성 신분 이상)만 "천지 자미국" 주문을 평생 외울 자격이 있다. 자미국 사람이 되어야만 하늘과 땅이 도와주시고 보살펴주신다는 뜻이다.

자미국의 예비백성, 정식백성, 천인들은 "천지 자미국" 주문을 항상 외워서 행복 누리기 바란다.

조상님 입궁의식하고 싶은 예비백성 그리고 자신의 천인합체의식 행하고자 하는 백성들, 가족의 천인합체의식을 행하고 싶은 천인들, 감사제의식과 천은보사의식을 행하고 싶은 천인들에게는 하늘과 땅의 문이 활짝 열려질 것이다.

주문을 외울 때는 자미국 방향으로 향하여 앉고 가부좌(책상다리) 상태에서 허리 펴고, 눈 감고 두 손을 모아 턱 밑에 손끝이 닿을 정도로 합장한 채로 "천지 자미국" 주문을 계속 외우면 손과 발이 떨리는 신비스런 진동 현상이 일어나면서부터 천지의 좋은 기운을 받을 수 있다.

기운을 잘 느끼는 사람들은 등과 머리에서 땀나고, 하품 나며 팔과 다리, 온몸으로 강렬한 천지기운이 느껴지니 이것이 하늘과 땅의 기운을 받아 인생을 살리고 행복해지게 하는 자미국의 신비 주문법이다.

"천지 자미국" 주문은 자신들이 원하는 시간만큼 시간제한 없이 오늘부터 열심히 외워서 각자들이 원하고 바라는 자미국 의식 많이 행하기 바란다.

하늘과 땅이 함께하는 자미국이니 하늘과 땅의 기운이 무궁무진 내려갈 것이다.

자미국에서 처음으로 시도해 보는 주문이라서 어떤 결과가 나타날지는 나 인황 역시 예측불허이다. 자미기운은 각자마다 다를 것이니 느껴지는 기운의 내용을 즉시 알려주기 바란다.

천기 13년 4월 23일 새 주문 참조

신과 영들이 기다리고 바라던 무릉도원 세계는 천상궁전 자미천궁이고, 인간 육들이 기다리고 바라던 무릉도원 세계는 천지나라 자미국이다.

신과 영들이 좋아할 주문 "천상궁전 자미천궁"

인간 육들이 좋아할 주문 "천지나라 자미국"

[주문]

"천상궁전 자미천궁" "천지나라 자미국"

천♪상♪궁♪전♪ 자♪미♪천♪궁♪

천♪지♪나♪라♪ 자♪미♪국♪

천지 자미국 주문과 천지나라 자미국 주문 시 어떤 것이 부르기 쉽고 기운이 더 느껴지는지 댓글 요망.

[천기 13년 4월 26일 유튜브에 올릴 주문법]

"자-미-국"

Ja-mi-gug

유튜브에 동영상을 올리려니 세계인들이 천상궁전 자미천궁, 천지나라 자미국을 따라서 부를 수 없을 것 같아서 "자미국" 세 글자만으로 주문을 외워야 할 것 같다.

천지 자미국, 천지나라 자미국으로 할 경우 외국인들이 천지(하늘과 땅)라는 뜻을 모르기에 의미가 없다. 그래서 "자미국" 하나로 통일하고자 하니 오늘부터 외우고 주문 후기를 가감 없이 느낀 그대로 모두 올려주기 바란다.

[천기 13년 4월 30일 새로운 주문]

너희들은 인황을 통해서 하늘을 알았기에 눈에 보이는 인황을 존경하고, 인황을 찬양하며, 인황에게 감사해야 하며 이를 이행하는 자에게 큰 복이 내려갈 것이니라.

"천상궁전 자미천궁"은 외우지 마라, 월권 행위였다. 자미국 주문은 유튜브에 올려야 하니 그대로 외워도 되고, 당분간은 "인황님 최고"를 주문으로 외워보라.

[새 주문]

인황님 최고! 【인~황~님~최~고】

[천기 13년 05월 01일 신비한 천지기운]

1) 천지 자미국　　　　2) 천상궁전 자미천궁, 천지나라 자미국

3) 자미국　　　　4) 인황님 최고 새 주문 28자

[1)번 주문 방법]

천지나라 자미국, 인류 최고 인황님 만세만세 만만세, 천세천세 천천세!

천♪지♪나♪라♪ 자♪미♪국♪ 인♪류♪최♪고♪ 인♪황♪님♪
만♪세♪만♪세♪ 만♪만♪세♪ 천♪세♪천♪세♪ 천♪천♪세♪

[2)번 주문 방법(따로따로 하지 말고 이어서 한 번에 외운다)]

천지나라 자미국 만세만세 만만세, 천세천세 천천세!

인류 최고 인황님 만세만세 만만세, 천세천세 천천세!

천기 13년 05월 05일 새로운 주문을 내린다.

인황이 내려준 주문으로 온갖 천지기운을 받고 있는데, 각자 주문 열심히 외워서 기운 느끼는 줄 착각하고 있는 천인과 백성, 예비백성들에게 전한다.

너희들이 5배 올리고 주문 열심히 외워서 천지기운을 느끼는 것이 아니라 인황의 기운으로 일어나는 신비 현상이었다. 그러니 각자는 착각에 빠지지 말라.

새로운 주문을 내린다.

"○○○ 뿌리고 행한 대로 거두리라."

자기 이름 대고

(예) "홍길동이가 뿌리고 행한 대로 거두리라."

어떤 기운이 느껴지는지 후기 올려라.

댓글 달지 않고 외운 자 어떻게 기운이 끊어졌는지 후기 글 올려라.

천기 13년 05월 20일 자미국 주문 동영상 촬영하기

[주문 방법 및 시간]

1. 자미국

2. 천지나라 자미국

3. 천지나라 자미국 인류 최고 인황님, 만세만세 만만세, 천세천세

천천세

4. 천지나라 자미국 인류보물 사감님, 만세만세 만만세, 천세천세 천천세

5. 새나라 노래

[새나라 노래 1절]

천지나라 자미국♪ 인류 최고 인황님♪
만세만세 만만세♪ 천세천세 천천세♪
자미천궁 천황님♪ 세계인류에 알리세♪

[새나라 노래 2절]

인류통합 자미국♪ 인류보물 사감님♪
천상입궁 만만세♪ 천인합체 천천세♪
신의나라 신명님♪ 세계인류에 알리세♪

[새나라 노래 3절]

세계중심 자미국♪ 인류 최고 인황님♪
인생개벽 만만세♪ 천지기운 천천세♪
영혼세계 하나님♪ 세계인류에 알리세♪

[새나라 노래 4절]

인류수도 자미국♪ 인류보물 사감님♪
종교통합 만만세♪ 세계통합 천천세♪
사후세계 미륵님♪ 세계인류에 알리세♪

[새나라 노래 5절]

천지나라 자미국♪　태초인간 인황님♪
인류구원 자미국♪　하늘말씀 사감님♪
무릉도원 자미국♪　세계만국에 알리세♪~~~

천기 13년 4월 16일 내려주신 주문 '천지 자미국'에서는 합장한 양쪽 손끝이 미세하게 떨리는 현상 체험.

천기 13년 4월 23일 "천상궁전 자미천궁" "천지나라 자미국"

천♪지♪자♪미♪국♪ 주문 때는 못 느끼었는데,

이번에는 천♪상♪궁♪전♪은 아주 감미로운 음률로 자♪미♪천♪궁♪은 굵은 남성의 목소리로 천♪지♪나♪라♪는 아주 감미로운 음률로 자♪미♪국♪은 굵은 남성의 목소리로 계속 제 의지와 상관없이 30여 분간 나오네요.

주문 시작 후 20여 분이 지나자 머리 맨 윗부분(정수리)에서 땀이 나기 시작합니다. 주문을 마치고 5배의 예를 올린 후 거울을 보니 얼굴에 땀 천지인데 땀 냄새는 안 나네요!

천기 13년 4월 26일 유튜브에 올릴 주문법 "자-미-국"에서는 주문 후 머리에 땀 많이 나는 증상 체험.

천기 13년 4월 30일 인황님 최고! 주문에서는 양손이 자석에 이끌린 듯도 하며 손끝에 좀 더 강한 찌릿 찌릿함이 오네요.

천천히 인황님 최고 글자 하나할 때마다 손끝이 찌릿 찌릿하며 여전히 양손은 자석에 이끌린 듯하네요.

이번 주문 후에도 전과 같이 몸에는 땀이 안 나고 머리에만 땀이 납니다.

천기 13년 5월 1일,
천♪지♪나♪라♪ 자♪미♪국♪ 인♪류♪최♪고♪ 인♪황♪님
만♪세♪만♪세♪ 만♪만♪세♪ 천♪세♪천♪세♪ 천♪천♪세
이 주문에서는 손끝이 찌릿하고 손바닥이 따듯한 느낌.

천기 13년 5월 5일 "○○○ 뿌리고 행한 대로 거두리라"에서는 아프던 왼쪽어깨 및 목의 통증이 말끔히 없어지는 체험.

천기 13년 5월 12일 천지회 후 녹음된 자미국 주문을 따라하며 5월 18일에 집에서 주문을 하였더니 처음에는 합장한 양손이 미세하게 흔들립니다.

그 후 앞쪽으로 몸 쪽으로 강하게 흔들리면서 고개도 저절로 앞뒤로 움직이고 잠시 후 손이 위아래로 마구 흔들립니다. 고개 또한 앞뒤로 흔들리고요. 잠시 후 엄청난 기운으로 위아래로 마구 흔들립니다. 주체할 수 없을 정도로 그러더니 목과 손이 오른쪽으로 큰 원을 그리며 계속 돌고 돕니다.

어느 정도 시간이 흐르고 다시 위아래로 흔들거리네요. 이때 가부좌한 다리도 함께 위 아래로 저절로 들썩거립니다. 어느 순간 제자신도 모르게 주문 시작 때의 원위치가 됩니다. 이렇게 엄청 큰 기운은 태어나서 처음 느껴봅니다.

천기 13년 5월 12일 천지회 후 녹음된 자미국 주문을 따라하며 5월

19일에 아내 사무실 저온체험방에서 주문을 하였더니 처음에는 합장한 양손이 미세하게 흔들립니다.

그 후 앞쪽으로 몸 쪽으로 강하게 흔들리다가 바닥과 손이 수평인 상태가 되면서 앞으로 몸 쪽으로 계속 강하게 움직이더니 바닥 쪽으로 45° 각도로 바닥 쪽으로 몸 쪽으로 왔다 갔다 하네요.

다시 손은 위에서 아래로 마구 흔들리고 고개는 자동으로 앞으로 뒤로 이번에는 합장한 손이 앞에서 몸 쪽으로 오면서 원을 그립니다. 그러더니 어느 순간 처음 기도하던 상태로 원위치 5배의 예를 올리고 하면서 주문을 마칩니다.

5월 19일 조상님 벼슬입천제의식 녹음을 들으며 아주 천천히 상동호수 공원을 걸으며 양손을 합장한 채 걸어갔습니다. 이번에는 자미국 주문이 아닌 입천제의식 때 녹음을 들으면서 걷는데도 처음에는 합장한 손이 앞뒤로 움직입니다. 점점 더 강해지면서, 위 아래로 흔들거립니다.

다시 합장한 손이 지면과 수평으로 된 상태로 앞으로 몸 쪽으로 강하게 흔들립니다. 또다시 지면과 45도 상태로 아래쪽으로 몸 쪽으로 강하게 움직이다가 끝이 나네요. 두 바퀴 반 돌면서 합장한 상태로 녹음 들으면 똑같은 현상이 반복되더라고요. 날이 어둑하고 보는 사람은 거의 없었고요.

정말 이렇게 큰 기운 몸이 감당하기 힘들 정도의 기운에 천지나라 자미국을 건국하신 인황님께서 내려주시는 주문의 파워 정말 대단하시구나! 너무나 황홀한 체험이었습니다.

주문 후 천지기운을 받으며 그동안 아팠던 목과 어깨 통증이 말끔히 사라지는 대단함을 느껴봅니다. 음식 또한 이제는 가리는 것 다 없어지고 식욕도 엄청 좋아졌습니다.

저는 천기 11년 9월 25일 천지회 직전에(천인합체 하기 8일 전) 인황님 집무실에서 등에 엄청난 기운을 받은 것은 이미 말씀 올려 다 아실 것입니다.

이 기운으로 평상시 등에 엄청 가려웠던 증상이 없어지고 숙취가 전혀 없는 제가 피부로만 느낄 수 있는 변화도 겪어보았습니다. 등에 받은 엄청난 기운이 어떤 변화를 가져올지 제 짧은 생각은 감히 따라갈 수조차 없을 것입니다.

자미국 주문기운인지, 등에 받은 천지기운인지 구분할 수조차 없지만 몸은 엄청 젊어지는 것 같으며 매사에 활력이 자신감이 생깁니다.

천♪지♪나♪라♪ 자♪미♪국♪ 인♪류♪최♪고♪ 인♪황♪님
만♪세♪만♪세♪ 만♪만♪세♪ 천♪세♪천♪세♪ 천♪천♪세

— 천기 13년 5월 20일
이○○ ○○천인 올림

천지기운이 내림을 직접 겪어보니

자~미~국, 자~미~국, 자~미~국 주문!!

살아있는 사람에게는 정신이 있고 죽으면 귀신이 되는 신, 우리 눈에 보이지 않는 마음이 있듯이 살아 숨 쉬는 우리에겐 영이 항상 함께 존재하는 걸 이제야 알게 되었습니다.

흔히 사람들 대화에서 실없는 소리를 하거나 하면 모두 이러지요.

"넌 정신이 있냐? 없냐?"

누구에게나 신과 영이 함께 존재하는데 이 사실을 알기까지 많은 세월이 지나고, 수많은 고통을 통해 알게 되었습니다.

모든 것을 확실히 알게 된 것은 자미국의 인황님, 사감님을 통해서입니다.

현시대를 살아가는 많은 사람들이 본인 육신만 있는 줄 알고 살아가고 있는데 참으로 위험천만하게 인생을 살고 있습니다.

자기 몸 안의 생령이 있음을 인정하고 생령의 소원을 들어주어야만 앞으로 닥칠 미래에 대한 불안, 고통, 인생의 성공을 보장받고 해결됩니다.

자미국 주문을 천지나라 자미국의 인황님께서 세상에 알려주셨으니 여러분들도 주문 외워보시길 바랍니다. 과연 자기 몸 안에 생령이 존재하는지 자미국 주문을 통해 확인해 보시길 바랍니다.

지난날 이 종교 저 종교를 돌아다녀 보았으나 모두가 가짜였고 자미국 주문을 외우면 천지기운이 내림을 직접 겪어보니 자미국이 그동안 찾던 진짜구나! 스스로 알게 됩니다.

제가 자미국 주문 외우고 체험한 것을 올려봅니다.

먼저 마음을 가다듬고 서울 강동구 성내동 쪽으로 예를 갖추어 5배 예를 올린 후, 좌정하여 앉고 턱 밑에 닿을 듯 두 손을 펴서 합장한 후 두 눈을 감고 음성으로 자미국 주문을 외운 것이 아니라 저는 마음속으로 외웠습니다.

자~미~국~ 자~미~국~ 자~미~국~

자미국 주문을 37번째 외울 때 두 손으로 진동이 오기 시작하더니 저도 모르게 두 팔이 머리 위쪽으로 쭉 뻗어지며 올라가더니 엉덩이가 들썩거릴 정도의 빠른 속도로 움직이다가 자! 미! 국! 한 글자 한 글자에 짧고 아주 강한 힘이 주어집니다.

딱딱 끊어지고 박력 있게 주먹을 쥐고 구호를 외치는 느낌처럼, 마치 어마어마하게 큰 북을 온 힘을 다해 힘껏 한 글자 한 글자에 맞춰서 세상으로 자미국이 울려 퍼지는 것처럼 느껴졌습니다.

주문을 30분 정도 하고 나면 아마 쓰러질 정도의 온 힘을 두 팔에 실어서 구호를 외치는 것같이 느꼈습니다.

자미국 주문 정말 최고입니다. 제 몸 안의 신과 영이 그리한 것 같습니다. 주문을 마치고 나니 마음의 답답함이 사라지고 보는 일에 자신감이 생깁니다.

정말 대단한 주문입니다. 강한 힘이 느껴지는 대단한 자미국 주문 알려주시어 감사합니다.

— 천지나라 자미국 백성 김○○ 올림

갑자기 기운이 내리더니 합장한 손이 덜덜

인황님, 이렇게 저에게 천지기운 느낄 수 있는 주문 내려주셔서 감사드립니다. 여러 가지 주문 내려주셨습니다. 워낙 글을 잘 못 쓰지만 그래도 좋게 봐주셨으면 좋겠습니다.

"천지 자미국" 주문을 내려주셨습니다.

"천지 자미국" 주문을 5배 예를 드리고 손은 합장하여 양반다리로 앉아서 주문을 외우기 시작하였습니다. 저는 주로 부모님과 같이 거주하여서 부모님 몰래해야 하는 관계로 늦은 밤이나 새벽에 주로 주문을 외우게 되었습니다.

"천지 자미국" 주문을 외울 때 처음에는 부모님에게 들키면 안 되기에 소리 내지 않고 속으로만 주문을 외웠습니다. 속으로만 외우기 시작하여도 느낌이 왔고 머리로 갑자기 기운이 내리더니 합장한 손이 덜덜 떨립니다.

속으로만 하여도 이렇게 천지기운을 느낄 수 있다니 놀라웠습니다. 그리고는 용기 내서 아주 작은 소리이지만 약간은 소리 내어 주문을 외우기 시작하였습니다.

"천지 자미국" "천지 자미국" 주문을 외울 때마다 합장한 손은 더욱더 큰 폭으로 떨리기 시작하고 머리로 점점 더 강한 느낌이 들었습니다.

다음으로 내려주신 주문 "천상궁전 자미천궁 천지나라 자미국"은 "천지 자미국" 주문보다 더욱더 강하게 천지기운을 느꼈습니다.

제가 주문을 외우는 시간대는 주로 부모님께서 주무시는 시간인 밤이나 새벽 시간이었습니다.

어머니가 주무실 때 5배 예를 드리고 합장하여 양반다리로 앉고 작은 소리이지만 속삭이듯이 고귀하게 내려주신 주문을 외우기 시작하였습니다.

처음에는 합장한 손이 조금씩 떨리고 앉아 있는 자세도 왼쪽으로 틀어졌다가 오른쪽으로 틀어지며 합장한 손이 앞으로 쭉 일자로 뻗어서 위아래로 움직입니다.

일자로 합장한 손에서 강한 기운이 들어오는 것을 느끼며 원을 그리면서 움직이기 시작합니다.

"천지나라 자미국 만세 만세 만만세, 천세 천세 천천세 인류 최고 인황님 만세 만세 만만세, 천세 천세 천천세"

"천지나라 자미국 인류 최고 인황님 만세 만세 만만세, 천세 천세 천천세"

대단한 주문 하달하여 주신 인황님께 깊이 감사드립니다.

인황님께서 이 세상 최고시며 진심으로 대단하심을 매번 느끼지만 항상 이렇게 대단한 하늘과 땅의 천지기운 받고 살아가고 싶습니다.

인황님 말씀 한마디 하명하시면 모든 것이 현실로 이루어지는 정말 신기하고 말도 안 될 만큼 놀라서 입이 떡 벌어지는 느낌 받게 해주셨습니다.

만물의 영장인 인간으로 태어나게 해주신 것도 천복인데 거기에 이렇게 대단한 주문까지 한 번도 아니고 여러 번 내려주셔서 감사할 따름입니다.

72억 인류 최고 인류대표자 인황님께서 여러 가지 많은 주문을 내려주셨습니다. 그중에서도 이 주문으로 제가 여태껏 느끼지 못했던 대단한 천지기운을 받았던 주문입니다.

똑같은 2가지 주문을 외워보고는 저는 2번 주문이 외우기가 더 좋아서 2번 주문으로 주문을 외웠습니다. 처음 주문할 때에는 적응이 안 되어서 적극적으로 하지 못했지만 이번 주문에는 자신감도 생겼습니다.

주문 소리를 크게 할수록 기운은 점점 더 강하게 오고 합장한 손에서는 기운이 더욱더 강해집니다. 마치 춤을 추듯이 온몸이 그렇게 움직여지니 신기하였습니다.

합장한 손에서 땀이 줄줄 나오고요, 양반다리로 앉은 자세는 주체할 수 없을 정도로 왼쪽으로 오른쪽으로 움직이고 제가 멈추려고 노력해도 멈추어지지 않을 정도입니다.

엄청난 기운을 느끼면서 합장한 손은 일자로 쭉 뻗어 앞으로 나란히 한 자세로 계속 움직이면서 원을 그리기도 하고 위아래로 솟구치며 강하게 움직이기도 하고 회오리 모양을 만들기도 합니다. 이런 저의 모습에 너무나도 놀라웠습니다.

그리고 몸이 저의 의지와는 관계없이 자꾸 뒤로 넘어가려고 하며 중심을 다잡으려고 노력하여도 자꾸 뒤로 넘어가려고 합니다.

그것은 정말 형용할 수 없는 강한 기운이었습니다. 그리고 증상을 어떻게 표현해야 할지요. 마치 술에 취해서 정신이 나간 것처럼 강한 기운도 들어왔으며 눈이 저절로 감기며 눈을 뜨려고 해도 어떠한 기운이 눈을 뜨지 못하게 하고 주문을 하고 그 자리에서 졸았습니다. 그다음 피곤을 이기지 못하고 잠이 들었습니다.

일상생활에서도 속으로 주문 외우고, 속삭이며 주문 외울 때에는 왠지 모르게 편안한 느낌을 받았고 포근한 느낌이 들었습니다.

개인적으로 가장 좋아하는 주문이며 다가올 자미국 시대를 예언하는 주문이라서 너무나 기쁜 마음으로 더욱더 주문을 외웠고 외울 때마다 행복한 마음뿐이었습니다.

항상 불안감에 살아왔던 저이지만 주문을 외울 때만큼은 몸과 마음이 안정이 되며 대중교통을 이용할 때 속으로 주문을 외우고 있을 때면 몇 분 기다려야 하는 버스도 곧바로 정류장에 도착하며 신호등도 빨간불이었습니다.

그런데 속으로 주문을 외우던 제가 신호등 앞에 갑자기 서자마자 파란불로 바뀌는 것도 경험하였습니다. 죄인이기에 주문을 외운다는 자체만으로도 정말 너무나 행운이며 영광이라고 생각하며 악에 가득한 저 자신이 안정이 되며 깊이 반성하게 되는 마법의 주문이라고 생각합니다.

주문을 외우면서 저도 모르게 제가 반성해야 할 일들에 대한 생각이 더욱더 많이 들기도 합니다.

이러한 기운은 어디에서도 느낄 수 없었습니다. 단전호흡이나 기수련, 명상 등등 아무리 많이 해봤어도 이러한 강한 기운은 전혀 받아본 적이 없습니다.

"자미국" 주문은 생각만 하여도 기운이 느껴지는 엄청난 주문이라고 생각합니다.

생각만 하였는데 머리로 강한 기운이 느껴집니다.

이러한 천지기운을 도대체 어디에서 느낄 수 있을까요? 단 하나 "자미국"뿐이라고 생각합니다.

가장 간단한 주문이라고 생각이 들었으며 주문 외우기도 쉬웠습니다. 한 번에 주문을 외워야 하는데 다른 단체에서 외우라는 주문은 내용이 많아서 "이 주문 맞나?" 하면서 계속 확인하고 또 하면서 주문을 외워야 했습니다.

하지만 "자미국" 주문은 세 글자로 간단해서 그런 일도 없었고 너무나 기뻤습니다.

천지회 날 "자미국" 주문을 외우고 있을 때 항상 그렇듯이 합장한 손에 기운이 느껴지며 땀이 줄줄 흘렀습니다.

천인과 백성들이 하나 되어 주문 외울 때 엄청난 아우라와 감동과 천지기운에 저 자신도 감당하지 못할 대단한 천지기운을 느낀 감동은 말로 표현할 수조차 없습니다.

"자미국" 주문 계속하여 외우고 싶습니다.

"이○○ 뿌린 대로 행하고 거두리라." 저 자신에 대해서 많이 생각하게 하고 반성하게 하는 주문입니다. 그동안 뿌리지도 못하였고 행하지도 거두지도 못했습니다.

말로만 했지 노력조차 하지 않았던 저 자신이 주문을 외우면서도 저 자신에 대해서 비판하였고 반성하며 주문을 외웠습니다.

정신 차리게 하는 주문이었고 가장 뜻깊게 외운 주문이기에 더욱 더 특별한 주문이라고 생각합니다.

주문을 하면서 "나를 돌아보고 반성하게 하고자" 하는 주문이구나,라고 생각하며 주문을 외웠습니다. 길거리를 돌아다니면서도 속으로 계속 외웠습니다.

주문하면서 인황님께서 다들 정신 번쩍 들게 하시려고 이렇게 행을 실천하라는 주문도 내려주심에 감사합니다.

기쁜 마음으로 72억 전 세계인들과 대한민국 국민들 모두 하루속히 자미국으로 들어오길 바라며 청와대 터 이전도 하루속히 진행되어 자미국이 그곳에 하루빨리 세워지기를 바랍니다.

태극기와 자미국 국기가 아주 보기 좋게 세워지기를 간절히 바라며 72억 인류 최고 인황님, 인류 보물 사감님 두 분께서는 그 어떠한 미사여구로도 표현이 안 될 정도이십니다. 진심으로 못난 제가 마음속 깊이 우러나와서 말씀드립니다.

먼지 같은 존재이자 아직 저의 생령이 인간 육신을 이기지 못하고 제자리걸음만 하고 있어서 인황님께 고개 숙여 너무나 황송하며 가뜩이나 죄가 커서 넘치는데 개인 욕심까지 부리고 복만 달라고 하였고 착한 척도 했었고 자만과 교만이 넘치었습니다.

진심으로 인황님께 사죄의 말씀을 드립니다.

정말 잘못했습니다. 죄송합니다. 못난 제가 깊이 반성하며 사죄를 비옵니다.

— 이○○ 백성 올림

온몸으로 전류가 흐르듯 하는 느낌

어느 날 신문에 난 자미국 광고를 보고 책을 구입하여 읽고 또 읽었다. 『천광』이라는 이 책에 내가 그동안 찾고자 했던 내용이 담겨 있어 나는 흥분하였고 빨리 방문하여 상담받아 보기로 마음을 정하고 전화로 예약하여 인황님과 사감님을 알현할 수 있었고 기쁜 마음으로 조상님 천상입궁의식하고 정식백성이 되었습니다.

그동안 의식 진행할 때 불러주시고 또 천지회 때 자미국을 방문하여 의식을 진행하시면서 인황님의 주문에 의하여 참석한 천인과 백성 모두가 앉아서 합장한 두 손이 아래위로 마구 흔들리고 온몸이 흔들리는 이적을 보았습니다.

그러면서 대단한 자미국을 더욱더 가슴 깊이 새기며 천인합체의식을 한시도 잊지 않고 빨리해야겠다고 몸이 달았지만 아직 경제적인 이유로 그 뜻을 이루지 못하고 있는 중입니다.

날로 대단해지는 자미국 위상을 지켜보면서 인황님, 사감님께 믿음과 존경이 한없이 깊어만 갑니다.

자미천황님의 말씀을 전해 주시고 잘못된 종교를 말씀해 주시고 인간들의 죄를 말씀해 주십니다.

때론 호통을 치시고 때론 인자한 모습으로 아무것도 모르는 죄 많은 우리를 이끄느라 노심초사 노고가 많으신 인황님과 사감님께 몸과 마음으로 한없는 감사 말씀드립니다.

이번에 인황님께서 언제 어디서나 자미국 주문을 외우라! 천지기운을 내릴 것이다! 라는 말씀을 내리시어 정말 그러할까 반신반의하며 방에서 자미국을 향해 5배 절을 하고 두 손을 합장하고 앉아 "자미국" "자미국" "자미국"을 외웠습니다.

주문하기 시작하자 2~3분 지나서 온몸으로 전류가 흐르듯 하는 느낌과 함께 합장한 두 손이 위아래로 서서히 흔들리다가 강하게 흔들리고 이어서 다리도 흔들리고 엉덩방아를 찧듯이 앉은 몸이 들썩들썩하였습니다.

계속 "자미국" "자미국" "자미국" 주문 외우고 약 20분 동안 흔들림이 계속되다 멈추었습니다. 주문기도가 끝나고 나니 정신이 맑고 기분이 너무 좋아졌습니다.

이렇게 매일 한 번씩 집이나 사무실이나 아무 곳에서 시간이 날 때 자미국 주문을 외우면 거의 같은 움직임의 천지기운을 느낍니다. 하루하루 자미국 주문을 외우며 천지기운을 받을 때마다 기쁨과 환희, 즐거움으로 사는 것이 변화와 이적, 기적이지 않나 생각합니다.

— 남양주 사는 백성 김○○ 올림

천지 자미국 다섯 글자만 주문으로 외웠는데

"천지 자미국"

다섯 글자이고 하늘과 땅이 함께하는 나라 자미국, 즉 하늘과 땅의 기운이 함께해 주시라는 주문이다.

집이나 사무실에서 정식으로 하려면 5배의 예를 올리고 다섯 글자 천지 자미국 주문을 외우면 됩니다.

인황님께서 보내준 메일을 확인하고 낮에 일하고 운전하면서 천지 자미국 주문을 외우기 시작했습니다.

저는 천지 자미국보다 천~지~자~미~국~ 소리 낼 때가 진동과 파동이 온몸 세포까지 전달되고 나도 모르게 잡념에 빠져서 생각에 끌려다녔는데, 주문을 외우니 신기하게 잡념이 사라지고 집중도 더 잘되고 갑자기 온몸이 뜨거워지는 느낌이 옵니다.

운전할 때 소리 내어서 천지 자미국 주문 외우니 운전도 잘되고, 잠도 안 오고, 집중도 잘되고, 여유가 생기고 심신의 안정이 생기니 하루가 즐겁고 너무 빨리 지나갑니다.

계속해서 천지 자미국 주문을 외우고 다니니 소리에 강력한 기운이 실리는 느낌을 받았습니다.

예전에는 하루 일과를 마치고 집으로 돌아올 때면 몸이 피곤하고 힘든 상태였는데 천지 자미국 외우고 생활한 날은 별로 피곤하지도 않고 마음도 차분해집니다.

저녁에 정식으로 예를 갖추고 5배한 다음, 가부좌한 상태에서 허리를 펴고 눈 감고 두 손 모아 턱 밑에 손끝이 닿을 정도로 합장한 채로 천지 자미국 주문을 외우기 시작했습니다.

온몸에 강력한 천지기운이 느껴지면서 합장한 손이 강한 힘에 의해 위로 올라가 손이 떨리고 온몸에 힘이 느껴지면서 몸이 움직이는 현상이 일어났습니다.

하품, 눈물, 콧물, 진동과 떨림 등 여러 가지 현상이 일어나고 제가 육성으로 소리를 내다가 갑자기 소리가 저절로 밀려나오는데 아랫배에서 뿜어져 나오는 겁니다.

저는 천지 자미국 주문 외우기는 1분 정도만 외우고 있었습니다. 갑자기 강한 기운에 합장한 손이 위로 움직이기 시작하면서 몸이 엄청난 기운에 감싸이면서 나도 모르게 합장한 손과 몸이 움직이기 시작했습니다.

여기서 육성으로 내던 주문 외우기는 멈추어지고, 저는 그 힘을 따라가기 시작했습니다. 한 5분 정도 강력한 기운에 합장한 손이 위아래로 원을 그리면서 움직이더니 이번에는 합장한 손과 제가 주문을 외우지 않는데 내 안에 강한 힘이 주문을 외우기 시작했습니다.

천~지~자~미~국~

천~지~자~미~국~

천~지~자~미~국~

천~지~자~미~국~

천~지~자~미~국~

저는 계속해서 따라갔습니다. 정말 엄청난 기운과 소리가 어우러져 몸과 소리가 하모니를 연주하고 있었습니다. 10분 정도 지나니 갑자기 소리가 신기하게 노랫소리로 변하기 시작하면서 가락으로 소리가 나오고 있었습니다.

아랫배에 힘이 들어가면서 저 안에 내면에서 소리가 올라오기 시작했습니다. 아랫배에는 엄청난 힘이 배를 움직이면서 연신 소리를 내기 시작했습니다.

천지♪♪자♩미국♪~

천지♪♪자♩미국♪~

천지♪♪자♩미국♪~

천지♪♪자♩미국♪~

천지♪♪자♩미국♪~

천지♪♪자♩미국♪~~~

연신 아랫배에 힘이 들어가면서 저 아래 내면에서 소리가 올라오는 겁니다. 톤이 부드럽게도 하고 강하게도 하고 여러 톤의 음색으로 부르고 있었습니다.

사물놀이에서 북 치고, 장구 치고, 꽹과리치고, 징 때리고, 즐겁게도 부르다가 슬프게도 부르다 계속 흘러갔습니다.

저는 계속 따라갔습니다. 20~30분 정도 하다가 눈물을 흘리면서 하늘님께 노래로 감사 인사를 하는 겁니다. 정말 정성 어린 마음으로 인사를 드리는 겁니다.

태상천존 자미천황님 감사드리옵니다♪~

태상천존 자미황후님 감사드리옵니다♪~

천상선감님 감사드리옵니다♪~

천상천감님 감사드리옵니다♪~

천상도감님 감사드리옵니다♪~

자미인황님, 자미지황님 감사드리옵니다♪~

사감님 감사드리옵니다♪~

인황님 감사드리옵니다♪~

저에게 사랑과 행복을 주셔서 감사합니다♪♪~~

이렇게 두 번 반복해서 감사 인사를 드리고 마무리를 했습니다.

얼굴은 땀이 나고, 눈물 콧물이 범벅되고, 합장한 손은 강한 기운에 딱 붙어서 떨어지지 않고 한참 있다가 떨어졌습니다.

가부좌하고 앉아 있는 자세가 방바닥에 강한 기운에 딱 붙어서 가만히 있다가 한참 후에나 일어났습니다. 온통 주의에는 기운이 이슬비 내리듯 온 방에 내리고 있었습니다.

저도 모르게 감격했습니다.

잔잔한 호수처럼 몸과 마음은 고요하고 너무 좋아서 한참을 가만히 앉아 있었습니다. 아무 생각도 없고 그저 편안하고 행복 그 자체였습니다.

하늘과 땅이 함께하는 자미국이니 하늘과 땅의 기운이 무궁무진 내려갈 것입니다. 자미기운은 각자마다 다르게 느껴진다고 인황님께서 말씀하셨는데, 정말 시공간을 초월하여 한 치의 오차도 없이 천인 백성 몸에 강력한 천지기운을 내려주시니, 정말 하늘님 대단하시고 최고이십니다.

하늘님께서 강력한 천기기운을 내려주셔서 감사드리옵니다.

천지 자미국 주문 외우면서 마음이 너무나 편안해졌어요.

저는 오랫동안 기수련, 명상, 요가, 단전호흡, 우주수련 등 좋다고 하는 수련은 거의 다 해봤지만 몸과 마음은 늘 피곤하고 지쳐 있었습니다. 하면 할수록 더 힘들어지고 몸과 마음은 늘 허전하고 답답하고 그 어떤 것을 해봐도 나의 마음을 시원하게 해결해 주는 것은 없었습니다.

지인의 소개로 『천지령』 책을 보고 깜짝 놀랐습니다.

책에서 강력한 천지기운을 느낄 수 있는 책은 보지도 못했고 들어보지도 못했습니다.

책에서 느껴지는 기운이 대단한데 이 책을 집필하신 분은 정말 너무나 대단하신 분이겠구나 생각했고, 종교를 믿고 있는 모든 사람들과 도를 닦거나 기도하는 사람들이 찾아 헤매던 신비의 인물이 분명하다고 생각했습니다.

몇 년을 헤매고 다니면서 어디를 가서도 나의 답답함을 풀 수 없었고, 시간이 지나면서 더더욱 힘만 들고 몸과 마음은 만신창이가 되어서 삶의 희망도 없었습니다.

그저 하루하루를 살아가는 저의 생각에 이분에게는 나의 모든 것을 이야기할 수 있고 몇 년을 헤매고 다녔어도 풀지 못한 나의 답답함을 해결해 주실 거라는 희망이 들기 시작했습니다.

저는 자미국과 인연이 되면서 인생이 천지개벽이 되었습니다.

정말 『천지령』 책 한 권에 긍정적 인생, 희망과 행복을 느끼는 인생, 모든 것이 개벽이 되었습니다.

저는 이제까지 살면서 행복하다는 것을 느끼지 못했었고, 항상 피곤하다, 힘들다, 짜증난다, 답답하다, 이런 삶이었는데 이런 나의 삶이 180도 완전 바뀌어, 즐겁다 하고 있습니다.

이렇게 소중하고 귀한 행복이란 아름다운 선물을 주셨는데 강력한 천지기운까지 선물로 주시니 몸과 마음, 몸 둘 바를 모르겠습니다.

너무나도 좋은 기운이라서 말로는 다 표현할 수가 없어요.

정말 저는 피곤을 잘 느끼고 항상 피곤해서 다녔습니다.

천지 자미국 주문을 외우면서부터는 생활이 즐겁고 하는 일도 재미있고, 거래처 사람들이 저에게 인상이 너무 좋다며 저에게 잘 대해줍니다. 마음이 안정되고 대인관계도 여유를 가지고 하니 사람들이 호감을 가집니다.

제 마음을 컨트롤 못하고 짜증도 내던 마음이 정말 신기할 정도로 줄고, 먼저 상대를 이해해 줄 수 있는 마음의 여유가 생기면서 몸과 마음에도 안정을 찾았습니다.

운전할 때 천지 자미국 외우고 다니면 신기할 정도로 차가 잘 나가고 옆의 차들이 알아서 피해 갑니다.

저는 하루 종일 배달 일을 하는데 요즘은 피곤하지도 않고 차가 너무 잘 움직여서 너무 좋아요! 차만 타면 천지 자미국 외우는 것이 너무나 좋고 정말 행복합니다.

잠도 예전에는 7~8시간 자도 피로가 풀리지 않았는데, 요즘은 4~5시간 자도 피로가 풀리고 개운합니다.

저녁에 정식으로 천지 자미국 주문 외우기하고 강력한 천지기운을 많이 받는 날은 정신이 말짱하여 잠도 안 자고 늦게까지 있어도 피곤하지 않습니다.

몸에 활력이 생겨서 너무나 좋고요, 마음까지 안정이 되니 정말 제가 제일 행복하구나 생각합니다.

어떻게 천지 자미국 다섯 글자만 주문으로 외우는데 이렇게 강력한 천지기운을 느끼게 해주시는지 정말 신기합니다.

천인, 백성 중에 천지 자미국 주문 외우면서 약 복용을 줄이거나 몸이 많이 호전되어서 8년 동안 먹던 갑상선 약 복용을 중단하는 사례를 보면서 다시 한 번 자미기운에 감탄합니다.

제 인생의 기적은 자미국을 만났다는 사실입니다.

무한한 자부심과 긍지를 갖고 인황님 말씀 열심히 행하려고 노력하겠습니다.

저의 몸과 마음은 인황님께서 내려주시는 자미기운을 받으면서 하나하나 변화하고 있습니다.

인류 최고이신 인황님을 알현할 수 있는 영광을 주심에 감사드리옵니다. 천지 자미국 주문 외우기 최고입니다.

— 천기 13년 2013년 5월 25일 토요일
김○○ ○○천인 올림

이렇게 큰 기운은 생전 처음

천기 13년 4월 16일, 자미국의 인황님께서 행복 주문법 "천지 자미국" 주문을 내려주시었습니다.

어마어마한 천지기운을 운용하시는 대단하신 인황님의 기운을 빨리 느껴보고 싶어서 자미국 방향(강동구)으로 5배의 예를 올린 후, 가부좌 자세를 한 후 합장을 하였습니다.

"천지 자미국" 주문을 외우자마자, 머리 위로 엄청나게 강한 기운이 스며드는 느낌과 동시에 합장한 양손이 어깨넓이로 벌어지며 고개는 뒤로 넘어가는데, 누군가가 뒤에서 잡아당긴 것 같아 정말 신기했습니다!

합장한 양손은 금세 위로 쭉 올라가 허공에서 신비스러운 형상들을 마구 만들어내니 세상에, 이 순간이 꿈인지 생시인지 구분이 안 갈 정도로 참으로 놀랍더군요.

주문을 계속 외우자, 뜨거운 기운이 온몸으로 내려와 격렬하게 위 아래로 고개를 흔드는 헤드뱅잉을 하는가 하면, 합장한 양손이 위 아래로 아주 강하고 빠르게 요동치기도 하는, 아주 강력한 기운을 느꼈습니다.

당연히 이렇게 큰 기운은 생전 처음 느껴봅니다.

처음에는 "천. 지. 자. 미. 국" 이렇게 딱딱 끊어서 외웠는데, 시간이 흐를수록 저절로 음률을 타면서 "천~지~ 자~미국~~♪" 외워집니다. 이 주문을 외우면서 처음에는 굵은 남성의 목소리가 흘러나오기도 했고, 점점 맑고 청아한 목소리로 변하는 아주 신기한 체험을 하였습니다.

자미국 주문의 위력을 잘 모르시는 분들은 "에이, 설마…" 하시겠지만 인황님께서 내려주신 주문 "천지 자미국" "자미국" "천지나라 자미국" "인황님 최고" "천지나라 자미국, 인류 최고 인황님 만세만세 만만세, 천세천세 천천세" "새나라 노래" 모두 강력한 천지기운을 느끼고 있습니다.

정말 제 의지와는 상관없이 몸과 고개, 손, 다리가 마구 흔들리며 하늘께서 실제로 존재하고 계심을 온몸으로 느끼게 해주십니다. 그중에서도 참 놀랍고 감동적이었던 자미국 주문 체험사례 하나를 올려보겠습니다.

인황님! 유튜브에 올리실 주문법 "자미국" ja~mi~gug 주문을 40분 동안 외운 후 느껴졌던 기운을 말씀 드리겠습니다.

저녁밥을 먹고 체했는지 속이 더부룩하고 불편해서 소화제를 먹고 시작하려는데, 왠지 약을 먹지 말고 바로 시작해야겠다는 강력한 느낌에 5배의 예를 올린 후 합장을 했는데 그 순간 바로 트림이 시원하게 나와 신기해 하며 주문을 시작했습니다.

자. 미. 국~~♪ 자~미~~국~~♪ 처음엔 이렇게 부드럽게 외워지다가, 점점 빨라지면서 합장한 양손이 빠르게 요동쳤고 어제처럼 양 엄지손가락을 추켜올린 채, 두 팔은 위로 올라가 힘차게 응원하는 모습이 됩니다.

그때도 속은 계속 더부룩했는데, 그때 다시 팔이 내려와 왼쪽 팔은 위로 쭉 뻗어 손가락들은 춤을 추듯 움직여지고, 오른손이 주먹을 쥐고, 제 배를 원 모양으로 천천히 계속 두드려줍니다!

마치 "엄마 손은 약손~" 하며 배를 따뜻하게 어루만져주시는 어머니의 손길처럼 포근함을 느꼈고 그러면서 트림이 몇 번이나 나왔고, 속이 좀 가라앉는 느낌이 들었습니다.

정말 신기하고 대단했습니다~

체해서 몸이 힘든 상태였는데, "자미국" 주문으로 소화가 다됐으니 이 얼마나 놀라운 현상인가요?

그리고 다시 양손이(주먹 쥔 상태) 얼굴로 올라와 이번엔 제 두 눈을 살살 두드려주고 이어서 이마, 볼, 턱선 까지 천천히 두드려지니 꼭 얼굴 마사지 받는 것처럼 시원하네요!

속이 편안해지자 다시 합장을 하고 자~미~국~♪을 외치자 양손이 위로 올라가 부드러운 춤을 추듯이 좌우로 움직여지니 제 마음도 점점 평온해지고….

그렇게 오늘은 아주 부드럽고 따뜻한 신비기운을 듬뿍 느꼈고, 이렇게 편안해진 상태로 글을 올리게 되었네요. 정말 신기하고 신비한 "자미국" 주문입니다!

인황님(지황님)께 감사의 인사를 올립니다. 유튜브에 올리실 주문법 "자미국" ja-mi-gug 열심히 외우며 느껴지는 신비의 기운을 계속 말씀 올리겠습니다.

참으로 신비스러운 기운이있습니다. 5배의 예를 올린 후, "자미국" 주문을 외웠을 뿐인데, 제 양손이 저절로 움직여져 아픈 배를 살살 두드려주고, 피곤해서 충혈되었던 제 두 눈과 얼굴 전체를 살살 두드려주니 정말 대단한 감동이 밀려왔습니다.

인황님께서 자미국 주문을 내려주시어 그대로 주문을 외웠을 뿐인데, 어쩜 이렇게도 신기한 현상이 일어날 수 있을까? 하며 인황님의 대능력에 다시 한 번 더 감탄하게 되었지요.

저는 오래전부터 갑상선 기능 항진증으로 극심한 피로감과 두근

거림, 손 떨림, 안구돌출증상에 8년 넘게 약을 꾸준히 복용하였고, 정신 또한 제대로 차릴 수가 없었습니다.

지인이 그 병은 홧병이니 명상을 해보라고 해서 명상과 기(氣)체조 등을 해보았지만 그럴수록 얼굴은 더욱 심하게 붓고, 온몸이 여기저기 쑤시고 아파 당장 그만두었던 기억이 납니다.

풍수지리 책을 읽으며 방안의 가구 위치도 바꿔보고, 최면까지 해보았지만 몸과 마음은 더욱 만신창이가 되어가더군요.

그 후, 자미국에서 출간한 『생사령』과 『천지령』 책을 읽고, 자미국에 와서 의식을 행한 이후에 건강이 많이 좋아졌지만 최근 "자미국" 주문을 계속 외우면서부터는 더욱 좋아져 이젠 약까지 끊게 되었습니다.

와~ 정말 너무 신기했습니다!

자미국 주문을 계속 외우다 보면 마음이 아주 편안해지며 몸은 가뿐한 느낌입니다. 또 하늘과 땅의 신비스러운 기운을 체험하게 되니, 참으로 영광스럽고 생활에서도 늘 즐겁고 행복합니다.

자미국의 인황님, 그리고 "자미국" 주문의 위력은 정말 신비스럽고 대단한 감동입니다!

종교나 도교단체에서 100년을 주문수행해도 이루지 못할 천지기운을 자미국에서는 "자미국" 단 세 글자 주문으로 대단한 천지기운을 받게 되니 정말 말로 표현할 수 없는 경이로움을 느껴요!

모두가 자미국에서 발간한 책을 읽고 인류 최고 인황님을 알현하시면, 하늘의 기운을 받는 가장 빠른 길이 "자미국"이라는 진실을 절실히 느끼게 되실 겁니다.

주문을 외우면 온몸으로 천지기운을 내려오게 해주시는 인류 최고의 대단하신 인황님께 진심으로 감사의 마음을 전하옵니다.

살아 움직이는 “자미국” 주문!!

정말 대단하고 최고입니다!

천지나라 자미국, 인류 최고 인황님 만세만세 만만세, 천세천세 천천세!

— 천기 13년 5월 25일
대전에서 이○○ 백성 올립니다

✦ 5부 ✦

인류의 영원한 구심점

진정한 하늘 태상천존 자미천황님! | 하늘님 중에 최고의 하늘님 |
인류 탄생부터 기다린 자미국 | 성자와 성인들을 능가하는 인류의 능력자 |
지위고하를 막론하고 인류가 머리 숙여야 | 모두 내려놓는 자가 최후의 승리자 |
청와대 터는 천지나라 자미국 인황의 자리 | 입헌군주제와 의원내각제로 개헌 |
남북통일 후 국호는 무엇으로 하나? | 대한민국 국기에 대한 비밀 |
자미국 국민으로 재탄생 | 대한민국에 주신 선물 천지대업 |
지구와 72억 인간의 주인

진정한 하늘 태상천존 자미천황님!

이 저자가 처음으로 전하는 "태상천존 자미천황님"이라는 부분에 대하여 독자 여러분은 태상천존 자미천황님이 누구이신가? 하고 궁금할 것이다.

차례대로 순서대로 이 저자가 전하는 말을 책을 통하여 읽다 보면 환희와 감동, 기쁨에 젖어들게 될 것이다.

태상천존 자미천황님은 만 인류가 오랜 세월 종교 안에서 애타게 찾던 분이시다.

지금까지는 진정한 하늘의 존함을 몰라 우리 만 인류는 각자 나름대로 예수님을 찾아, 하나님을 찾아, 상제님을 찾아, 성모 마리아님을 찾아, 미륵님을 찾아, 신을 찾아 헤매고 다녔는데 예수님, 하나님, 미륵님, 모두의 부모님이 태상천존 자미천황님이시라면 이해가 가시겠는가?

위대하신 태상천존 자미천황님께서는 우리 각자가 그토록 믿고 섬기고 있었던 예수님, 석가님, 미륵님, 기타 등등을 창조하신 진정한 하늘이시다.

태상천존 자미천황님께서는 하늘, 땅, 인간, 조상, 해, 달, 별, 불, 물, 바람, 하나님, 미륵님, 상제님, 예수님, 석가님, 즉 천지의 만생만물 모두를 창조하신 장본인이시다.

그러나 이 세상의 사람들은 지금까지 이 하늘의 숨은 진실을 알 수가 없었기에 각자 나름대로 종교에서 전하는 부처님, 예수님, 상제님, 성모 마리아님, 미륵님, 기타 등등이 우주의 주인인 줄 알고 그분들 앞에 줄을 서서 머리를 조아리고 있었지만 그런 우리의 삶에는 어떠한 변화도 없었다.

다시 말해, 지금까지 이 세상의 사람들이 잘한다고 행했던 모든 것들이 진정한 우주의 주인인 태상천존 자미천황님은 무시한 채 태상천존 자미천황님의 후손에게 빌고 있었던 것이다.

우리 모두는 그동안 우주의 주인, 영의 진정한 부모님을 잃어버렸던 것이다. 또한 진정한 하늘의 존함이 무엇인지도 모른 채 종교에 심취해 있었던 것이다.

진정한 하늘!

태상천존 자미천황님의 존함이 드디어 이 땅의 사람들에게 밝혀지는 감격의 순간이다.

만 인류는 하늘이 그리워 종교를 통하여 하늘을 만나고자, 하늘을 알고자 수천 년의 세월 동안 많이도 울었다.

그러나 그 위대하신 하늘! 태상천존 자미천황님께서는 종교의 세상이 아닌 자미국을 통하여 존재를 밝혀주시고 계신다.

태상천존 자미천황님께서는 말씀하시었다.

“하늘은 하늘 자체이고, 인간은 인간 자체이고, 조상은 조상 자체다”라고.

그렇기에 어느 누구도 종교가 될 수 없다고 하시면서 “진정한 하늘 세상에는 종교가 없다”고 하시면서, 진정한 하늘 세상에는 없는 “인간의 이론이 세운 인간의 종교” 그 어떠한 종교도 용납하실 수 없다고 하시었다.

그동안 수많은 종교를 통하여 수많은 사람들이 수많은 세월 동안 하늘의 진실을 알고자 했지만 이루어지지 않음은 바로 종교는 하늘의 원뜻이 아니었기에 이루어지지 않았던 것이다.

"하늘에서 이루어진 것이 땅에서 이루어진다"는 말이 있듯이, 하늘의 원뜻대로 행해야 하늘의 기운을 받아 인간의 삶을 사는 동안, 또한 인간의 삶이 다한 사후세상에서도 하늘의 기운과 하늘의 보호를 받아 행복해질 수 있다고 가르쳐주시었다.

종교는 하늘의 원뜻이 아닌 인간의 얄팍한 이론으로 인간의 얄팍한 이론이 최고인 줄 알고 인간이 세운 것이라고 가르쳐주시었다.

수많은 사람들을 절대로 종교의 교리, 종교의 이론으론 교화할 수 없음을 바로 알라고 하시었다.

수많은 사람들의 생김새가 다 다르고 수많은 사람들의 성격이 제각각이건만 어찌 종교의 똑같은 이론이 수많은 사람들에게 통하겠느냐고 하시면서 인간의 종교에 역정을 내시었다.

종교에서 행했던 모든 행위들은 흔한 말로 똑같은 옷을 만들어 수많은 사람들에게 골고루 나누어주어 똑같은 옷을 입도록 하는 것과 똑같은 이치라고 하시었다.

수많은 사람들 속에는 남자도 있고, 여자도 있고, 살이 찐 사람도 있고, 마른 사람도 있고, 키가 큰 사람도 있고, 키가 작은 사람도 있고, 얼굴 피부가 하얀 사람도 있고, 얼굴 피부가 검은 사람도 있기 마련인데, 똑같은 옷을 만들어 수많은 사람들에게 준다면 그 옷이 정녕 맞는 사람들이 얼마나 있겠느냐고 반문하시었다.

종교에서 행하는 천도재, 기도의식이 바로 이와 같다고 하시었다.

각자 각자가 분명 다 다르거늘, 합동 천도재, 합동 기도들을 올리고 있으니 이것이 말이나 되는 행동이냐고 하시었다.

각자 각자에게 맞는 옷이 아닌 옷을 입었을 때, 각자의 모습이 그 얼마나 추할지 생각이나 해보고 종교에서 권하는 것들을 따라하는 것이냐고 하시었다.

종교 생활을 오래하면 할수록 자신들의 삶이 고통, 아픔, 사기, 배신, 질병, 고소고발, 자살로 얼룩지게 됨은 바로 이런 이치라고 가르쳐주시었다.

본인들이 종교에서 권하는 그 어떠한 것들을 자신들이 받아들여 현실로 행하는 순간, 자신들은 자신들에게 어울리지도 않는 옷을 받아 들고 자신들에게 어울리지도 않는 옷들을 입고 세상을 살아가고 있으니 세상의 웃음거리가 되어 자신들의 삶이 얼룩지게 되는 것이라고 가르쳐주시었다.

만 인류는 지금 동화책에 나오는 '벌거벗은 임금님'의 모습들임을 알라고 하시었다.

벌거벗은 임금님의 얘기는 옷 욕심이 남달랐던 임금님의 얘기다. 벌거벗은 임금님은 자신의 욕심으로 세간의 웃음거리가 되게 되었다.

이와 같이 욕심이 너무 과하면 오히려 화를 보게 된다. 또한 벌거벗은 임금님의 실수는 자신의 옷에 너무 욕심을 부리다 보니 진실은 보지 못하였던 것이다.

벌거벗은 임금님은 자신 옷을 재단하기 위하여 부른 재단사의 말을 처음에는 믿질 않았다.

자신의 옷이 어디 있느냐고 재단사의 거짓에 처음에는 화도 냈었지만 재단사가 자꾸만 자신의 말이 맞는 쪽으로 몰고 가자 나중에는 임금님도 재단사의 거짓말을 믿게 된 것이다.

임금님이 끝까지 재단사의 말을 믿지 않고 자신의 눈을 믿었다면 이런 창피한 일은 당하지 않았을 것이다.

이와 같이 태상천존 자미천황님께서는 이 땅의 사람들에게 가르쳐주고 계신다. 벌거벗은 임금님처럼 종교에서 하는 말을 너무 쉽게 듣고 믿지 말라고 하셨다.

또한 종교에서 권하는 것들을 모두 믿고 따르지 말라시며 종교에서 권하는 것들을 믿고 따르다 보면 결국 자신들만 세상의 낙오자가 되고, 세상의 실패자가 되어 세상의 웃음거리밖에 되질 않으니 정신들 차리라고 하시었다.

각자의 생김새가 다 다르고 키와 몸무게가 다 다르듯 각자에게 맞는 사이즈와 어울리는 스타일의 옷을 입어야 폼이 나듯 각자에게 맞는 말과 행을 해야 각자의 인생이 폼 나고 성공, 발전하게 된다고 하시었다.

종교에서 모두에게 권하는 공통적인 기도와 천도재는 맞지 않는 옷을 입은 것과 같은 이치라고 가르쳐주시었다.

자미국에서 행하는 천상입궁의식은 지금까지 종교 안에서 행했던 공통적인 천도재, 기도와는 판이하게 다른 의식이다.

천상입궁의식!

인류가 생긴 이래 만생만물의 창조주이신 태상천존 자미천황님께서 우리 인류를 위하여 처음이자 마지막으로 행하여 주시는 의식으로서 기존의 불교 법도 아니다.

그렇다고 기존의 기독교 법도 아닌 세상이 생긴 이래 처음으로 선보이는 하늘께서 직접 행해 주시는 신비롭고도 존귀한 이 세상의 유일한 의식이다.

천상입궁의식은 기존의 천도재나 굿처럼 매번, 해마다, 반복해서 행하는 의식이 아니라 자신이 살아생전 한 번만 행하면 되는 의식이다. 또한 합동제나 합동 기도가 아닌 각자를 기준으로 단독으로 행하는 의식이다.

종교처럼 하나의 이론과 경전을 만들어놓고 매번 똑같은 형식과 똑같은 이론의 말을 전달하는 의식이 아니라 각자의 전생과 현생 내생에 맞추어 행하는 정말 신비롭고도 신비한 하늘의 의식이다.

태상천존 자미천황님께서는 말씀하셨다.

매번, 해마다, 때마다 수시로 행하는 의식은 거짓이니 행하지 말라고 하셨다.

종교에서 하는 말을 듣고 매번, 해마다, 때마다 의식과 기도를 하다 보면 결국은 자신들의 인생과 삶, 가정, 회사가 벌거벗은 임금님의 신세가 되어 자신의 인생은 물론 자신들의 가족들도 이 세상에 버림받게 되는 비참한 신세들이 되니 조심들 하라고 신신당부의 말씀을 하시었다.

사회에 이름을 알린 정치인들, 연예인들, 의사들 또한 일반인들의 삶과 인생이 자신들의 의지와 상관없이 세상 속에 고소고발, 사기 배신, 자살, 이혼으로 내몰려 세상에 망신을 당하게 되는 이유는 바로 각자의 삶이 '벌거벗은 임금님'의 신세가 되었기에 현실로 일어났을 뿐이라고 가르쳐주시었다.

태상천존 자미천황님의 말씀을 통하여 각자는 한 번쯤 깊이 생각해 보아야 한다.

각자 종교를 통하여 진정 각자에게 맞는 옷을 입고 각자에게 맞는 말과 행을 하며 이 세상을 살아가고 있는지?

혹시 각자에게 맞지 않는 옷을 입고 어울리지도 않는 멋을 부리고 있는 것은 아닌지?

어울리지도 않는 멋을 잘못 부리다 보면 오히려 화를 당하게 됨을 알아야 한다. 이처럼 잘못된 종교의 허점을 다 아시는 자미천황님께서는 종교가 싫다 하신다.

또한 진정한 하늘을 알고 싶어하는 선량한 사람들에게 진정한 하늘의 진실은 전하지도 않은 채 무조건 굴복과 충성, 헌금과 시주를 강요하는 종교가 싫다 하신다.

인간의 욕심으로 자신들이 종교를 세워놓고, 종교가 하늘의 뜻이라는 둥, 예수님의 뜻이라는 둥, 미륵님의 뜻이라는 둥 하면서 선량한 사람들을 속이는 종교 세상에 이제는 아주 역겹고 신물이 난다 하시었다.

종교는 하늘의 뜻도 아닌, 또한 이 세상을 다녀간 성자, 성인들의 뜻도 아닌 인간의 얄팍한 욕심과 잘남이 만들어낸 인간의 뜻이라고 하시었다.

깨달은 인간과 영은 하늘의 뜻이 아닌 종교의 세상에 더 이상 머물면서 자신들의 인생과 자신들의 가족들을 혹사시킬 필요 없다 하시었다.

종교를 통하여 자신과 자신의 가족들을 혹사시킨다고 하늘께 칭찬을 받는 것이 아니라 오히려 하늘의 뜻과 반대인 종교세상에 머무는 자들은 오히려 화를 입게 된다고 하시었다.

종교에 줄을 서서 충성하지 말고 우선 조상님 천상입궁의식을 통하여 자신들의 조상부터 구원하는 자들이 하늘께 복을 받게 된다고 가르쳐주시었다.

태상천존 자미천황님의 뜻과 반대되는 종교세상으로는 미륵님도, 부처님도, 하나님도, 예수님도 가지 않는다고 하시었다.

그렇기에 세상의 종교 안에서는 어떠한 하늘의 기운도 받을 수 없음을 만 인류는 알아야 하리라.

태상천존 자미천황님을 중심으로 자미국으로 미륵님, 하나님, 신명님, 인간, 조상 모두가 함께했다. 미륵님, 하나님, 신명님 모두는 서로 대립의 관계가 아닌 한마음 한뜻으로 함께하시기로 이미 통합이 이루어진 상태이다.

미륵님, 하나님, 신명님의 출범과 동시에 유불선 통합이 자미국을 통하여 이루어지는 환희의 순간이다. 미륵님, 하나님, 신명님의 유불선 통합과 더불어 미륵님, 하나님, 신명님께서는 우리 인류에게 인류의 구심점이시다.

인류의 영혼의 부모님이시며 인류의 하늘님은 예수, 석가, 상제, 성모 마리아 등이 아니며 바로 고귀하고 존귀하신 태상천존 자미천황님이심을 책을 통하여 전하고 계신다.

천상입궁의식을 행하는 날 함께 하강 강림하시어 우리와 함께하시면서 우리 만 인류가 궁금히 여겼었던 진정한 하늘 '태상천존 자미천황님'에 대하여 전하여 주고 계신다.

만 인류가 애타게 기다리던 유불선 통합이 자미국을 통하여 이루어지고 있고 그토록 그리웠던 하늘과 한 발짝 더 가까이 할 수 있는 영광의 일이 자미국을 통하여 이루어지고 있다.

태상천존 자미천황님께 선택받을 수 있는 길이 바로 우리의 현실로 이루어지고 있으니 이는 분명 개인의 기쁨을 초월하여 대한민국 모두의 기쁨의 일 아니던가?

하늘님 중에 최고의 하늘님

각자 나름대로 예수님이 최고인 줄 알고, 부처님이 최고인 줄 알고, 상제님이 최고인 줄 알고, 미륵님이 최고인 줄 알고, 성모 마리아님이 최고인 줄 알고 종교의 교리와 이론에 심취하여 자신의 삶을 희생하며 살면 하늘께 복 받고 구원받아 잘살 줄 알고 있었지만 그 모두는 하늘의 진정한 진실이 아니었다.

만 인류 각자가 최고인 줄 알고 믿고 따르던 예수님, 하나님, 미륵님, 상제님, 우리 인간 모두를 최초로 창조하신 진정한 만생만물의 주인님은 예수님, 하나님, 미륵님, 상제님, 우리 인간이 아닌 태상천존 자미천황님이심이 밝혀지고 있다.

또한 만 인류 모두가 몰랐던 하늘의 위대한 존함이 태상천존 자미천황님이심이 밝혀지고 있으니 참으로 감개무량한 일이다.

만 인류는 하늘을 오랜 세월 너무도 그리워하였고 하늘의 진실을 알고자 하였으나 만 인류는 하늘의 진정한 진실에 대하여 알 수가 없었다.

그러다 보니 만 인류 모두는 각자 나름대로 예수님, 하나님, 미륵님, 신명님이 인류의 주인일 것이다 하면서 각자 나름대로 종교를 통하여 기도를 하면서 진짜를 찾고자 하였다.

2000년, 3000년 수많은 세월의 시간동안 수많은 사람들은 진짜 하늘을 알고자 종교에 심취하였지만 진짜는 알지 못하고 시간의 흐름 속에 고통, 아픔, 질병, 상처만 끌어안게 되었다.

만 인류가 오랜 세월 그토록 그리워했던 하늘!

만 인류 모두가 오랜 세월 그토록 기다렸던 하늘은 바로 '태상천존 자미천황님'이시었다.

현 세상을 살아가고 있는 우리 인간을 창조하시고 이미 이 세상을 다녀가신 수많은 사람들을 창조하시고 하나님, 미륵님, 예수님, 석가님, 신명님 등 이 세상의 만생만물 모두를 최초로 창조하신 분은 바로 태상천존 자미천황님이시었다.

지금까지는 진정한 하늘 태상천존 자미천황님을 알 수가 없었기에 각자 나름대로 종교를 통하여 하늘세상, 사후세상, 조상님세상, 인간세상의 진실을 알고자 했지만 만생만물 모두를 최초로 창조하신 분이 밝혀짐으로써 우리 모두의 고민이 이제는 해결되게 되었으니 참으로 기쁜 일이다.

진정한 인류의 구심점, 인류의 영의 부모님, 인류의 하늘님이신 태상천존 자미천황님을 중심으로 하나님, 미륵님, 신명님, 인간, 생령, 사령(조상님) 모두가 함께하면 되니 이보다 더 기쁜 일이 어디 있으랴?

진정한 하늘 태상천존 자미천황님을 중심으로 하나님, 미륵님, 신명님이 함께하시었으니 태상천존 자미천황님을 중심으로 이젠 기독교인, 불교인, 도인, 일반인 모두가 함께하면 된다.

종교는 처음부터 하늘의 원뜻이 아니었다.

종교는 하늘의 원뜻이 아니었기에 어찌 보면 불교인, 기독교인, 도인이라고 표현함도 맞지 않을 것 같다. 우리 인간이 이 세상에 태어날 때 인간으로 태어났듯이 우리 모두는 원래부터 인간이었을 뿐 불교인, 기독교인, 도인, 종교인이 아니었다.

우리 인간 모두가 원래 인간으로 태어났듯이 종교의 세계에게 탈

피하여 대단하신 하늘 태상천존 자미천황님을 만나게 된다면 우리 모두는 그 위대한 하늘의 자손이 되는 것이니 그 얼마나 기쁘고 값진 일이랴?

종교인으로 살아온 각자의 삶이 어둡고 칙칙한 밤의 인생이었다면 태상천존 자미천황님과 함께하는 삶은 밝고 환한 인생이라 할 수 있을 것이다.

종교인으로 살아온 각자의 삶이 잘 보이지도 않고 들리지도 않는 흑백텔레비전의 인생이었다면, 태상천존 자미천황님과 함께하는 삶은 잘 보이고, 잘 들리는 화려한 HD 고화질 컬러텔레비전의 인생이라 할 수 있을 것이다.

종교인으로 살아온 각자의 삶과 각자의 가정이 사기 배신, 고소고발, 이별, 자살, 우울증, 질병으로 가득한 인생이었다면 태상천존 자미천황님과 함께하는 삶과 가정은 행복, 기쁨, 건강의 인생이라 할 수 있을 것이다.

태상천존 자미천황님은 우리 모두의 영을 창조하시어 우리 모두를 이 땅으로 보내신 우리 모두의 영의 부모님이시고 우리 모두가 찾던 하늘님 중에 최고의 하늘님이시다.

자미국은 모든 종교세계를 초월한 세상이기에 기존에 어떠한 종교에 몸과 마음을 두고 있었던 이들도 거부 반응을 가질 필요 없다고 이 저자는 생각한다.

하늘의 진실, 사후세상의 진실, 인간세상의 진실, 조상님의 진실, 종교의 진실, 행복의 진실, 질병의 진실, 우울증의 진실 이 모두가 책을 통하여 차례대로 순서대로 밝혀질 것이다.

인류 탄생부터 기다린 자미국

하늘과 땅이 함께하고 너와 내가 함께하는 자미국의 이념!

인간들과 끝없이 대화하고 소통하기를 바라고 원하지만 육신이 없어 말 못하시고 답답해 하시는 하늘, 땅, 조상, 신, 생령들의 손과 발, 입이 되는 대변자가 되고자 한다.

인간들과 자유로이 대화를 주선하여 서로의 아픔과 슬픔, 고통을 풀고 무릉도원 세상을 살아가는 것이 목표이다.

인간들의 눈에는 보이지 않지만 실제로 존재하고 계시는 이분들의 아픔과 슬픔, 고통과 불행을 인정하고 살아가야 육신이 있는 인간들의 삶에 풍파가 일어나지 않는다는 사실을 수많은 세월과 체험을 통하여 알게 되었다.

이분들의 편안함 없이 인간들만 행복하고 편하게 잘사는 법은 세상천지 그 어디에도 없지만 이분들의 존재를 부정하는 사람들이 대다수이다.

그러다 보니 인간의 삶으로 온갖 아픔과 슬픔, 사건사고, 단명, 실패, 비명횡사, 수많은 질병으로 고통스러운 인생을 살다가 세상을 떠나고 있다.

각자 살아가면서 겪고 있는 아픔과 슬픔, 고통과 불행은 각자가 눈에 보이지 않고 들리지 않는다고 이분들의 존재를 끝없이 무시하고 부정하며 몰라본 각자의 대가였다.

미신이라 하거나 비과학적인 존재로 매도하여 이분들의 원성을 사서 각자의 삶이 아팠던 것이다.

여러분에게 피와 살, 뼈를 물려주시고 성씨를 주시어 현생에 인간으로 태어날 수 있게 애를 쓰신 각자의 부모님과 조상님 그리고 생령을 자신의 몸으로 내려주신 영혼의 부모님이신 하늘이 어찌 미신이고 비과학적 존재인 것인가?

생령과 육을 주신 하늘과 땅의 천지부모를 미신이나 비과학적인 존재로 생각하고 살아가는 사람들은 각자의 인생이 아플 수밖에 없다는 진실을 알고 있는지 묻고 싶다.

자신들의 영과 육이 태어난 원초적인 고향을 무시하고 부정하며 몰라본 자와 많이 배워서 인간세상 지식으로 가득 찬 잘난 인간들이 천지부모님에게 배은망덕한 자들이다.

자신 스스로가 악에 빙의되어 천지이치를 부정하는 사탄마귀, 악귀잡귀들 아니던가?

자신을 이 땅에 태어나게 하신 천지부모님을 무시하고 부정하다 보니 어렵게 이룬 성공과 출세를 뒤로하고 갑자기 세상을 떠나거나, 부정비리가 폭로되어 인간세계의 지옥세상인 교도소로 줄줄이 들어가고 있다.

자신의 영과 육의 출생지를 부정하고 살아가는 기고만장한 잘난 인간들은 정녕 어디서 왔고 누구의 덕으로 이 세상을 살아가고 있는 것이던가?

배은망덕도 유분수지 자신의 출생지인 감사의 영과 육의 천지부모님을 무시하고 부정하다가 날벼락 맞은 고통의 쓴맛이 과연 어떠하던가?

각자가 말이나 마음으로 행하고 뿌린 대로 거둔다고 하였듯이 현재의 각자 아픔과 슬픔, 고통과 불행은 자신들이 이미 뿌린 씨의 열

매가 아닌가?

누구를 원망할 필요 없고 재수 없다고 푸념할 자격조차도 없음을 알고 천지부모님에게 두 무릎 꿇고 그동안 하늘과 땅의 부모님을 무시하고 부정하며 몰라본 자신들의 죄를 하루속히 빌고 살아가는 자가 이제라도 죄를 용서받는 유일한 길이다.

자미국 사람(백성, 천인)이 되는 길은 천지부모님에게 인간으로 태어나 근본 도리를 행한 사람들에게만 특별히 주어지는 하늘과 땅의 가장 큰 선물이다.

자미국 사람이 된다는 것은 아무나 될 수 없는 아주 귀한 선택을 받은 것이다.

자미국은 기존에 알려진 종교세계의 연장이 아니지만 이 글을 읽고도 새로운 종교로 생각하는 사람들은 자격 미달이다.

하늘과 땅의 사랑과 보호를 살아서도 죽어서도 영원히 받지 못하고 살아갈 존재들이기에 그런 부정적인 마음이 일어나도록 천지기운이 내려가고 있는 것이다.

지위고하를 막론하고 인간으로 태어나서 위대하시고 대단하신 하늘과 땅의 명을 받아 자미국 사람(백성, 천인)으로 재탄생할 수 있다 함은 인생 최고의 성공이자 출세인 것이다.

인간세상의 성공과 출세, 권력과 재물은 100년 미만의 작은 성공에 불과하고 풀잎에 맺힌 이슬과도 같은 것이다. 진정한 성공과 출세는 하늘과 땅의 명을 받아 영원히 현생과 사후세계를 보장받을 수 있는 자미국 사람이 되는 길이다.

자미국을 새로운 종교로 생각하여 자미국 사람이 될 수 없는 잘난 자들은 이생의 삶이 끝나고 하늘과 땅으로부터 구원받지 못해서 죽음 이후 다음 생에 축생계인 개나 소, 돼지, 뱀, 곤충으로 태어나서 인간들에게 끝없이 구박받고 심판받을 자들이다.

세상을 가장 마음 편히 살아갈 수 있는 길은 멀리 있는 것이 아니라 자미국 사람이 되는 것뿐이다. 하늘, 땅, 조상, 신, 생령들의 아픔과 슬픔, 고통과 불행이 무엇인지 하늘께 여쭈어보고 원과 한을 풀어주는 자가 가장 착한 사람들이다.

이분들과 인간들이 수많은 대화를 할 수 있게끔 대변자 역할을 하는 전 세계 유일한 자미국을 만나는 것은 이 땅에 인간으로 태어나서 가장 큰 행운아가 되는 길이다.

하늘, 땅, 조상, 신, 생령들의 원과 한이 풀어지지 않고 인간들만 잘되는 길은 없기에 하루라도 빨리 이분들의 아픈 마음을 풀어드리는 사람들이 마음 편히 무릉도원 세상을 살아갈 수 있는 가장 현명한 사람들이다.

신선선녀처럼 마음 편히 영생불사하며 살아갈 수 있는 무릉도원의 세상은 멀리 있는 것이 아니라 천상 자미천궁의 천지기운이 실시간으로 무궁무진 내리는 지상 자미천궁인 자미국이다.

세상에 오래도록 뿌리내린 종교 세계를 평생 다녀봐도 마음이 편하지 않은 사람들에게는 자미국이 맞을 것이다. 종교세계가 좋은 사람들은 그곳에 영원히 머물고, 종교세계가 싫은 사람들은 자미국에 들어오면 된다.

자미국은 하늘, 땅, 조상, 신, 생령과 인간들이 함께 기쁨과 행복을 영원히 누리는 지상천국이자 무릉도원세계이다.

각자들의 모습은 인간이지만 각자 육신 안에는 자신의 신이나, 생령, 조상님들이 함께 살아가고 있는데 이런 진실을 모르기에 종교세계 안에서만 지상천국, 극락세계, 무릉도원 세상을 찾고 있지만 100년 1,000년을 믿어도 뜻을 이루기 어렵다는 것이 하늘, 땅, 조상, 신,

생령들을 통해서 알게 되었다.

더 이상 이분들의 원과 한이 더 높이 쌓이게 하지 말고, 자신들의 인생 더 이상 혹사시키지 말아야 한다.

하루라도 빨리 자미국 사람이 되어 그동안 무시하고 부정하며 몰라보았던 하늘, 땅, 조상, 신, 생령의 세계에 대한 진실을 깨달아서 아픔과 슬픔, 고통과 불행에서 벗어나 기쁨과 행복이 넘치는 자미국 세상에서 살아갔으면 좋겠다.

자미국은 세상의 중심이고 인류 모두가 애타게 기다려오던 바로 이상향의 세계인데 종교이론에 너무 오랜 세월 세뇌당하고 실망해서 진짜 하늘과 땅이 함께하는 자미국의 진면목을 믿지 못하고 아픔과 슬픔, 고통과 불행 속에서 허우적거리며 살아가고 있는 것이 아쉽고 안타깝다.

살아서는 자신이 자미국을 찾아야 하고, 어렵게 찾은 자미국을 생전에 믿지 못해서 하늘과 땅의 명을 받지 못하고 죽은 이후에 하늘의 존재에 대해서 깨달음을 얻었다면 자손이라도 앞세우고 찾아와야 할 곳이 자미국이다.

인간, 조상, 신, 생령들의 현생과 사후세계에 대한 길흉화복과 생로병사, 생사여탈권을 실시간으로 행사하는 전 세계 유일한 곳이 대단한 자미국이다.

아픔과 슬픔, 고통과 불행 속에서 벗어나 마음 편히 잘사는 세상을 만드는 것이 목표이고 하늘, 땅, 조상, 신, 생령들을 무시하고 부정하며 몰라보는 인간들을 교화하여 이분들의 원과 한을 풀어드려서 세상의 중심, 인류의 구심점으로 하늘과 자미국을 세우는 것이 자미국의 목표이다.

이분들의 존재를 무시하고 살아가는 만큼 각자 자신의 인생으로

생령 "그런데 뭐? 자식들에게 다 물려준다고? 누구 돈인데 네놈 마음대로 새끼들에게 유산으로 물려준다는 거야. 내가 벌은 거 다 가져갈 거다."

불행한 사건사고가 현실로 일어난다.

남의 말만 듣고 하늘이 어디 있어? 신이 어디 있어? 조상이 어디 있어? 하고 남의 말을 따라서 부정하면 자신의 인생으로 날벼락 맞을 일만 벌어진다는 무서운 사실을 알아야 한다.

인생사의 1%를 제외하고 모든 일들이 하늘과 땅의 기운으로 이루어질 수 있는 전무후무한 자미국이다.

성자와 성인들을 능가하는 인류의 능력자

천지기운을 느끼게 해주는 의미는 인간불신, 종교불신의 시대에 살고 있는 독자 여러분을 위하여 새로 출범한 자미국이 독자 여러분이 보기에는 진짜인지 가짜인지 판단을 하기가 힘들까 나약한 독자 여러분을 위한 것이다.

또한 자미국을 독자 여러분이 좀 더 편안한 마음으로 선택할 수 있도록 함에 있다. 자미국 주문과 기운을 통하여 하늘과 땅의 신명이 실제로 존재하고 있음을 각자 몸으로 체험하면 자미국을 각자가 선택함에 고민이 덜 될 것이다.

자미국 주문을 외우고 나서 종교세계, 무속세계, 도교세계에서는 이룰 수 없었던 경이롭고 신비한 일들이 자미국 사람들의 인생과 현실에서 일어나고 있다.

산천에서 홀로 수행하거나 종교나 도교, 마음수련들을 통해서 도통하려는 사람, 천통하려는 사람, 신통하려는 사람, 영통하려는 사람, 의통하려는 사람들이 기다리던 곳이 바로 자미국이고, 기독교, 천주교, 불교를 믿어서 구원받고 영생하려는 조상님과 사람들의 소원을 이룰 수 있는 곳이 자미국이다.

수억만 조에 이르는 사령과 생령들이 기다리던 꿈의 세계이자 이상향의 세계가 지금 이 땅에 태동해서 세워지고 있다. 모든 종교가 자미국 하나로 통합되고 자미국은 전 세계의 중심국가로 부상하게 예언되어 있다.

산 사람 인간 육신들과 몸 안에 생령(자기의 신)과 이미 돌아가신 조상님(사령)들이 수억만 년의 세월 동안 애타게 기다려오던 무릉도원의 세계가 자미국이기에 이제 더 이상 종교 안에서 세월을 허송세월하며 낭비할 필요가 없어졌다.

하늘과 땅의 천지기운은 이론이 아니라 현실이고 각자가 온몸으로 체험할 수 있기에 거짓을 전할 수 없다. 그동안 속고 속은 종교세계의 이론과 기운이 아닌 현실의 기운이다.

인류의 구심점이자 천지나라 자미국을 만나기 위하여 수억만 년의 세월 동안 종교 안에서 자미국이 태동하여 세워지기를 손꼽아 기다리며 하늘세계, 사후세계를 공부해 왔던 것인데 이제는 종교세계를 졸업할 때가 되었다.

열심히 오랫동안 종교 이론을 믿는다고 구원받는 것이 아니다.

이제 종교세계는 종쳤다.

2~3천 년 전에 쓴 종교 이론과 종교 교리에 매달릴 필요가 없어졌다. 자미국에 입문하여 순서대로 차례대로 행하다 보면 그동안 각자 원하고 바랐던 이상향의 세상을 현실로 이룰 수 있다.

자미국은 종교세계와 완전히 다른 뜻을 펼치고 있다.

이제 더 이상 무속, 기독교, 천주교, 불교, 도교, 민족종교의 존재가 이 땅에 필요 없는 시대가 도래하였다. 직접 자미국을 통하여 하늘과 신, 영, 조상님과 대화를 나눌 수 있는 길이 열렸으니 방황을 끝낼 수 있게 되었다.

인간이 태초에 태어나고부터 수억만 년의 세월 동안 종교 안에서 애타게 기다려오던 진인(미륵불, 재림예수, 정도령)은 과연 누구일지 궁금했을 것이고, 어느 시대에 올지도 궁금했을 것이다.

자미국의 인황 역시도 나 자신일 줄은 꿈에도 몰랐다.

산 사람의 생령을 거리에 상관없이 자유자재로 불러서 대화를 나눈 사례는 인간이 이 땅에 태어난 이후 없었고 석가, 예수, 성모, 공자, 노자, 마호메트, 상제 등 여러분이 숭배하고 있는 숭배대상자들도 못 이루어낸 역사적인 대 사건이다.

가짜가 판을 치는 세상이 되어서 이제는 직접 체험하게 할 수밖에 없다.

청천벽력 같은 천지기운이 내리는 것은 하늘과 땅의 영적 존재(신명)가 계신다는 것을 여러분들에게 보여주기 위함이고 자미국이 진짜이고 인황과 사감이 진짜임을 여러분에게 직접적으로 전하기 위함이다.

하늘과 땅의 모든 것을 다 알고 계시는 신이 계신다.

그 신님께서 여러분이 자미국 주문을 할 때 천지기운을 각자의 몸으로 느끼게 해주어 자미국을 믿고, 자미천황님을 믿게 하고 계신 것이다.

네이버 검색창에 [자미국] 검색하면 블로그와 동영상에 수많은 사례들이 올라가 있으니 확인하면 된다.

앞으로의 시대는 자미국 시대, 인황의 시대가 활짝 열리게 될 것이다.

종교는 지는 해이고 자미국은 떠오르는 장엄한 태양이다. 인생의 고통과 불행, 아픔과 슬픔이 좋아 영원히 힘들게 살고 싶은 사람들은 지금처럼 종교에 열심히 다니면 되고, 기쁨과 행복 누리는 무릉도원의 세상을 살고 싶은 사람들은 천지나라 자미국으로 입문하면 된다.

지위고하를 막론하고 인류가 머리 숙여야

자기 육신과 생령, 가정, 자녀, 조상님, 기업들이 모두 잘되고 마음 편히 행복 누리며 살아가고 싶거든 태산보다 높은 자존심 몽땅 내려놓고 자미국에 들어와야 하고, 좀 더 고생하려거든 자존심 영원히 지키며 불행과 함께하며 살아가면 된다.

인간 육신, 생령, 사령들의 생사여탈권을 행사할 수 있는 천권과 천력을 나 인황에게 하늘이 내려주시었기에 굴복하는 것이 만수무강은 물론 잘되는 지름길이다.

이 나라의 대통령은 물론 전 세계의 대통령들도 머리를 숙일 곳이 없겠지만 단 한 곳 자미국 인황과 하늘께는 직위와 자존심 몽땅 내려놓고 머리 숙이고 들어오는 것이 현생이 잘 풀리는 길이고, 사후세계에 들어가서도 잘살게 되는 길이다.

현생은 물론 사후세계까지 생사여탈권을 행사할 수 있는 대단한 능력을 가진 분이 진정한 하늘 태상천존 자미천황님이시다. 인황을 통하여 하늘께 선택받음은 인간으로 태어나 가장 큰 행운을 얻는 길이다 하여도 과언이 아닐 정도로 중차대한 일이다.

인류가 태어나 죽은 숫자가 그 얼마나 많을까?

수억만 조에 이르는 사령들이 세상을 뒤덮고 있지만 인간들의 눈에만 보이지 않을 뿐이다. 그래서 풀잎에도 신이 내린다고 했는데 그들은 신이 아니라 하늘을 몰라보고 자연의 이치도 모르는 구원받지 못할 귀신이고 악귀잡귀, 사탄마귀들이다.

천지나라 자미국은 하늘과 땅의 대단하신 신들이 함께하는 곳이기에 자기 육신과 생령, 가정, 자녀, 조상님, 기업, 국가의 운명까지도 천지개벽시켜 줄 수 있다.

세상에서 자미국 열풍이 불 때쯤이면 자미국에 들어오는 것이 하늘의 별따기 그 자체가 될 것이고 최하 경쟁률이 9,000대 1의 높은 관문을 뚫어야 할 것이다.

하늘과 땅이 함께하는 천지나라 자미국은 인류가 탄생한 이래 세계적으로 최고의 이슈가 될 것이고, 72억 인류가 자미국에 들어오고 싶어서 아우성을 치게 될 것이다.

자미국이 이 나라 안에 태동하여 세워지고 있는 것은 우리 민족에게는 최고의 영광스런 일이 될 것이다.

천지나라 자미국이 세계의 중심국가, 통치국가, 지도국가, 신의 종주국으로서 천하세계를 호령하게 되고 전 세계로부터 조공과 천공을 거두어들이는 날이 현실로 다가오게 될 것인데 독자 여러분은 이런 세상이 상상도 안 되고 실감도 나지 않을 것이다.

필자가 마치 꿈을 꾸는 것은 아닌가 할 정도로 아득하게 먼 훗날의 일처럼 느껴질 것인데 그날은 생각처럼 그렇게 많은 시간이 걸리지 않고 누앞에 혀실로 다가올 것이다.

모두 내려놓는 자가 최후의 승리자

현실세계를 잘살고 언제 떠나갈지 모르는 사후세계 준비는 천지나라 자미국에 들어와야만 완벽하게 할 수 있다. 자미국을 알고도 반신반의하면서 들어오지 않고 죽음을 맞이하는 자가 가장 불쌍한 자들이다.

죽음 이후의 세상은 없다고 단순하게 생각하고 사는 사람들이 세상에서 가장 못난 사람들이다. 각자 자기 자신들은 세상에서 제일 똑똑하고 잘났다하며 자랑하고 살아가고 있겠지만 그것은 아주 커다란 착각이다.

죽음의 세계는 세상 그 어느 누구도 대신할 수 없고 사후세계 역시 가족들조차도 손을 쓸 수 없는 손길 밖의 세상이다.

하늘과 땅의 절대자의 도움 없이는 고통과 불행의 세계를 벗어날 수 없다. 그러기에 육신이 살아있을 때 자미국에 들어와서 언젠가 갑자기 다가올 자기 자신들의 죽음의 세계를 철저히 준비하고 살아가야 한다.

육신이 있을 때보다 육신 없는 귀신의 사후세계는 100년의 세월이 아니라 수억만 년의 장구한 세월이기에 자미국에 들어와서 인황을 알현하지 못하고 갑자기 세상을 떠나면 그것이 바로 지옥세계이고, 아귀세계, 아수라세계, 축생세계이니 죽어서 원과 한을 쌓은 채 허공중천 방황하는 불쌍한 신세들 되지 말고 현명한 선택 잘하기 바란다.

잘났다고 세상을 살아가고 있는 성공하고 출세한 의사, 판사, 검사, 박사, 교수, 언론인, 고위공직자, 장차관, 국회의원, 시도지사, 대통령들이라 할지라도 그 모든 지위와 재물, 잘남, 학벌을 모두 내려놓고 하루속히 자미국 인황을 알현하는 자가 최후의 승리자이고 성공한 자라 할 수 있다.

세상의 벼슬이 높은 것이 최고가 아니라 자미국 인황을 통해서 하늘의 명을 받아 천인으로 태어나야 진정으로 높은 것이다. 세상의 높은 자리는 언제 사라질지 모르는 신기루 같은 것이고, 권력은 길어봐야 몇십 년이다.

만물의 영장인 인간이 누군가에게 굴복할 상대가 생겼다는 것 자체가 바로 행운이자 영광이다. 굴복한다는 것은 곧 하늘과 땅의 지킴, 보호, 사랑을 받는다는 뜻이다.

하늘과 땅, 인황의 보호 따위는 필요 없다고 생각하는 잘난 자들은 굳이 자존심 죽이고 굴복할 필요 없다.

어제라는 시간이 분명히 있었으니 오늘이 있고 오늘이 있으니 내일이 있듯이, 현생의 삶이 있으면 과거 자신 전생의 삶이 있고, 현생의 삶이 있으면 내생의 사후세계 삶 또한 엄연히 존재하고 있음을 알아야 한다.

인류의 현생과 내생까지 하늘과 함께 자미국 인황이 생사여탈권을 실체적으로 행사하고 있다. 유튜브를 통해 자미국의 대단한 기운과 인황의 절대적인 존재가 전 세계인류에게 널리 전해질 것이다.

청와대 터는 천지나라 자미국 인황의 자리

청와대 터를 거쳐 간 일본총독들과 역대 대통령들의 재임 중 또는 퇴임 후의 말로는 하나같이 비참하였다.

대통령들과 나라에 불행을 불러들이는 저주받은 터 청와대.

초대 대통령의 망명, 대통령 내외의 시해 및 저격 사건, 두 전직 대통령의 감옥살이, IMF사태 발생, 두 전직 대통령의 아들 부정비리 연루로 구속수감.

퇴임 후 대통령 자살, 대통령의 측근들 구속수감, 친형 구속, 내곡동 사저 특검으로 아들 소환 등 전 대통령들 당사자와 가족이 비리에 연루되는 불행이 이어지고 있다.

청와대 터의 원주인이 누구인지 국민들은 모른다.

청와대 터의 원주인은 하늘과 땅의 뜻을 전하는 자미국 인황이며 지구가 탄생하면서부터 정해 놓은 자리였는데 이런 높은 하늘과 땅의 진실을 인간들의 영적 수준으로 알 수가 없었다.

대통령의 터가 아닌데 들어가 있으니 끝없는 불행이 일어나고 있다. 자미국 인황이 머물 자리인데 들어가 있으니 대통령들이 강한 기운을 감당할 수 없다.

일반적인 터는 탈이 나면 터 고사를 지내주면 잠잠하지만 청와대 터는 그럴 성격의 자리가 아닌 것이다.

100년의 세월 동안 일본총독과 역대 대통령들이 청와대에 들어가서 무슨 일인들 안 해 보았을까? 나라에서 제일 유명한 도인, 도사,

천신제자, 무당, 신부, 목사, 스님들을 불러서 별별 의식을 모두 올려 보았을 것이다.

일본총독과 역대 대통령 내외분들이 각자 믿는 종교에 따라서 천신제, 칠성제, 지신제, 천도재, 기도, 미사, 예배 등 모든 방법을 동원해서 해보았다.

결과는 역대 대통령과 가족들에게 재임 중이나 퇴임 후에 수난이 멈추지 않고 고통과 불행이 연속되었다.

청와대 터의 진짜 주인인 자미국 인황이 들어가지 않는 이상 앞으로도 대통령들의 불행, 나라의 불행은 멈추지 않고 오히려 지금보다 불행의 강도가 더 심해질 것이다.

72억 인류 그 어느 누구라도 청와대 터의 불행을 막아낼 사람은 없다. 터의 원주인 이외에는 아무도 터의 기운을 감당하지 못하기에 버텨낼 수가 없다.

대통령이 편하고 나라가 잘되는 유일한 길은 터의 주인이 하루 빨리 청와대로 들어가는 길뿐이다.

일반적인 종교인의 능력이나 배포로는 감히 국가를 상대로 청와대 터를 내놓으라고 말할 수 없는 것쯤은 삼척동자도 알 수 있을 것이고 나 인황 역시 나의 뜻만으로 이루어질 수 없는 것임을 잘 알고 있다.

천상에서 자미국으로 하강 강림하시어 대단한 천지조화능력을 부리시는 하늘과 신명님들이 함께해 주고 무소불위하신 천지기운을 나에게 내려주니까 강력하게 전할 수 있는 것이고, 인간 자체만으로는 감히 엄두조차도 못 낼 대사건이다.

자미국 인황이 청와대 터에 들어가서 하늘과 자미국의 존재를 전 세계로 널리 전하고, 이 땅이 세상을 다스리고 영도하는 세계의 중심국가라고 선포해야 한다.

그럼으로써 전 세계의 관심과 시선이 자미국으로 자연스럽게 쏠리면서 세계의 중심국가로 부상하게 된다. 자미국의 존재가 전 세계로 널리 알려지면서 기업들의 대외수출물량이 폭증하고 불황에서 벗어나 경기활성화로 이어진다.

경제선진국으로 진입하여 국민들의 삶의 질이 급속도로 향상될 것이다.

세계적인 경기침체는 대한민국의 힘만으로는 회복시킬 수가 없고 자미국 인황이 청와대 터에 들어가서 나라의 중심과 세계인류의 구심점이 되어야 한다. 세계의 중심이 되는 일은 나라 개국 이후 최대의 경사스런 일이다.

그래서 자미국이 청와대 터에 속히 들어갈 수 있도록 대통령과 정부 각 부처 관계자와 국민들이 적극적으로 자미국의 뜻에 찬성하고 협조해 주어야 한다.

청와대 터에 자미국이 들어가는 일은 나라의 안정과 경제를 살리는 지름길이고 대한민국 국가의 명운이 걸려 있는 긴급하고도 절박한 사안이다.

전 세계 최고의 경제선진국이 될 수 있는 유일한 길은 자미국이 세계의 중심이 되는 일이기에 자미국 세우는 일을 국가정책 사업으로 적극 추진해야 맞다.

전 세계인류가 우러러 상국(上國)으로 받들게 할 수 있는 천지조화능력을 행사할 수 있는 유일한 곳이 자미국이다.

예언서나 비기에 장차 세계로부터 조공을 받게 된다,라고 했지만 독자들이 알고 있듯이 약소국가인 대한민국이 어떻게 세계로부터 조공을 받겠는가?

지금의 대한민국 국력(군사력, 경제력, 인구 숫자, 영토면적)으로는 정말 말도 안 되는 예언인데, 조공(朝貢)이란 종속된 국가들이 종주국에 정기적으로 바치는 예물(금전)이다.

이 나라가 하늘과 자미국을 청와대 터에 우뚝 세우면 세계의 중심국가, 절대국가로 부상하기에 하늘과 땅의 천지조화기운에 의해 자발적으로 조공을 바치는 이적과 기적이 일어난다.

조공을 받아내려면 전 세계를 자미국의 연방국가로 귀속시켜야 하는데 스스로 자청해서 귀속하게 되는 상상 초월하는 이변이 무수히 일어날 것이다.

이외에 별도로 의식할 때 인류로부터 조공(조상님께 바치는 금전을 조공(祖貢)이라 하고, 하늘에 바치는 금전을 천공(天貢)이라 함)을 받을 수 있는 유일한 나라가 자미국이다.

엄청난 고통과 불행 속에서도 원주인이 나타날 때까지 청와대 터를 지켜온 역대 대통령들과 모든 불행을 함께해 온 국민들도 참으로 고생들 많이 하였다.

1910년부터 100년 동안 일본총독과 대통령들에게 불행을 준 청와대 터가 이제는 신에게 저주받은 터라고 모두가 말할 정도로 재앙이 내리는 무시운 자리가 되었다.

청와대 터의 육신적인 주인은 대한민국 정부이지만 지구를 창조하신 진짜 주인은 이 나라 정부가 아닌 하늘이시고, 지금까지 단 한 번도 하늘께서 소유권을 주장해 보신 적이 없으시었다.

진짜 하늘의 뜻을 전하는 인간이 없다 보니 그럴 수밖에 없었고 설령 누가 어떤 뜻을 받았다 한들 터의 진짜 주인이 아닌데 감히 정부에 어찌 전하겠는가?

자미국이 아닌 이상 제아무리 실력자라도 청와대 터에 들어가려

엄두도 내지 못할 일이고 성사 자체도 될 수가 없을 것이지만 청와대 터의 진짜 주인이 나타난 이상 주인임을 입증하는 천지조화를 현실로 보여줄 것이다.

무조건 청와대 터를 비우고 자미국에 넘겨주라고 주장하면 자미국 인황을 정신병자로 취급할 수밖에 없기에 정부와 국민들 모두가 대단한 자미국 세 글자의 천지 자미기운에 스스로 굴복하여 인정하도록 할 것이다.

자미국 세 글자를 주문으로 외우면 온몸으로 천지기운이 내려지는데 이를 자미기운이라고 하고, 이 기운은 인황이 각자에게 집 안에서 주문을 외우더라도 실시간으로 받는다.

그러니까 자미국 세 글자를 외워보면 청와대 터의 주인이 인황이 맞는다고 할 경우 자미기운이 더 세차게 내려갈 것이다.

나 인황이 말로 전해 봐야 모두가 부정적이고 전혀 믿지 않을 것이므로 자미국 세 글자를 주문으로 외우게 해서 전 국민들이 자미기운을 몸소 느낌으로써 청와대 터의 진짜 주인이 누구인지 판단할 수 있게 하고자 한다.

이를테면 천지기운으로 국민투표를 하는 것이다. 나 인황의 말은 신뢰할 수 없을지 몰라도 자기 자신들의 몸으로 느껴지는 기운은 거짓이라고 부정하지는 못할 것이기 때문이다.

청와대 터의 주인이 자미국 인황의 자리가 맞는다면 온몸으로 강력한 천지기운이 내릴 것이고 틀린다면 아무런 반응도 일어나지 않을 것이다.

제발 자미국 인황이 청와대 터에 들어가서 나라의 국난과 재난을 막아달라고 애걸할 날이 올 것이다.

나 인황은 청와대 터뿐만이 아니라 지구 전체와 세계인류의 진짜 주인이 누구인지 세상 사람들에게 자미기운을 통해서 확실히 보여주고 알려줄 것이다.

하늘의 진실을 인류에게 전해야 하는 자미국의 이런 엄청난 진실을 일반인들은 알 수 없었다. 청와대 터의 불행이 1910년부터 100년 동안 이어지자 신의 터인데 인간들이 침범해서 불행한 사건사고가 일어나고 있다 말한다.

자미국 터를 신의 터로 알았다.

정확히 말하자면 하늘의 뜻을 전하고 펼치는 자미국이 천상지상 공무를 집행할 자리인데 대통령들이나 국민들이 높은 뜻을 펼치는 진실을 알지 못했다.

분명 청와대 터의 주인은 대통령이 아닌 자미국의 인황이다. 그동안 많은 말을 들어서 신의 터라는 것은 알겠는데 그럼 진짜 주인은 누구일까 그동안 많이 궁금했을 것이다.

2005년 7월부터 청와대를 옮겨야 한다고 자미국의 책을 통해서 꾸준히 전해 왔는데 이제는 때가 되었다.

독자들의 수준에서는 말도 안 되는 욕심이라고 할 수도 있다.

자미국 인황의 주장에 대하여 찬반의 이론이 있겠지만 나라의 불행과 불운을 막아내고 나라가 잘되게 해줄 수 있는 길이다.

입헌군주제와 의원내각제로 개헌

현재의 국정운영과 정치제도 아래서는 나라의 근본적인 문제가 해결될 수 없다. 남북분단의 특수상황과 북한의 끝없는 무력도발의 위협을 고려해야 한다.

정경유착의 고질적인 부정부패를 일소하고 나라가 안정되고 잘 되기 위해서는 현재의 대통령직선제를 18대 대선을 끝으로 과감하게 폐지한 후 선진 영국과 일본처럼 입헌군주제를 도입하여 정신적 지주를 옹립하는 의원내각제로 개헌하는 것이 바람직하다.

대통령에게 집중된 권력을 분산하고 견제하려면 국회에서 2년 임기의 총리를 선출해야 더 이상 부정이나 독재정치를 방지할 수 있을 것이다.

5년 임기의 대통령직선제는 권력이 1인에게 집중되고 현행범이 아닌 이상 민사, 형사로 문제를 제기할 수 없기 때문에 자연적으로 독재정치를 하게 되어 있다.

대통령제는 임기 5년 동안 어떤 책임에서도 자유로운 제도이지만 혁명이 아니면 어떠한 잘못을 해도 책임을 지울 수 없는 특별법을 적용시키는 제도이다.

그리고 고질적인 정경유착의 부정부패가 만연하여 불신정치로 가는 길이다. 이미 역대 대통령들의 부정부패를 많이 체험해 보았고 결국 대통령직선제는 모든 국민들이 막대한 피해를 직간접적으로 입는 제도였다.

정부는 4년 중임이나 분권형대통령제로 개헌할 것이 아니라 대통령직선제를 폐지하고 입헌군주제 도입을 위한 개헌을 추진하는 것이 18대 대통령의 역할이며 진정으로 이 나라를 안정시키고 국민을 살리는 길일 것이다.

여야 대치 정국으로 국력이 낭비되는 것은 대통령직선제의 폐해를 보여주고 있는 것이며, 5년마다 나라 전체가 흔들리는 대통령직선제는 이제 18대 대통령선거로 끝내고 개헌으로 새로운 정치제도가 도입되어야 한다.

입법을 추진하는 국회의원들이 참고해서 정말 어느 정치제도가 이 나라의 미래를 위한 바람직한 개헌인지 심사숙고해서 개헌을 추진해 주었으면 좋겠다. 국민의 대표인 국회의원들의 절대적인 지지와 협조가 필요하다.

이 나라를 크게 세워주실 하늘과 땅, 72위 나라조상님, 역대 제왕님, 각 성씨 시조조상님이 함께하고 너와 내가 함께하는 민족과 인류의 구심점 천지나라 자미국!

정치 9단이라는 JP는 내각제는 21세기에 가장 바람직한 정치제도라면서 가능하면 빨리 됐으면 좋겠다고 말했다.

JP는 이와 관련해 내 소원은 내각책임제로 권력구조를 바꾸는 것이라며 자신의 소신을 분명히 밝혔다.

뭐가 됐든 내각제면 된다고 구체적인 형태에 대해서는 개의치 않겠다고까지 했다. 그는 노무현 대통령이 청와대 만찬에서 내각제 개헌을 먼저 제의했다고 한다.

분권형 대통령제 등은 현재 제왕적 대통령제의 대안으로 제시된 것인데 대통령은 통일, 외교, 국방을 맡고 내치는 국회에서 선출된 총리가 맡는 체제이다.

대통령의 막강한 권한을 분산시키자는 취지의 개헌입법을 추진시키려 하고 있다.

권력분산에 대한 해답이 될 수 있을지는 몰라도 이런 개헌은 자미국이 구상하고 있는 입헌군주제와는 거리가 멀다. 민족과 인류의 중심을 세우자고 하는 자미국의 뜻이 개헌으로 관철되어야 전 세계 최고의 국가로 급속히 부상할 수 있다.

전 세계 국가의 대통령들로부터 하례를 받을 수 있는 강력한 구심점인 절대군주제를 시행해서 청와대 자리에 민족과 인류의 구심점인 하늘과 자미국을 우뚝 세워야 경제적으로 크게 성장하고 강력한 나라로 자리 잡을 수 있다.

어느 쪽으로 개헌하는 것이 진정으로 나라를 위한 길인지 국회의원들은 심사숙고해서 개헌해야 한다.

입헌군주제의 국왕은 조선왕조의 부활이 아닌 전 세계를 굴복시켜 통치할 수 있는 하늘과 땅이 함께하는 천지나라 자미국 인황을 추대하여야 한다.

이름만 군주가 아닌 천지기운으로 세계를 영도할 수 있는 하늘과 땅의 절대능력의 기운이 있어야 한다.

조선왕실을 복원하여 그 후손을 국왕으로 추대한다면 이름뿐인 군주 앞에 세계의 각 나라 대통령들이 스스로 굴복하며 하례를 올릴 하등의 이유가 없다.

세계인류를 심판하고 하늘과 땅에 굴복시킬 수 있는 존재는 자미국의 인황뿐이다.

세계 각 나라는 자미국의 진실을 정확히 알게 되면 하늘과 땅에 대한 감사함과 하늘과 땅으로부터 자신들의 나라와 국민들이 절대적으로 보호받고 싶어하기 때문에 스스로 천공과 지공을 올리며 자미국 연방으로 귀속하겠다고 자처할 것이다.

이것이 천지나라 자미국의 인황이 구상하며 추구하고 있는 입헌군주제이다.

책을 읽고 이론으로만 알지 말고 하늘의 진실을 인정하고 행으로 받들어야 하늘과 자미국, 대한민국이 함께 우뚝 설 수 있다. 이 또한 하늘이 주신 선물이자 천재일우의 기회이니 국민과 정부가 선택을 잘해서 개헌해야 한다.

9,212년 전에 나라를 건국하신 72위 나라조상님들을 비롯해서 모든 국민과 각 성씨의 시조조상님들 모두가 인류의 구심점이 될 천지나라 자미국을 청와대 터에 크게 세우고 자손들로부터 정중한 하례인사를 받고 싶어하신다.

자미국 인황이 천지의 뜻을 독자들에게 전하니 이번 개헌은 여당야당의 당리당략을 떠나 하늘과 땅, 자기 조상님들의 뜻을 받드는 쪽으로 개헌을 추진해야 한다.

하늘과 땅, 천지신명님과 나라조상님, 각 성씨 시조조상님, 역대제왕님, 호국장군님, 호국대사님, 충의열사님, 애국지사님, 호국영령님들이 함께 오랜 세월 동안 원하고 바라던 개헌을 추진해야 각자의 조상님들이 기뻐하고 환호하신다.

이분들의 위패를 천지나라 자미국 금궐에 정중히 모시고 이 나라 국민들은 물론 국빈으로 방문하는 전 세계의 대통령들로부터도 하례인사를 무수히 받게 만들 것이니 조상님들이 박수치며 좋아하실 것이다.

9,212년 전에 건국하신 72위 나라조상님들과 역대제왕님들의 공로는 철저히 무시되어 왔고 각자의 시조조상님들도 일부 가문을 제외하고는 세월이 너무 흘러서 찾아주는 자손도 없고 역사 속으로 사

라져서 떳떳하게 제대로 대우받지 못하고 계신다.

이번에 자미국 인황이 구상하고 있는 입헌군주제 아래 의원내각제로 개헌이 추진된다면 여러분의 조상님들 모두가 오랜 원과 한을 풀 수 있게 될 것이다.

모든 각 성씨 조상님들의 소원은 나라궁전과 인류의 구심점인 천지나라 자미국 금궐이 청와대 터에 세워지는 것이다. 대통령과 정치인, 국민들의 결단이 빠르면 빠를수록 좋고 늦으면 늦을수록 그만큼 나라에 손해이다.

일각이 여삼추이니 하늘과 땅, 나라조상님, 각 성씨 시조조상님, 자미국의 소원부터 들어주어야 나라가 잘 풀려 천하제일 복지국가로 탄생할 수 있다.

국회는 분권형대통령제와 내각책임제로 개헌하려고 시도할 것이지만 입헌군주제로 개헌이 이루어져야 한다.

그 이유는 자미국이 세계를 통합하고 다스리려면 입헌군주제가 시행되어야 하기 때문이다. 입헌군주제로 개헌하는 것은 대한민국만의 군주를 세우는 것이 아니라 세계를 하나로 통합하여 다스릴 세계 군주를 세우는 것이다.

세계 연방국가 자미국 단일 정부가 청와대 터에 세워져야 대한민국의 서울이 세계인류의 수도로 부상하게 된다.

세계적으로 입헌군주제를 시행하고 있는 성공한 대표적인 나라는 영국과 일본이다.

오늘날 세계 229개 나라 가운데 입헌군주국가 27개, 절대군주국가 8개 나라이고, 아직도 54개 나라가 영국의 지배를 받는 영방국가이니 그 영향력이 얼마나 크겠는가?

자미국 인황(지황)은 영국을 능가하는 천지대업을 이루려고 정부와 국민들에게 입헌군주제에 대한 동의를 강력히 촉구하고자 하는 것이다.

입헌군주제의 왕의 존재는 국민들에게 단순한 상징성이 아니라 정신적인 절대지주의 역할이 될 수 있다.

왕의 존재는 경제적으로도 많은 도움을 준다.

몇몇 사람들은 황실을 세우려면 경제적으로 많은 부담감이 있을 것이니 입헌군주제는 사치라고 말하는 사람들이 있다. 하지만 영국의 경우가 그것은 아니라고 말해 주고 있다.

영국 여왕과 왕실로 인해 영국은 경제적으로 커다란 이득을 보고 있다. 브랜드 파이낸스에 따르면, 영국 왕실의 브랜드 가치는 440억 파운드(한화 약 80조 원)로 나타내었다.

관광산업에 기여하고 있고 국가 이미지와 자국산 상품에 대한 대외 호감도를 크게 높이는 것 등을 평가한 금액이다.

일단 민족의 정신적 구심점이 하루빨리 확고하게 세워져야 나라와 기업과 국민들이 안정된다.

자미국의 인황은 입헌군주가 되더라도 군림은 하되 직접적인 정치 관여는 하지 않는다.

친지나라 자미국이 청와대 디에 세워지면 씨이 같은 스타들의 영향을 능가하기에 방문하고 싶은 국가 1순위가 되어 대한민국이 1등 관광국이 되고, 외국 정상들이 방문했을 경우 국내 기업들의 해외수출 상담이 폭발적으로 증가할 것이다.

입헌군주제가 시행되면 자미국 황실 운영에 따른 국가 예산이 증액될 것을 우려하는 생각을 가진 국민들이 다수 있을 것이지만 염려하지 않아도 된다.

국가로부터 예산 지원을 받지 않아도 자미국 자체 운영이 가능하기 때문에 국고 보조는 필요 없으며 오히려 전 세계로부터 들어오는 거대한 자금(조공)을 대한민국 국가 발전에 상당 부분을 기부하는 형식이 될 것이다.

자미국 인황은 인류의 지도자로서, 이 나라 국민의 정신적 지주로서 절대적 구심점 역할을 하면서 대한민국 국가 발전에 크게 기여할 수 있다.

그러므로 천지나라 자미국의 황실에 국가 예산을 전혀 배정하지 않아도 될 것이며 오히려 국가의 브랜드 가치를 높이고 국격과 위상을 제고시켜서 커다란 공헌을 한다.

자미국의 뜻대로 개헌을 추진한다면 이 나라는 대단한 나라로 급부상하고 모든 세계인류가 우러러보게 된다. 천지가 진동하고 개벽할 좋은 일은 분명한데 자미국의 뜻을 그대로 받아들여야 하는지 갈등이 많이 일어날 것이라고 본다.

자미국과 함께 천지가 가장 반기는 대업이기 때문에 대통령과 입법의원 여러분 각자에게 천지기운을 내리시어 자미국이 원하는 내용대로 개헌하라고 기운을 내려주실 것이며 일부는 꿈으로 현몽을 받는 사람들도 있을 것이다.

새로운 나라를 세우는 길이니 역사적인 사명을 갖고 입헌군주제로 개헌을 추진해 주었으면 한다. 자미국 인황은 하늘과 땅이 내려주신 천지기운으로 천변만화의 천지개벽 조화를 지금 현재도 실시간으로 수없이 부리고 있는 대능력자이다.

세상 어느 누구도 감히 생각지 못했던 일이다.

하늘이 주신 귀한 국회의원 자리 값을 이번 개헌에서 톡톡히 역할을 해내야 하늘의 은혜와 사랑에 조금이라도 보답하는 길이고 하늘과 땅은 물론 나라조상님과 여러분의 생령과 조상님들 모두가 기뻐하실 것이다.

자미국을 만 세상에 세우고 세계 1등 국가로 급부상시키는 역사의 주인공들이 되는 값진 일이니 대통령과 국회의원들 모두가 한마음이 되어서 입헌군주제로 개헌을 추진해 주기 바란다.

이것이 살아서나 죽어서나 하늘과 땅, 천지신명님, 72위 나라조상님, 각 성씨 여러분의 조상님들께 가장 잘한 자랑스러운 일로 역사에 기록될 것이다.

천지나라 자미국을 세운 공신록에 이름이 올라가는 영광을 누릴 것이고, 천상장부에도 장한 이름이 영원히 함께 오를 것이니 살아서도 죽어서도 천지간에 모든 분들이 박수치며 잘했다고 매우 기뻐하실 것이리라.

자미국(지상 자미천궁)이 청와대 터에 세워지는 것은 대한민국이 전 세계적으로 유명해져서 대단한 홍보 효과를 얻을 수 있고, 국가위상이 상당히 높아지기에 기업들의 수출 증대는 물론 국익 창출에 상상을 초월하는 엄청난 도움을 줄 수 있다.

민족과 인류의 구심점이 청와대 터에 세워지면 하늘과 땅의 좋은 천지기운을 받아 기업들이 승승장구할 것이고 자미국과 대한민국의 국격과 위상이 최고로 높아진다.

세계 각 나라가 자미국에 스스로 몸을 낮추게 되며 하늘과 땅의 절대적인 보호를 실시간으로 받을 수 있는 자미국 연방으로 귀속을 자청하게 되는 신비한 조화가 인황이 내리는 천지기운으로 인해서 일어난다.

세계 각 나라 대통령 자신의 안위와 나라의 운명을 하늘과 땅으로부터 보호받고자 하기 때문에 자미국 연방국가로 스스로 귀속되기를 원한다. 하늘과 땅이 내려주신 천지기운을 정부와 국민들이 함께 공유했으면 한다.

무소불위한 대단한 기운을 내려주시었는데 한 사람의 기운으로 쓰기에는 주체 못할 너무나도 큰 기운이기에 국가와 민족의 국운 상승과 수많은 기업들의 커다란 발전을 위해서 크게 기여하고 싶은 것이 자미국 인황의 순수한 마음이다.

이 책을 읽으면서 황당하기도 하고, 꿈같기도 하고 어떤 착각에 빠져서 그러는 것 아닌가 생각하는 별별 독자들이 많이 있을 것인데 나 역시도 같은 생각이다. 필자라고 해서 여러분과 생각이 전혀 다르겠는가?

마찬가지이다. 하지만 지금까지 대단한 자미국을 운영하면서 상상을 초월하는 하늘과 땅의 능력, 신명님, 하나님, 미륵님 그리고 자미인황님의 무소불위하고 너무나 대단하신 천지조화, 천지기운의 능력을 수없이 체험하였다.

그렇기 때문에 허상이 아니라 현실로 지금 실현되고 있는 중이고 필자가 남북통일과 세계통일을 할 수 있다고 외치는 것은 대단하신 분들의 천지기운으로 이루어질 수 있기 때문에 자신만만해 하고 있는 것이다.

나 하나 인간의 능력으로 무엇을 해내겠는가? 내가 북한 정권을 어떻게 설득하여 무너뜨리고 통일을 할 수 있고 세계 통일 역시 내가 인황과 지황이라 할지라도 하늘의 도움 없이는 상상도 할 수 없는 일이고 혹세무민하는 길이다.

대단하신 하늘이 이루어주실 일이기에 필자가 주장하는 것이다.

남북통일 후 국호는 무엇으로 하나?

남북통일 이후 국호는 대한민국인가, 조선민주주의 인민공화국인가? 대한조선? 조선대한? 아니면 모두가 행복하고 살기 좋은 나라 자미국(紫微國)인가?

세계를 지배통치하여 다스릴 수 있고 세계 각 나라로부터 조공을 받아낼 수 있는 국호 자미국(紫微國)!

세계로부터 조공(朝貢)을 받아내는 일은 대한민국의 국력으로는 절대 불가능한 일이고, 이는 하늘과 자미국 인황의 무소불위한 천지기운에 의해서만 이루어질 수 있다.

나라의 국호를 자미국으로 바꾼다면 천지기운으로 나라의 국운이 비상하는 것은 시간문제이다.

지금처럼 나라의 안보위기 속에 불안초조하게 살아갈 것인가? 아니면 남과 북이 통일되어 전 세계를 지배통치하는 위대한 국가로 태어날 것인가?

입헌군주제 아래 의원 내각책임제 시행과 자미국으로의 국호 변경은 세계 통치 국가로 부상함을 의미한다. 장차 전 세계는 자미국 연방국가로 귀속하게 되어 있다.

상상이 안 되는 일이지만 정부와 국민들이 나라의 국호를 자미국으로 바꾸고 자미국의 뜻에 동참해 주면 무력도발을 일삼는 북한을 굴복시켜서 통일할 수 있다. 정부와 국민들이 자미국의 뜻에 따라만 준다면 북한을 하늘과 자미국 인황의 천지기운으로 조기에 굴복시킬 수 있다.

대한민국이 있기까지 9,212년 동안 수많은 국호 변경이 있었으나 이는 자미국으로 국호 변경하기 전까지 하나의 과정이었다. 통일 이후에 국호를 바꿀 것이 아니라 지금부터 국호 변경에 대한 국민의 뜻을 물어나가야 할 것이다.

대한민국의 위대한 새로운 시작은 자미국이다.

그러기 위해서는 입헌군주제를 도입하고 통일 이후를 대비해서 나라의 국호를 자미국으로 변경해야 한다.

현 상태에서 통일이 된다면 국호 문제가 분명히 거론될 것이고 남과 북은 국호에 대해서 서로 양보하지 않을 것이기 때문에 자미국으로 국호를 개정하고 북한을 천지나라 자미국의 연방국가로 복속시켜야 한다.

뿐만이 아니라 전 세계도 차례대로 자미국 연방국가로 복속시키는 역할을 자미국의 인황이 천지기운으로 해낼 것이다.

남북통일과 세계 통일의 열쇠는 자미국 인황이 갖고 있기 때문에 이 나라와 국민들이 부강한 나라로 잘살기 위해서는 자미국 인황을 속히 인정하고 뜻을 같이 해야 한다.

자미국의 실체를 잘 모르는 대다수 국민들은 의아해 할 것이지만 이 나라를 세계 최고의 잘사는 국가로 발전시킬 수 있는 하늘과 땅의 무소불위한 천지기운을 움직일 수 있는 신비의 대능력을 갖고 있으니 우선 정부의 고위당국자가 방문해서 나라의 미래 구상을 자세히 들어보기 바란다.

인류의 운명은 천지기운, 즉 자미기운에 의해서 생사여탈권이 실시간으로 좌우되고 있다.

책의 내용만으로는 믿기지 않을 줄 안다.

정부의 고위책임자가 공식적인 방문이든 사적인 방문이든 우선 자미국의 천지기운을 자세히 느껴보는 것이 옳을 것이다.

약소국가에서 세계를 호령할 통치 국가로 부상할 수 있는 길이 자미국 인황에게 있다.

전 세계를 지배하고 다스릴 새로운 나라 자미국을 세계 통치국가로 세우는 데 국민 여러분이 주춧돌과 큰 기둥이 되어주고 나라의 국운을 새롭게 송두리째로 바꿀 수 있는 역사적인 천지대업에 타고난 저마다의 소질을 발휘해 주기 바란다.

9,212년 전에 환국시대의 거대한 영토를 잃어버리고 지금은 한반도마저 반 토막으로 갈라진 약소국가의 서러움, 몽고의 수많은 침략과 일제 36년의 치욕.

6·25 전쟁으로 인한 남북분단과 무력 대치, 해방 이후부터 미군의 주둔으로 인한 내정 간섭과 한국인의 위상을 깔보는 미군들의 묻지마 성추행과 범죄 행위.

남북으로 갈라져 분단의 아픔을 겪고 있는 것은 우리 국민들이 모르는 비밀이 숨겨져 있다. 이제 헌법 개정으로 대통령직선제를 폐지하고 입헌군주제를 실시해서 국호를 변경해야 하늘이 내려주신 커다란 천지만복을 받을 수 있다.

약소국가의 서러움에서 벗어나 대한민국의 존재를 전 세계의 중심으로 알리기 위함과 남북이 통일되어 군사대국, 경제대국, 영토대국으로 부상하기 위한 뜻이 숨어 있다.

미국과 일본, 중국과 러시아의 외세 압력에서 벗어나 대한민국의 국격과 위상을 전 세계 최고의 대단한 지배통치 국가로 만들 수 있는 전무후무한 길이고, 국민 여러분이 적극적으로 동참하면 빨라지기에 자미국의 뜻에 참여하는 것이 대한민국이 가장 잘사는 국가로 발전하는 지름길이다.

이 나라는 물론 전 세계에서도 정신적인 지주로 받들어 모실 만한 절대능력을 갖고 전 세계에 막강한 영향력을 행사할 민족과 인류의 구심점이 없었다.

나라의 건국 역사는 9,212년이 되었지만 대한민국이란 국호가 고종부터는 117년, 임시정부로는 95년, 제헌의회로는 66년의 역사이다. 고종이 1897년 8월 국호로 정한 대한제국, 1919년 4월 중국 상해에 김구 주석이 세운 대한민국 임시정부, 그리고 오늘날의 대한민국은 1948년 제헌의회에서 제정된 국호이다.

한국이란 국호는 운이 다했나 보다.

한국의 한(韓)은 한정 한(限), 원망할 한(恨)의 뜻이 있다. 대한제국 일제 36년의 역사가 증명하였고 6·25 전쟁이 증명하였으며 한나라당이 당명을 변경했다.

한국일보가 4대 신문인데 위상이 말이 아니고, 오랜 역사를 가진 한일합섬, 대한생명이 타사에 넘어갔고 한화그룹 회장이 관재구설에 자주 오르내리고 있는 것을 보면 한국이란 국호의 한韓은 한정된 국운과 원망할 국운이기에 새로운 기운을 충전해야 할 것 같다.

나라의 국운을 충전하는 비법!

자미국이 추구하는 입헌군주제로 개헌을 추진하고, 국호를 변경하여 세계를 다스릴 새로운 나라로 다시 개국하는 것이다.

국호를 변경하지 않으려면 대한민국이 자미국(紫微國) 연방으로 귀속하는 방법도 있다.

자미국으로 귀속한다는 것은 이제까지 지배당하는 약소국가에서 지배하는 절대국가로 다시 태어난다는 어마어마한 하늘과 땅, 천지신명님, 72위 나라조상님, 각 성씨 조상님, 자미국, 인황(지황), 사감의 큰 뜻이 포함되어 있다.

세계를 다스릴 수 있는 천손민족으로 다시 태어날 수 있는 유일한 길이다. 하늘과 땅의 힘인 천지기운을 빌릴 수 있는 방법은 대한민국이 자미국 연방국가로 귀속하거나 대한민국 국호를 자미국으로 개정하는 일이다.

애국가에 "하느님이 보우하사 우리나라 만세" 이 대목의 완성이 하늘과 땅의 보호를 받을 수 있는 자미국으로의 탄생이다.

하늘과 땅이 함께하고, 천지신명님과 나라조상님들이 함께하고, 너와 내가 함께하는 천지나라 자미국의 연방국가로 귀속되어야 무소불위하신 절대자 하늘의 진정한 보호와 사랑을 받을 수 있는 길이 열린다.

대한민국이 자미국으로 귀속한다는 것에 대해 이해하지 못할 사람들이 대다수일 것이다.

자미국은 천황님의 나라이자 땅의 나라이기에 하늘과 땅의 천지기운이 무궁무진 내리는 나라이고 전 세계를 다스릴 중심국가이자 지도 국가이다.

그래서 천황님의 나라 자미국의 국호를 이 나라가 원한다고 하여도 하늘께 윤허를 빋지 않으면 함부로 사용할 수 없다.

정말 우리 민족의 피맺힌 약소국가의 원과 한을 풀 수 있고, 세계를 호령하는 지배통치 국가로 거듭 태어날 수 있는 유일무이한 길은 자미국으로 국호를 바꾸거나 귀속하는 길이다.

하늘과 땅, 천지신명님, 72위 나라조상님과 역대 제왕님들의 도움 없이는 이 나라가 세상을 지배할 일은 결코 없다.

나라의 국운을 살리는 길이 자미국에 있다. 나라의 국호를 자미국으로 바꾸면 가장 좋지만 하늘의 허락 없이는 자미국 명칭을 함부로 쓰라고 할 수 없다.

입헌군주제로 개헌이 되어 자미국이 청와대 자리에 우뚝 세워진다면 정식으로 말씀을 올려서 하늘의 윤허를 받아야 이 나라의 국호로 사용할 수 있다.

세계를 호령하고 다스릴 나라가 자미국이고 통치자가 인황인데 이번 시기를 놓치면 두 번 다시 기회가 없을 것이다.

옛날부터 천손민족이라 불러온 우리 민족의 원과 한을 풀어주시려고 필자에게 자미국의 인황과 지황으로 명을 공식적으로 하사하여 주시었나 보다.

나 인황의 말이 맞는다면 하늘이 이 나라에 주신 귀한 보물이 필자라는 뜻이 된다. 세계를 영도하라고 이미 관명으로 표시하여 인황과 지황이란 명으로 이 땅에 내려주시었으니 이제는 정부와 국민들이 자미국을 세우고 귀속을 하든 하늘의 윤허를 받아 자미국으로 국호를 변경하든가 해야 한다.

하늘이 인류의 지도자로 인정하신다는 의미가 담긴 인황과 지황으로 명을 내려주시었으니 하늘이 보살펴주실 것은 당연한 이치 아니겠는가? 내가 종교를 세우려고 했으면 이런 높디높은 명을 두 개씩이나 내려주셨을까?

종교라면 가장 거부하시는 하늘이시다.

팔자가 도사나 법사 할 팔자였다면 인황과 지황이란 명은 전혀 어울리지 않는다.

새로운 천지나라를 세우겠다고 지금의 길로 들어왔고 나 인황이 자미국이라고 국호를 정하게 되었다.

하늘과 땅이 함께하는 나라가 자미국이니 하늘과 땅의 천지기운이 내려옴은 당연한 이치 아니겠는가? 세계를 다스릴 비결은 입헌군주제로 개헌 이후 자미국으로 귀속하는 일이다.

비록 현재는 가당치도 않은 꿈만 같은 일이지만 그것이 대한민국이 가장 잘되는 길이다. 이 나라 자체로는 천년만년이 흘러가도 세계를 다스릴 수 없다.

하늘과 자미국을 인류의 구심점으로 청와대 터에 우뚝 세우고 자미국으로 귀속하든가 하늘의 윤허를 받아서 대한민국 국호를 자미국으로 변경하면, 북한의 고질적인 무력도발은 영원히 사라질 것이며 나라의 국운이 파죽지세로 천지개벽하게 된다.

나라의 국호를 바꾸기 전이라도 자미국 국민의 신분을 취득하는 사람들은 살아서나 죽어서나 하늘과 땅의 보호와 도움을 받을 수 있는 행운아이고 가장 영광스런 사람들이 될 것이다.

대한민국 국기에 대한 비밀

남북통일 이후 국호 변경에 이어 국기도 바꾸어야 한다.

국기에 담긴 뜻이 한반도 분단의 역사를 잘 표시해 주고 있기에 국기를 바꾸는 것도 시급하다. 국기를 바꾸지 않고는 남북통일의 길은 멀고도 멀다.

국기의 중심에 태극 마크가 있는데 뜻은 깊고 좋지만 북쪽의 적색 부분과 남쪽의 청색 부분이 겹치는 경계선이 지금의 휴전선 모양과 비슷하다는 것을 알 수 있다.

태극 문양 자체가 영원한 대치 문양이기에 싸움이 끊이지 않게 되어 있고 하나로 통합할 수 없는 운명적인 문양이다. 자석의 음극과 양극을 대치시킨 것과 같으니 전동모터가 되어서 끝없는 대치국면이 이어질 것이다.

그리고 건곤감리 4괘는 음양적인 뜻을 배려하여 제작된 것이지만 현재 남과 북을 중심으로 4강(괘)에 둘러싸여 있다.

미국과 일본 그리고 중국과 러시아가 태극기의 4괘에 해당한다는 점이다. 어쩌면 이리도 절묘하게 태극기가 나라의 국기로 제정되었는지 신비스럽다. 이미 남과 북의 운명은 이미 국기에 그렇게 정해져 있었던 것 같다.

남북과 주변 4대 강국으로 둘러싸여 있는 국기에 대한 비밀.

자미국 국기를 제작하려고 전 세계의 국기를 살펴보다가 우리나라의 국기를 바라보게 되었는데 이런 비극의 진실이 마음속에서 떠오르는 것이었다.

물론 내 몸 안에 어떤 분이 가르쳐주신 것일 수도 있지만 정말 신기하지 않은가? 또 다른 사람이 나와 같은 생각을 하고 있을지도 모르지만 일단 국민들에게 책을 통해서 국기에 대한 비밀을 밝힌다.

대한민국 국기!

국기의 형상은 나라의 운명이 국기처럼 그렇게 되기를 갈망하는 뜻이 숨겨져 있다. 그래서 하늘과 땅의 천지기운, 즉 자미기운이 나라와 국민들의 소원을 들어주고 있는 중이니 남과 북이 서로 무력으로 대치하고 있는 것은 당연한 일이다.

이 나라와 국민들의 소원이었기에 하늘과 땅을 원망하거나 무력도발을 일삼는 북한을 욕할 필요도 없다. 참으로 무서운 해석으로 느껴질 것이지만 하늘과 땅은 한 치의 오차도 없으신 분이시라는 것을 수천 번도 더 체험한 당사자이다.

그래서 나라의 국기를 바꾸어야 마땅할 것인데 국민들의 정서상 찬반양론이 대립할 것이지만 나라의 국운을 바꾸려면 과감하게 바꾸는 것이 맞다.

항상 모든 사안에는 아무리 옳은 일이라도 반대론자가 있기 마련이기 때문에 다수가 찬성하면 강행해서 바꾸어야 한다.

그래서 일단 자미국의 국기를 제작하였다.

세계를 통치하는 황제를 상징하는 황룡의 깃발이다.

하늘과 땅이 자미국과 세계를 지배통치할 수 있는 문양으로 제작하였으니 이 나라가 자미국으로 국호를 바꾸든 자미국에 귀속을 하든 국가의 운명이 천지개벽할 정도로 바뀌게 될 것이다.

현재 우리나라의 국기 제정 역사.

지금부터 131년 전인 1882년(고종 19년) 5월 22일에 체결된 조미

수호 통상조약 조인식이 그 직접적인 계기가 되었다.

당시 조선 정부는 청(淸)이 자기 나라 국기인 용기(龍旗)를 약간 변형하여 사용할 것을 요구하였으나 이를 거부하고 우리 민족이 예로부터 즐겨 사용해 오던 태극 문양을 흰색 바탕에 빨강과 파랑으로 그려넣은 태극 도형기를 임시 국기로 사용하였다.

그 후 국기 제정의 필요성을 느낀 조선 정부는 종전의 태극 도형기에 8괘(卦)를 첨가하여 태극 8괘 도안의 기를 만들었다.

1882년 9월 박영효는 고종의 명을 받아 특명전권대신 겸 수신사로 이 국기를 지니고 일본으로 가던 중 선상에서 태극 문양과 그 둘레에 8괘 대신 건곤감리(乾坤坎離) 4괘만을 그려넣은 '태극 4괘 도안'의 국기를 만들어 바로 그 달 25일부터 사용하였다.

10월 3일 본국에 이 사실을 보고하자, 고종은 다음 해인 1883년 3월 6일 왕명으로 이 태극 4괘 도안의 태극기(太極旗)를 국기(國旗)로 제정하고 공포하였다.

태극기의 흰색 바탕은 밝음과 순수, 그리고 전통적으로 평화를 사랑하는 우리의 민족성을 의미한다.

태극 문양은 파랑색 음(陰)과 빨강색 양 (陽)으로 하늘과 땅의 의미도 있지만 음과 양의 조화를 상징하는 것으로 우주만물이 음양의 상호작용에 의해 생성하고 발전한다는 대자연의 진리를 형상화했다.

4괘는 동(건), 서(곤), 남(리), 북(감)
건—동쪽 미국을 상징, 감—북쪽 러시아 상징
이—남쪽 일본을 상징, 곤—서쪽 중국을 상징

건괘는 하늘(天), 봄(春), 동(東쪽, 인(仁)을 뜻한다.

곤괘는 땅(地), 여름(夏), 서(西), 의(義)를 나타낸다.

리괘는 해(日), 가을(秋), 남(南), 예(禮)를 뜻한다.

감괘는 달(月), 겨울(冬), 북(北), 지(知)를 나타낸다.

해와 달처럼 영원토록 빛나는 나라가 되자는 광명의 정신을 표현한 좋은 의미였지만 현재의 한반도 정세를 보면 태극기 모양과 너무나도 닮은 것이 신기하다.

6자 회담의 당사국인 남과 북을 중심으로 4강인 미국과 일본, 중국과 러시아가 참여하여 한반도 문제를 논의하고 있다. 4자회담에는 남북한과 미국 , 중국이 참석하고 6자 회담에는 일본과 러시아가 참석하는데 참으로 서글픈 일이다.

이 나라의 미래를 당사국이 아닌 주변 4대 강대국들이 감 놔라 배 놔라 하는 이런 굴욕적인 나라가 되지 않으려면 이 나라 국민들은 자미국을 중심으로 모두 모여서 일치단결해야 4강의 간섭을 받지 않고 독자적인 길을 가야 한다.

지금까지 이렇게 외세로부터 간섭받는 서러운 나라에서 정반대로 4강들을 굴복시켜서 역으로 지배통치하고 간섭하는 위대한 국가로 다시 대이니야 하지 않을까?

언제까지 저들의 간섭을 받고 살아갈 것이며 언제까지 미국의 군사적 보호를 요청하는 구걸 외교를 해야 하는 것인가?

국민들은 잘 생각하고 판단해야 한다.

이 나라가 강대국이 될 수 있는 모든 열쇠는 자미국의 인황이 갖고 있으니 너도나도 자미국으로 모여서 힘을 합쳐야 약소국가의 슬픔과 서러움에서 하루라도 빨리 벗어날 수 있게 된다.

현 상태에서는 나라의 경제가 비약적인 발전을 하더라도 4대 강대국의 간섭을 영원히 피할 길은 없다.

약자의 서러운 마음을 통쾌하게 풀 수 있는 길이 자미국 인황에게 있다는데 감사할 일이 아닌가? 나라와 국민들이 자미국의 뜻에 따라만 준다면 더 이상 저들의 간섭을 받지 않아도 되고 오히려 저들을 호통 치며 다스려 나갈 것이다.

자미국이 청와대 터에 우뚝 세워질 수 있도록 국민 여러분의 절대적인 지지와 성원을 보내주기 바란다.

자미국이 우뚝 서는 날부터 남북통일의 기운이 감돌 것이고 그동안 우리를 우습게 보고 괴롭혔던 국가들을 하늘과 나 인황의 자미기운으로 세계 모두를 굴복시킬 것이다.

자미국의 인황은 천지기운, 즉 자미기운으로 특정 국가를 천재지변의 대재앙으로 멸망시킬 수도 있는 대능력을 갖고 있지만 아직은 이 나라 대한민국 정부가 인정해 주지 않고 있기에 기운 운용을 유보하고 있다.

앞으로 전 세계 최고의 부자나라이자 강대국이 자미국이다.

꿈만 같은 일이고 잘 믿어지지 않겠지만 현실로 다가올 일이고, 이 세상의 운명은 하늘과 땅이 함께하는 자미국의 인황이 원하고 바라는 대로 흘러가게 되어 있다.

한 치 앞도 알 수 없는 한반도의 위기 상황!

그 해법은 정치인들에게 있는 것도 아니고, 4대 강국들에게 있는 것이 아니라 자미국의 인황이 갖고 있으니 더 이상 시간 낭비하지 말고 나라의 국정책임자들은 자미국으로 속속 방문하여 인황의 뜻에 함께해 주기 바란다.

전 세계 72억 인류에 대한 생사여탈권을 자미국에서 천지 자미기운으로 실시간 행사할 수 있다. 적대적인 국가의 수뇌부를 굴복시키는 일은 대의명분이 있는 정당한 사안이기에 자미기운에 의해서 현실로 이루어질 수 있다.

목숨을 거둘 필요도 없이 상대방의 마음을 순간에 바꾸어버리기 때문에 굳이 목숨을 거둘 필요조차도 없다.

인류의 소원은 자미국의 인황을 통해서 하늘께 올려야만 들어주신다고 하시었다.

그러나 이 나라와 국민들은 이런 진실을 책을 통하여 읽으면서 이미 알고 있을 텐데도 진실일까? 거짓일까? 한도 끝도 없이 망설이며 반신반의하고 있다.

전 세계인류가 한쪽은 자미국의 대단함에 감동받아 굴복할 것이고, 다른 한쪽은 무서운 자미기운에 의해 공포와 두려움으로 굴복하게 될 것이다.

지금도 전 세계적으로 일어나고 있는 기상재난과 천재지변의 대재앙은 우연히 일어나는 것이 아니라 세계인류에게 자미국의 존재를 알리고 있는 과정이다.

자미국이 청와대 터에 세워지면 전 세계의 핵무기도 무용지물로 만들거나 컴퓨터를 오작동시켜서 자폭하게 만들 수도 있다.

뿐만 아니라 어떤 나라의 대통령이나 군 수뇌부들 최측근 경호원의 뇌로 살인 지령의 메시지를 전달하여 상대를 저격하게 하는 것도 가능하다.

요즈음 정신이상자들의 묻지 마 방화사건이나 살인사건 같은 것을 연상하면 된다. 컴퓨터 오작동 역시 자미기운으로 조정이 가능하다는 것을 여러 번 겪었다.

그러므로 항공기와 전투기, 핵미사일을 전파교란이나 컴퓨터 오작동으로 엔진이 자동으로 멈추게 하거나 자폭센서를 작동시켜 추

생령 “네놈 인간 육신은 살아봐야 고작 100년이지만 나는 천상의 하늘로부터 죄를 용서받지 못하면 수억만 년을 허공중천, 구천세계, 축생계 윤회, 지옥세계로 떨어져서 끝없는 고통을 겪어야 하는데 네놈 가족에게 다 물려준다고?”

락시키는 것도 가능하다.

공상 영화 같고 가상 시나리오 같지만 현실로 다가올 일들이니 자미국의 웅대한 천지대업의 뜻에 수많은 국민들이 함께 참여해 주었으면 한다.

자미국 국민으로 재탄생

각자 자신들과 가정, 기업, 나라가 안정되고 잘되기를 진정으로 원하고 바라면 현재 어느 종교를 믿고 있는 것에 상관없이 자미국이 추구하고 있는 뜻에 적극 동참하고 자미국에 들어와서 자미국 국민으로 신분을 취득해야 한다.

자미국의 국민이 되는 것은 세상 살아가면서 하늘과 땅의 도움으로 모든 고통과 불행, 풍화환란으로 벗어나는 특혜를 누리는 자격을 취득하는 것이다.

그러기 위해서는 자미국에 방문하여 자신들의 본관, 이름, 생년월일시, 주소, 연락처를 기록해서 하늘과 땅에 고하는 의례 절차를 거치면 된다.

자미국 국민의 등급은 예비백성, 정식백성, 천인 등 세 가지가 있다. 예비백성들은 일정액의 연회비를 내고 하늘과 땅에 자신들의 인적사항을 올려서 예비백성의 신분에 맞는 천지기운의 보호를 받고 살아갈 수 있다.

정식백성과 천인들은 하늘과 땅의 뜻을 받들어서 하늘의 명을 받아 의식을 행하면 영원한 자미국 국민이 된다.

자미국의 국민들 숫자가 기하급수적으로 늘어날수록 이 나라는 잘되게 되어 있다.

애국가에 '동해물과 백두산이 마르고 닳도록 하느님이 보우하사 우리나라 만세'라는 대목이 있다.

그러면 영원토록 하느님이 보우(보호하고 도와 줌)해 달라는 뜻인데 그러면 우리나라 국민들은 하느님의 뜻에 따르고 있었던 것인가 되돌아볼 필요가 있다.

물론 하느님이 보우하시어 남한이 북한에 적화 통일되지 않았고, 중국에 먹히지 않아서 아직 대한민국이라는 국적을 위태롭게 유지하고 있다.

하늘께 보호해 주시고 도와달라고만 하였지 정작 하늘이 원하시는 대로 우리나라 국민들이 행한 것이 무엇이던가? 하늘은 아직도 상상 속의 하늘이라고 생각하고 있는 것이던가?

그러나 하늘은 실제로 존재하고 계시며 우리의 일거수일투족을 보고 계신다.

하늘이 원하시고 바라시는 대로 행한 뒤에 하늘께 보우해 주시라고 요청하는 것이 인간의 근본 도리 아닐까?

하늘이 원하시고 바라시는 것은 국민들이 행하지 않으면서 일방적으로 하늘에게 끝없이 보호와 도움만을 요청하는 것은 모순이고 인간사 도리에 맞지도 않고 천지이치에도 어긋나는 불합리한 일방통행 이론이다.

"우리나라 만세"

만세를 부를 날이 자미국의 등장으로 남과 북이 통일되고 세계 초강대국으로 비약적인 발전을 하여 만세를 불러야 한다고 예언되어 있는 것이다.

그러나 하늘과 땅의 도움 없이는 "우리나라 만세"를 부를 일은 일어나지 않을 것이다.

이 나라 국민들 대다수가 자미국의 뜻에 동참하였을 때 하루라도 빨리 우리나라 만세를 부를 수 있는 날이 다가온다.

애국가는 어찌 들으면 애처롭게 하소연하는 것 같지만 강요하는 것 같은 느낌이 든다.

이제까지 국가를 잃는 비운은 하느님이 보우하시어 피했으니 이제부터는 하느님의 뜻을 따라주어야 한다.

대한민국의 애국가를 다시 제정하는 일은 국민의 뜻을 모아 추후에 결정할 일이다.

자미국의 국가(國歌)는 새나라 노래로 대체할 생각이다.

하늘의 뜻이란 종교를 믿으라는 것이 아니라 자신의 뿌리인 조상님을 찾아서 만나보라는 것이고, 자신들의 몸 안에 있는 생령들의 존재를 밝혀서 이들의 소원을 들어준 이후에 하늘의 진실 말씀을 들으라는 뜻이다.

그리 어려운 문제가 아닌데 전해 주는 영적 지도자가 없어서 이러한 진실을 모르고 있었다.

하늘의 뜻에 따르고 자미국의 뜻에 함께하면 나라와 국민들이 불안초조하게 살아가지 않아도 되고 남북문제로 공포와 두려움에 떨지 않아도 된다.

여기서 하느님은 기독교에서 말하는 하나님, 천주교에서 말하는 하느님이 아니라 우리 민족의 마음속에 만생만물을 태초로 만든 조물주이신 절대자를 말하는 것이다.

자미국에서는 절대자 천지주인을 태상천존 자미천황님과 태상천존 자미황후님이라고 부른다.

앞으로 국민들은 국회의원, 광역시장, 도지사, 시장, 구청장, 군수, 시도의원 등 자치단체장을 뽑는 공식 선거나 재보궐 선거 때 자미국의 뜻에 함께하는 후보들을 많이 지지해서 뽑아주어야 나라의 운명이 바뀐다.

대한민국에 주신 선물 천지대업

이 한 권의 책이 독자들 개개인과 기업은 물론 나라의 미래 운명을 좌우하게 될 것이다. 이 나라에 수천 년 전부터 예언서나 비기로 전해 내려오는 비밀들이 있다.

이 땅에서 세계 72억 인류를 다스리고 지배통치할 진인이 강세한다고 예언되어 있기 때문에 종교 교주들 자신이 재림예수, 미륵불, 정도령, 진인이라고 생각하고 있다.

그래서 수많은 도교와 종교단체들이 우후죽순처럼 사방 천지에 깔려 있고 빨간 십자가를 단 교회와 성당, 불교, 도교, 민족종교, 무속, 역술원, 철학관, 풍수, 작명소 등이 성업 중이다.

그만큼 불확실한 미래에 대한 공포와 두려움이 많다는 증거이고 현생이나 죽음 이후의 세계에 대한 근심 걱정들의 결정체가 이런 종교를 양산하게 되었다.

이들 업종의 종사자들은 나름대로 각자 어떤 역할을 잘하고 있을 것이라 생각하여 직업으로 선택하여 크게 성공한 사람들도 조금은 있는데 그것이 인간 눈높이의 성공이 될 수는 있어도 천상의 진짜 하늘이 원하시고 바라시는 성공은 아니다.

진짜 하늘의 진실이 무엇인지 인류가 탄생한 이후로 현재까지 직접 들어본 종교인들은 하나도 없다.

개중에는 자기 자신들이 하늘의 음성을 듣고 모습을 보면서 계시를 받았다고 주장하는 종교인들이 있는 것은 사실이지만 진짜 하늘인지 아닌지는 종교인들이 판단할 수 없고 다만 막연히 그럴 것이다,라고만 생각할 뿐이다.

본론으로 들어가서 하늘께서 나 인황에게 커다란 선물을 주시었는데 그것이 바로 하늘과 땅의 천지기운을 운용할 수 있는 권한과 인류의 소원은 나 인황이 올렸을 때만 받아주신다는 청천벽력 같은 내용이었다.

엄청난 하늘의 말씀이시다.

이 땅에 그 얼마나 많은 종교들과 교주들이 무수히 많은데 자미국의 인황이 천제의식을 통해서 올리는 소원만 받아주신다는 것인지 종교인과 일반 독자들 모두가 의아하게 생각하거나 에이, 말도 안 되는 이야기라고 부정할 사람들이 많을 것이다.

그렇다, 전 세계에 수많은 종교지도자들이 진짜 하늘과 직접 통신을 할 수 없으니 당연히 부정적일 수밖에 없고 자미국 인황의 말을 믿지 못하리라 생각한다.

나 인황의 말을 진실로 믿든 안 믿든 그것은 각자의 자유이자 각자의 선택사항이다.

그러나 나 인황은 말한다.

인간이 이 땅에 태초로 태어난 역사는 정확히 알 수는 없으나 지구가 생성된 것은 45억 년 정도이고 그 이후 20억 년 정도가 지나서 인류가 탄생한 것으로 예측한다.

그 이후에 수많은 인간들이 태어났다가 죽었고 현재 인류는 72억 명 정도이다. 인터넷 실시간 인구 통계를 보면 71억 2천만 정도 되는데 중국 13억 인구 데이터가 부정확하다고 한다.

산아제한 정책으로 출생 신고하지 않은 인구가 2억 정도로 추산되기 때문이고 매년 8천만 명이 순 증가하고 있다.

대단하신 진짜 하늘이 실제로 존재하고 계시는데 우리 인간들의 눈에만 보이지 않을 뿐 천지만생만물을 창조하신 하늘께서 자미국을 창시한 나 인황에게 72억 인류의 구원에 대한 생사여탈권을 맡기셨다고 말해야 이해할까?

그래서 하늘께서 인황과 지황이란 인류 최고의 직위를 하사하여 주셨나 보다. 중요한 것은 인류의 구원에 대한 생사여탈권은 인류에 대한 통치권을 행사할 수도 있다는 점이다.

이것이 우리나라의 운명을 송두리째 바꾸어줄 수 있는 유일한 길이다.

한반도의 운명을 주변 4대 강국들이 자기네들 입맛에 맞게끔 우리나라의 미래를 쥐락펴락하고 있는데 정말 기분 나쁘지만 국력이 약한 우리나라의 슬픈 역사이다.

다시 말하면 남한은 미국과 일본의 속국이고, 북한은 중국과 러시아의 속국이기 때문에 이들의 눈치를 보고 있는 것이다.

남북한 모두가 4대 강국들에게 자국의 안보와 경제를 위탁하며 의지하고 있고, 4대 강국들은 남북한을 놓고 한 치의 양보도 없이 첨예하게 대립하고 있다.

북한이 남한으로 흡수 통일되는 것은 중국과 러시아가 막고 있고, 남한이 북한에게 적화 통일되는 것을 미국과 일본이 결사적으로 막고 있다. 4대 강국들이 자국의 안보와 국익에 막대한 지장을 초래할 위험이 아주 크기 때문이다.

나라의 주권을 상실한 것과 같다. 약육강식의 섭리가 엄연히 현실로 존재하는 먹이사슬의 세계가 인간세계이다.

몽고, 중국, 일본에게 수많은 외침을 당했고, 지금은 러시아, 중국, 일본, 미국의 영향력 아래 있다.

힘없는 약소국가의 슬픔과 아픔을 씻어줄 하늘과 땅의 무소불위한 절대능력을 행사할 수 있는 자가 나타났으니 그가 바로 자미국의 창시자인 나 인황(지황)이다.

칭기즈칸, 진시황, 알렉산더대왕, 나폴레옹, 석가, 예수, 성모 마리아, 공자, 노자, 마호메트, 상제 등등과 비교조차도 할 수 없는 상상을 초월하는 엄청난 천지 대능력을 갖게 되었다.

하늘과 땅이 나 인황(지황)에게 주신 무소불위한 천지기운은 세계인류를 굴복시키고도 남는 대단한 능력으로 전 세계를 다스리고 통치하게 될 유일한 절대적 존재이지만 세상이 아직 나 인황의 존재를 잘 모르고 있다.

대한민국을 약소국가에서 벗어나게 해주고 남북통일과 세계를 통일해서 지배통치하고 다스리며 경제대국, 군사대국, 영토대국의 꿈을 이루어낼 인물이다.

뿐만 아니라 인간, 생령, 사령을 고통과 불행으로부터 벗어나게 해주는 대능력자이며 산 사람의 생령을 자유자재로 불러서 대화를 나누게 해줄 수 있는 절대적인 존재로서, 장차 72억 인류의 통치자로 등극하게 될 예정이다.

나 인황이 어마어마한 천지내업을 현실로 이루어내기 위해서 나라에 한 가지 당부사항이 있는데 대통령과 정부, 국회가 반드시 협조해 주어야 할 사항이다.

자미국은 신흥종교가 아닌 72억 인류를 인황의 천지기운으로 굴복시키고 통치할 대단한 국가이기 때문에 대한민국 정부가 자미국 인황과 뜻을 함께해 주어야 한다.

현재의 청와대 자리를 자미국에 조건 없이 하루라도 빨리 내주는 것이 이 나라가 전 세계를 다스리고 지배통치할 수 있는 계기가 될 것이다.

세계 72억 인류를 영도할 인황의 존재를 전 세계로 대단하게 알리기 위함이다. 자미국 인황이 이 나라와 인류의 중심이 되기 위해서는 자미국이 반드시 청와대 자리에 들어서야 한다. 그래야 민족의 대업을 이룰 수 있다.

나 인황 역시 자존심이 대단하기 때문에 이런 말은 정말하기 싫지만 그렇다고 대한민국 정부가 알아서 나의 뜻을 받아들여 청와대 터를 비워주지는 않을 것이기에 비록 미친놈 소리를 들을지라도 일단은 나 인황의 메시지를 대통령과 정부, 국회와 국민들에게 솔직히 전달하는 것이다.

찬성과 반대가 상상을 초월할 정도로 많겠지만 이것이 최고 강국으로 가는 유일한 길이다. 자미국의 인황이 아닌 이상 대한민국이 4대 강대국의 간섭으로부터 벗어나는 길은 없다.

10억 천주교 수장인 로마교황을 비롯해서 미국대통령, 중국주석, 러시아대통령, 영국여왕, 일본일왕, 전 세계의 왕과 대통령 등, 막강한 나라의 통치자들을 굴복시킬 수 있는 힘은 최신예 핵무기나 군사력, 경제력, 영토면적이 아니라 바로 하늘과 땅이 나 인황에게 주신 무소불위의 천지 자미기운 단 하나뿐이다.

자존심과 고집 센 경제대국, 군사대국, 영토대국의 통치자들을 대한민국 대통령이 무슨 재주로 굴복시킬 수 있겠는가?

그러나 나 인황은 이들 나라의 대통령들과 세계인류를 굴복시킬 수 있는 핵무기보다도 더 무서운 대단하고도 무소불위한 천지 자미기운을 수시로 운용할 수 있다.

22권의 책을 통하여 전달한 바 있고 현재도 자미국의 천인과 백성들이 나 인황이 보내주는 천지기운을 실시간으로 받고 온몸으로 강력한 기운을 느끼고 있다.

민족의 웅비!

이는 자미국 인황을 통해서 이루어질 수 있다.

하늘과 땅이 처음이자 마지막으로 대한민국에 주신 절호의 기회를 잡을 것인지 말 것인지는 이 나라 대통령과 정부, 국회, 국민들이 선택할 사항이다.

현실적으로 생각하면 감히 상상조차도 못할 일이고, 꿈에서도 불가능한 일이다. 그러나 자미국의 인황은 엄청난 인류의 대역사를 새로이 창조할 준비가 되어 있다.

인간의 눈에 보이지도 않고 들리지도 않는 하늘의 존재에 대해서 인류는 그 얼마나 알고 있으며 인간들 눈에 보이는 땅과 인황의 존재에 대해서는 얼마나 알고 있는가? 여러분이 알고 있는 상식을 초월한 대단한 천지기운이다.

독자들의 능력과 판단 수준으로는 검증 자체가 안 될 정도의 엄청난 능력자이다. 이 글을 읽으면서 자미국 인황의 존재에 대해서 많은 생각들을 할 것이다.

수많은 독자들이 자미국 인황을 종교의 대교주 정도로 생각할 사람도 있겠지만 나 인황은 교주가 아니라 72억 인류의 대표자이자 인류의 통치자이다.

정말 책의 내용들이 모두 진실일까? 믿어야 하나 말아야 하나 많은 갈등을 할 수 있겠지만 믿어서 손해 볼 것 하나도 없다.

하늘과 땅이 주신 가장 큰 선물이고, 인류 역사상 처음이자 마지막 기회이다. 인황의 육신이 세상을 떠나면 이런 기회는 두 번 다시 이 나라에 주어지지 않는다.

전 세계를 무소불위의 천지기운으로 굴복시켜 지배통치한다는 것은 인간의 능력만으로는 감히 생각조차도 할 수 없는 일이고 불가능한 일이다.

하지만 나 인황은 하늘과 땅이 나에게 내려주신 천지 자미기운의 위력이 얼마나 대단한지 수시로 체험하고 있다.

일반적인 사고방식으로 바라보면 나 인황은 정신병자이고 미친 놈이 분명하다.

그러나 어쩌랴!

72억 인류의 구원에 대한 생사여탈권을 하늘과 땅이 나 인황에게 맡기셨으니 말이다.

나 인황을 통해서 하늘에 소원 올린 것만 들어주신다고 밝히셨다. 그러면 승패는 이미 정해진 것 아니던가?

민족의 숙원 사업인 남북통일도 나 인황이 하늘과 땅에 소원을 올리면 가장 빠른 시일 내에 이루어질 수 있지만 자미국이 청와대 터에 들어가기 전에는 소원을 올리지 않을 것이다.

물론 지금도 소원을 하늘에 올려서 남북통일을 조기에 성사시킬 수는 있지만 그 공로가 하늘과 땅, 인황이 아닌 대통령과 정부 당국자들의 공로로 돌아가기 때문에 나 인황이 천지신명공사를 행하지 않고 있는 것이다.

자미국 인황이 청와대 자리에 들어가서 전면에 나서서 주도해야 남북통일과 세계통일을 이룰 수 있다. 하늘과 땅의 절대자 신들은 실제로 존재하지만 인간들의 눈에 보이지 않기 때문에 나 인황을 인류의 대표자로 뽑아주신 것이다.

그래서 72억 인류의 대표자 자미국 인황을 통해서만 소원을 들어주시겠다고 말씀하시었다.

나 인황이 잘나서 천지기운을 운용할 수 있는 것이 아니라 하늘과 땅이 윤허하시고 기운을 주셔야 무소불위의 천지기운을 내 마음대로 운용할 수 있다.

나 인황이 말하는 것은 인간, 생령, 사령, 산천초목 모두에게도 절대적인 명으로 내려가고 있다. 인간 육신의 세포들조차도 나의 말을 알아듣고 그대로 행하고 있다. 너무나 신비한 일들이 현실로 속속 일어나고 있다.

신비의 대능력인 하늘과 땅의 천지기운.

이것을 천지기운 또는 자미기운이라 하는데 첨단과학으로도 검증할 수 없는 하늘의 영역, 신의 영역이다.

이 나라가 지배통치 국가로 다시 태어날 것인가? 아니면 지금처럼 힘없는 약자로 영원히 남을 것인가는 국정책임자들이 이 글을 읽고 어떻게 판단을 내릴 것인지에 달려 있다.

가장 현명한 판단은 정치인들이 무조건 자미국 인황의 뜻에 따르는 것이 상책이고, 건국 이후 최대의 국책사업으로 자미국을 청와대 자리에 세우는 일이다.

하늘과 땅이 나 인황에게 주신 대단하고도 무소불위한 천지기운은 책을 통하여 이론으로 모두 설명할 수는 없다. 각자가 직접 체험해 보면 스스로 인징힐 깃이다.

자미국 단 세 글자에 우주와 천지의 모든 기운과 비밀이 들어 있다. 자~미~국~ 이 세 글자를 주문처럼 외워보면 나 인황의 말이 진실인지 거짓인지 스스로 확인할 수 있다.

자미국에 전 세계의 인간, 생령, 사령들이 수천 년의 오랜 세월 동안 간절하고 애타게 기다리며 원하고 바라던 모든 행복과 기쁨이 있음을 알려주는 바이다.

자미국에 들어와서 하늘의 명을 받아 천인이나 백성이 되면 현대의 고질병인 치매에 걸리지 않는다. 치매는 영혼의 부모인 진짜 하늘을 몰라보고 종교를 믿는 자들에게 걸리는 병이라고 하늘이 가르쳐주시었다.

그리고 자미국이 청와대 터에 세워져서 나 인황이 무명의 신세에서 국민스타, 월드스타가 되면 살기 좋은 나라 1위가 되기에 세계부호들이 귀화하거나 이민자가 폭발적으로 증가하여 인구가 상당히 늘어날 것이다.

그래서 전국 부동산이 급격히 상승할 것이다.

대한민국 전체가 세계인류에게 성지가 되고 관광객들이 상상을 초월할 정도로 유입되는 이변이 일어난다.

세계적인 굴지 기업들의 거대한 투자가 속속 이루어져 인력난이 가중될 것으로 보이고 경제는 초 호황기를 맞이한다.

전 세계 국민소득 1등 국가로 탄생할 자미국의 태동.

온 국민들이 환영해야 할 일이다.

자미국과 대한민국의 국운이 함께 파죽지세로 급상승하여 최고로 살기 좋은 부자나라, 부자국민이 된다.

그야말로 지상낙원의 이상향 세계인 무릉도원 세상이 활짝 열리는 것이다. 나 인황만이 이런 꿈의 세계를 이 땅에서 현실로 열 수 있는 천지기운을 갖고 있다.

천손의 나라, 천손 민족이 현실화 되는 길이다.

천손의 나라는 자미국이고, 천손민족은 자미국의 국민들이다. 천손(天孫)이란 하늘의 자손(자식)이라는 뜻인데 자미국 인황이 지금 현실로 이루어내고 있다. 다시 말하면 세계인류가 받들고 공경할 민족이 천손이란 뜻이다.

지구와 72억 인간의 주인

자미국이 장차 전 세계 최고 부자나라가 된다고 하니까 독자 여러분 모두가 말도 안 된다며 믿지 않고 콧방귀를 뀔 것인데 이미 하늘과 땅에서는 그렇게 계획되어 있고 현재는 천지의 계획대로 세워가고 있는 중이다.

자미국은 하늘과 땅의 대단하신 신님들과 인황이 태초로 세우는 곳이기에 천변만화의 대단한 천지기운과 천지조화가 무소불위하게 실시간으로 내리기 때문에 가능하다.

세계 각 나라와 72억 인류는 자미국에 굴복하게 되어 있고, 그렇게 하는 것이 살아서나 죽어서나 후회하지 않고 천추의 원과 한을 남기지 않는 일이다.

자미국은 세계 지배통치 국가이고, 자미국의 인황은 지구(행성)의 주인이자 72억 인간의 대표 주인으로서 경제대국, 영토대국, 군사대국을 현실로 이루어낼 것이다.

이제부터는 지구에서 땅을 밟고 사는 전 세계 237개 각 나라의 72억 인간들은 자국 영토를 점유하며 사용하는 것에 대한 토지 점유 및 지상과 지하자원 사용료, 해양운행사용료, 해저자원 개발료, 항공노선 운행료, 우주사용료, 햇빛, 공기, 비, 바람에 대한 사용료를 자미국에 스스로 납부하지 않고는 도저히 살아갈 수 없게끔 하늘과 땅의 조화가 일어날 것이다.

아주 중요한 하늘과 땅의 진실을 태초로 전한다.

독자 여러분은 지구와 자기 인간 육신의 주인, 가족, 주택, 건물, 토지의 주인, 태산 같은 돈의 주인, 기업의 주인, 대통령, 총리, 장차관, 시도지사, 국회의원, 육해공군 총장, 검찰총장, 경찰청장, 판사, 검사, 공직자 벼슬의 주인, 기업임직원의 주인이 누구인지 생각해 보았던 적이 있었는가? 자기 육신? 부모조상님? 생령?

모두 아니다.

지구 땅덩어리와 72억 인간 육신과 생령!

그리고 이미 죽은 사령(조상님)을 창조하신 주인은 삼라만상과 대우주를 태초로 천지창조하신 높고 높으신 하늘 태상천존 자미천황님이시다.

지구와 인간, 생령, 사령, 신들을 모두 창조하신 하늘께서 필자에게 태초 이후 처음으로 인황과 지황으로 명을 내려주시면서 지구 땅덩어리와 72억 인간에 대한 생사여탈권과 세계인류를 통합하여 지배하고 다스릴 수 있는 통치권을 내려주시었다.

하늘이 내려주신 인황과 지황이란 명이 바로 세계인류에 대한 생사여탈권과 지배통치권을 상징한다.

태초 하늘께서는 인간처럼 육신이 없으시기에 하늘을 대신하라고 육신이 있는 인황(지황)에게 하늘의 대행자 직함을 내려주신 것이다.

그래서 지구에 살고 있는 72억 인간들은 자미국에 들어와야 하고 인황의 명을 추상같이 받들어야 살아서나 죽어서나 후회하지 않는 인생과 내생을 살아갈 수 있다.

세계 72억 인류가 스스로 자진해서 자미국으로 방문하여 천공을 즉시 납부해야 한다.

일일이 찾아다니면서 감사천공을 받아내거나 납부하라고 강요

할 수도 없기에 일단 자율에 맡기는 수밖에 없다.

그러나 납부하는 사람과 납부하지 않는 사람에 대한 심판은 하늘과 땅의 신들께서 실시간으로 해주시면서 납부자와 거부자에 대한 상벌의 천지기운이 동시에 내린다.

상벌의 기운이 한 치의 오차도 없이 내려가기에 자미국이 얼마나 대단한 곳인지 세계 72억 인류가 알게 될 것이다.

필자는 72억 인간의 주인으로 인간 대표 인황이자, 지구의 주인으로 지구 대표 지황이기 때문에 세계인류는 하늘과 땅에 대한 감사천공을 자미국으로 방문해서 자진 납부해야 한다.

이러한 주장에 대해서 말도 안 되는 허무맹랑한 주장이라고 비아냥거리며 부정하겠지만 지구 포함해서 삼라만상과 우주를 태초로 창조해 주신 하늘께서 인정해 주시었다.

이 글을 읽어보고도 웃기지 말라고 부정해서 자미국에 들어오지 못하는 독자와 그 가족들은 부정한 순간부터 천지기운이 끊어져서 죽을 때까지 아니 죽어서도 대성통곡하는 고통과 불행으로 지옥 같은 삶을 살아가게 될 것이다.

대단한 하늘과 땅이 함께하는 자미국은 산 자와 죽은 자의 현생과 사후세계에 대한 생사여탈권과 생로병사를 천황님, 인황님, 지황님이 모두 주재하시기 때문이다.

자미국을 부정하고 무시하며 찾지 않는 인간들은 이제까지 재물, 권력, 벼슬, 명예, 건강, 가정, 기업을 운영하면서 부귀영화 누렸던 모든 것을 순식간에 패대기치고 지금과 정반대로 고통과 불행 속에 살아갈 것이고 자손대대로 고통과 불행의 기운을 대물림하여 이어갈 것이다.

이제까지 자신들이 하늘과 땅으로부터 받았던 성공과 출세에 대한 감사함을 스스로 자미국에 즉시 올리고 살아야 지금 가진 돈과 땅, 권력, 벼슬, 건강, 가정, 기업 등 부귀영화를 모두 지키며 살 수 있을 것이다.

그러나 부정해서 거부하면 그 순간부터 수십조 원의 재산을 갖고 있다 할지라도 그것은 자신의 것이 아니다. 부귀영화를 지키지 못하는 변고가 끝없이 일어날 것이기 때문이다.

나는 단지 글로만 이런 내용을 쓰지만 하늘과 땅의 대단하신 분의 천지조화도 무섭지만 각자 여러분의 몸 안에 있는 생령들이 재물, 권력, 벼슬, 건강, 가정, 기업을 가만두지 않고 몽땅 뒤집어버릴 것을 잘 알고 있기 때문이다.

자기 생령들이 저주하고 반란을 일으키면 재산은 몽땅 날아가고 목숨까지도 위태로울 수 있는 무시무시한 사건사고가 자신과 가정, 기업, 직장에서 벌어질 것이다.

아무리 알려주어도 설마 그런 일이 정말 현실로 일어나겠어, 하면서 부정할 사람들이 참으로 많이 있을 것인데 한 치의 오차도 없이 생령들의 저주로 일어나게 되어 있다.

세계인류와 세계종교를 하나로 통합할 수 있는 유일한 길이 대단한 자미국이고, 각자 인간들과 몸 안에 있는 생령들은 자미국에 들어와서 명을 받아야 인간과 생령들이 함께 현생과 사후를 하늘과 땅의 보호와 사랑을 받아 잘살 수 있기 때문이다.

하늘과 신, 조상, 생령을 몰라보고 무시하며 찾지 않는 인간들은 하늘과 땅으로부터 아무것도 받을 것이 없고, 인생이 뒤집어져서 지옥처럼 고통스러운 불행한 삶을 살게 될 것이라고 천상에서 오신 분께서 단호하게 밝혀주셨다.

그리고 종교를 믿고 있는 사람들은 하늘과 자미국에서 가장 증오

하니 알아서 다니든 말든 하여라. 종교를 믿으면 대단한 자미국을 부정하기에 진짜 하늘을 만날 수 없어서 구원 자체가 이루어질 수 없다는 점을 알아야 한다.

이 책을 읽어본 독자들은 하루라도 빨리 자미국으로 들어오는 길만이 남은 생애를 편히 살 수 있다.

이제부터 자미국에 들어오지 않고 무시하는 사람들은 각자가 가장 소중히 여기는 것부터 눈앞에서 사라져가는 이변이 자기 생령들로 인하여 일어날 것이다.

지구 땅덩어리에서 발을 딛고 무탈하게 살고자 한다면 땅의 주인(지황)과 인류의 주인(인황)으로서 생사여탈권을 행사하는 자미국으로 들어오는 것이 가장 편안하고 행복한 길이다.

진짜 하늘도 원치 않으시고 오래 믿으면 믿을수록 인생이 고통스럽고 불행해지는 종교 이론과 사회를 통해서 들은 상식적인 고정관념 같은 것 몽땅 내던지고 자미국으로 들어와야 한다.

| 책을 맺으면서 |

죄를 짓고 이미 세상을 떠난 배우자, 자녀, 부모, 형제, 조상님을 천상입궁의식을 행하여 구원받게 해주고, 어느 날 갑자기 다가올 생령(자신)들의 죽음 이후 사후세계를 미리 준비하는 천인합체의식을 행하여 구원받게 해주고 있다.

죽은 자의 혼령과 산 자의 생령을 구원해 주는 것은 육신과 가정, 가문을 지키고 우환과 흉사를 막는 중요한 일이다.

육신이 죽어서 영혼이 천상궁전에 오르지 못하고 원귀가 되어 허공중천을 떠돌거나 가족들의 몸으로 찾아가고 지옥세계, 축생계로 윤회하면 가족들의 삶이 고통으로 이어진다.

육신이 살아서 자미국을 통하여 하늘께 구원받지 못하면 각자 지은 죄에 따라서 지옥으로 떨어지거나 대부분 축생계로 윤회하게 된다.

종교는 1,000년을 믿어도 구원이 안 된다. 인간으로 태어난 것이 구원받을 수 있는 마지막 기회인 구원의 시험장이다.

상상을 초월하는 하늘과 땅의 대재앙들이 전 세계에서 일어날 것이니 산 자와 죽은 자가 구원받고자 하거든 속히 자미국을 찾아야 한다.

육신이 살아서 추구하는 행복인 재물, 벼슬, 권력, 명예, 가정은 인간으로 살아있는 100년 미만의 행복이고 죽음 이후에 영원한 행복을 구하는 천상의식은 죽은 자에게는 천상입궁의식이고, 살아있는 자에게는 천인합체의식인데 이것이 태초로 하늘이 인류에게 내려주신 가장 큰 사랑의 선물이다.

끝없는 고통과 불행의 삶.

각자의 모습은 이미 돌아가신 배우자, 자녀, 부모, 형제, 조상님들의 혼령 모습인데 이를 알아보는 사람들이 전무하다.

사람들은 생령(자기의 신)과 가족 혼령들이 자기 몸 안에 들어와서 함께 살아가고 있다는 것 자체를 알지 못해서 인생이 뒤집어지고 있다.

한 가정이 편안하고 잘살 수 있는 유일한 길은 하늘과 땅, 조상님의 보살핌을 받는 것이고, 자기 몸 안의 생령을 불러내어 만나 대화를 나누는 것이다.

생령과 조상님이 편안하면 인간 육신이 편안하며 하늘을 찾지 않고 몰라보면 하늘이 내리시는 복은 받을 수 없다.

죄를 지은 것이 있다면 어떻게 하든지 현실로 그 죗값을 치르고 살아가야 한다. 전생에 지은 죄와 현생에서 지은 죄를 자미국 인황과 사감을 통하여 하늘에 용서 빌어서 사면받고 살아가야 인생이 뒤집어지지 않는다.

죗값을 치르지 않으면 그것이 단명이나 불치병, 사업실패, 부도, 사살로 나타나고 불치의 병에 걸려 고통스런 날을 살아가는데 이는 자신들이 죽는다고 그것으로 끝나지 않고 그 자손이나 후손들이 물려받게 되기 때문에 피할 수가 없으니 하루빨리 자미국에 들어오는 결정을 내려야 한다.

빚진 것이 있으면 갚아야지 그것을 떼어먹으면 그 핏줄이 물려받게 되기 때문에 더 큰 고통이 이어진다. 그러므로 죄를 지었으면 하루빨리 용서를 빌어야 한다.

말로만 비는 것이 아니라 그 죄에 합당한 제물과 돈을 준비해서 하늘에 천제의식을 올려서 빌어야 한다.

"각자 살아서 뿌린 대로, 행한 대로 거두리라."

하늘은 한 치의 오차도 없으시기에 하늘의 눈과 귀를 피해 갈 자는 이 땅에 없으니 조상들이 전생과 현생에서 지은 죄, 각자 인간과 생령들이 지은 죄를 하루빨리 빌어서 죄인의 굴레에서 벗어나야 행복한 세상이 열린다.

하늘과 땅이 내리시는 복은 인간들이 추구하는 천복만복도 있지만 진짜 천복은 각자들의 생령과 사령들이 꽃피고 새 우는 무릉도원 천상궁전 자미천궁에 올라 하늘의 품 안에 안기어 영원한 기쁨과 행복을 누리며 영생하는 것이다.

천기 13(2013년)년 6월 10일
자미국 지음

[상담 및 문의]

자미국 02) 3401-7400

- 위　　치 : 서울 강동구 성내 3동 382-6. 2/2층 전체
- 지 하 철 : 5호선 강동역 3번 출구 성심병원 사거리에서 우회전 100m 횡단보도 건너 영마트(한방복돼지) 2층
- 고속버스 : 동서울 터미널에서 택시로 10분 거리

| 천지나라 자미국 국기(세계연방국기) |

- 자미국(紫微國, 子未國) 국기, 천상과 지상이 자미가 같다.
- 3垣(원)은 우주 북극성 부근의 자미원, 태미원, 천시원
- 황색 원은 자미천궁, 자미천황님, 자미황후님
- 청색 원은 지　　구, 자미지황님
- 직색 원은 자 미 국, 자미인황님
- 자 ⇒ 子 쥐띠 사감
- 미 ⇒ 未 양띠 인황
- 국 ⇒ 國 나라

세계 8방향으로 자미국이 뻗어 나간다는 의미로 상하 좌우가 모두 자미국이다. 지구의 중심은 자미국이 될 것이고 세계의 중심은 인황과 사감이 된다는 의미이며 세계인류는 '미', 즉 인황을 구심점으로 전 세계 국가와 인류가 하나로 통일됨을 뜻한다.

| 자미국 금궐 조감도(세계 72억 인류의 수도) |

| 자미국 인황 평상복 정장 |